Heinrich Spiero

Raabe
Leben - Werk - Wirkung

Salzwasser

Heinrich Spiero

Raabe
Leben - Werk - Wirkung

1. Auflage | ISBN: 978-3-84600-524-8

Erscheinungsort: Paderborn, Deutschland

Salzwasser Verlag GmbH, Paderborn. Alle Rechte beim Verlag.

Nachdruck des Originals von 1924.

Geisteshelden

Eine Sammlung von Biographien
Herausgegeben von Ernst Hofmann

Dreiundsiebzigster Band

Darmstadt
Ernst Hofmann & Co.
1924

Erste Büste (1904)
von Bildhauer Prof. Ernst Müller
Aus dem Ernst Müller-Bildwerke, Verlag Greiner u. Pfeiffer, Stuttgart

Verlag Ernst Hofmann & Co., Darmstadt

Raabe

Leben — Werk — Wirkung

Von
Heinrich Spiero

Mit drei Bildnissen und
einer Briefnachbildung

Darmstadt
Ernst Hofmann & Co.
1924

Nachdruck verboten.
Übersetzungsrecht vorbehalten.
Copyright 1924 by Ernst Hofmann & Co.
Darmstadt.

Der Menschheit Dasein auf der Erde baut sich immer von neuem auf, doch nicht von dem äußersten Umkreis her, sondern stets aus der Mitte. In unserem deutschen Volke weiß man das auch eigentlich im Grunde gar nicht anders.

Die Akten des Vogelsangs

Inhalt

	Seite
Eingang	1
1. Werdejahre	4
2. Das erste Buch	24
3. Junger Ruhm. Junges Glück	40
4. Romanversuche	57
5. Im Schein der Geschichte	68
6. Lyrische Zeit	86
7. Der erste große Roman	93
8. Süddeutsche Jahre	99
9. Novellendichtung	109
10. Meisterschaft	122
11. Die Heimkehr nach Braunschweig	160
12. Die Bücher vom neuen Reich	186
13. Lebensdarstellung von hoher Warte	204
14. Problemdichtung	215
15. Letzte Höhenwanderung	227
16. Spätruhm und Abschied	250
17. Das letzte Buch	270
18. Der Dichter und das Werk	277
Nachweise	297
Register: 1) Wilhelm Raabes Werke	309
2) Personen	312
3) Zeitschriften	319

Abbildungen

Büste von Prof. Ernst Müller (1904)	Titelbild
Gemälde von Prof. Hanns Fechner (1892)	129
Lichtbild von Fr. Limmer (1910)	261
Brief Raabes an Heinrich Spiero	281

Eingang

Wilhelm Raabes Leben ist äußerlich so einfach verlaufen wie das weniger deutscher Dichter; es bietet weder überraschende Höhepunkte noch einen jähen Tiefsturz. Als eine schlichte Gestalt ist er, ohne persönliches Aufsehn zu erregen, von der Mitte des neunzehnten Jahrhunderts bis in das erste Jahrzehnt des zwanzigsten geschritten, die letzten vierzig Jahre ohne den Umkreis seiner engeren Heimat mehr als nur gelegentlich zu verlassen. Dennoch ist sein Leben nicht ohne innere Kämpfe bis zum endgültigen Durchbruch des gewissen Berufs verlaufen, und überdies hat auch Raabe, wie Goethe, Schiller, Hebbel, seinen Prozeß mit dem deutschen Volke führen müssen. Das deutsche Volk hat ihn in allen Instanzen verloren; es gewann dabei freilich Unermeßliches, einen Dichter, der lange Zeit scheinbar ganz am Rande des deutschen Lebens stand und erst in späten Jahren auch äußerlich für die besten in den Mittelpunkt rückte; in Wahrheit war Raabe innerlich diesem Mittelpunkte immer ganz nahe. Geboren ein Jahr vor Goethes Tode, gestorben vier Jahre vor Ausbruch der Weltrevolution, hat er als Jüngling das Jahr 1848, als Mann die Gründung des Nationalvereins und das Erstehen des Bismarckischen Reichs, beim Eintritt ins Greisenalter Bismarcks Abgang und was danach kam — alles das als eigensten Besitz — erlebt. Die Erinnerungen der Menschen, die über seiner Kindheit wachten, reichten über die Freiheitskriege und Napoleon bis zu Friedrich dem Großen zurück — er hat auch sie wie etwas Eigenes in seinem Wesen bewahrt. Und schon die Gedanken des jungen Dichters gingen, wie die des alten, weit hinaus in die Zukunft Deutschlands und der Welt.

Und diese Welt sah er mit den Augen des humanistisch gebildeten, human gesinnten, an den Klassikern erwachsenen Deutschen. Ohne Vorurteil, aber mit dem Bewußtsein eines unvergänglichen Erbes blickte er in die mechanisierte Spätzeit seiner Tage, voller Vertrauen auf der Menschheit bleibenden Kern, über dem lenkend Sterne wirken, voll Sorge um das Deutschtum, dessen Sinnbild er je mehr und mehr wurde, je treueres Abbild davon seine Dichtung barg.

Aus niedersächsischer Heimat war er geworden. Aus dieser seinem Wesen tief eingeprägten Stammeszugehörigkeit drang er früh ins große deutsche Leben vor und fühlte sich schon in der Zeit der Sehnsucht nach deutscher Einheit und im Kampfe um sie immer als Sohn des ganzen Vaterlandes. Gerade weil er als braunschweiger Landeskind die Unsal und Schande deutscher Kleinfürstengeschichte kannte, ohne den Ruhm einzelner der großen Welfen zu schmälern, ward und blieb er ein Deutscher über alle inneren Grenzen hinaus.

Er wuchs mit seinem Werke, das ganz zu vollenden, ihm, wie wenigen Künstlern, ein trotz allem gnadenvolles Geschick gewährte. Ihm nachzuwachsen ist deutsche Aufgabe, sie bleibt auch jedem künftigen Geschlecht, doppelt in einer Zeit neuer äußerer Bedrängnis und inneren Haders. Er ist beiden entrückt, aber seine Persönlichkeit, immer klarer hervortretend, immer weiter wirkend, kämpft mit uns. Nicht ruhsames Behagen, sondern tiefe, leidenschaftlich gefühlte Verantwortlichkeit strömt aus seinen Schöpfungen. Das Wort der Antigone „Nicht mit zu hassen, mit zu lieben bin ich da" steht wegweisend auf einem seiner Werke. Sein Lebensgang und seine Dichtung, beide zur Harmonie vollendet, wachsen aus dieser tröstenden Liebesfülle, die auf Gottes Wunderwagen immer wieder durch den Raabe wohlbekannten gnadenlosen Wald der Welt einherfährt. Jedem, der in seinen Bannkreis tritt, von dieser höchsten Gabe mitzuteilen, war Raabes Gottesgeschenk; es war die Begnadung des künstlerischen Genius, der, über die bloße Wirkung des reinen Talents hinaus, die Welt überwindet und das Zeitalter bezwingt. Der Alternde im Abendglanz empfand: Mein Volk kommt mir nach; dem Toten, ewig Lebendigen hält es die Treue.

1. Kapitel

Werdejahre

An einem Sommertage Mitte der achtziger Jahre des achtzehnten Jahrhunderts stand der geprüfte Kandidat der Gottesgelahrtheit August Heinrich Raabe im Schloß zu Braunschweig vor seinem Herzog Karl Wilhelm Ferdinand und beschwerte sich, daß er bei der Anstellung als Pfarrer übergangen worden sei. Der Herzog, dem der junge, auf der Lateinschule zu Holzminden und der Universität Helmstedt gebildete Theologe wohl gefiel, meinte, es sei doch gleich, ob er dem Vaterlande im schwarzen oder blauen Rocke diene, und gab ihm eine Stelle bei der Post. So kam der als Sohn eines Schulmeisters in Engelage am Harz am 29. Dezember 1759 geborene August Heinrich Raabe zunächst als Postamtsverwalter nach Holzminden, dann nach Braunschweig und schließlich 1807 als Postmeister und Steuereinnehmer nach Holzminden zurück. Auch unter königlich westfälischer Herrschaft, deren mannigfache unleugbare Vorzüge gegenüber mancher Verrottung des alten Systems sein Enkel mit vorurteilslosem Blick anerkannte, blieb Raabe als Postdirektor im Amte. Die Ehrenmitgliedschaft der Deutschen Gesellschaft zu Helmstedt dankte der vielseitige, hochgebildete Mann weder seiner amtlichen Tätigkeit noch seiner Schrift über Postgeheimnisse oder „Was man beachten muß, beim Reisen und Versenden mit den Posten Verlust und Verdruß zu meiden"; er war vielmehr seither als eifriger Mitstreiter der Aufklärung ins literarische Leben eingetreten. Er setzte sich für das Studium der alten Sprachen ein, schrieb geschichtliche und statistische Bücher über Deutschland, Holland und Italien und sandte ihnen einen Leitfaden zur Weltgeschichte nach. Kindern diente er durch ein Bändchen Briefe, Erwachsenen durch grammatikalische Aufsätze, ein Handbuch allgemeiner Kenntnisse und einen Briefsteller. In braunschweigischen und berlinischen Zeitschriften veröffentlichte er zahlreiche humanistische und volkswirtschaftliche Arbeiten, und als der Nachfolger Friedrichs des Einzigen die Freiheit der Lehre durch das Religionsedikt beschränkte, trat der braunschweigische Beamte und Schriftsteller mit in den Kampf für die Unabhängigkeit des Gewissens. Der „guten Sache der Religion" hat er ein besonderes Buch gewidmet.

Seine Frau Charlotte war aus gelehrter Familie, eine Urenkelin des ersten deutschen Grammatikers Justus Georg Schottelius. Aus dieser Ehe entsproß am 14. Mai 1800 Gustav Karl Maximilian Raabe, des Dichters Vater. Auch er besuchte die Lateinschule zu Holzminden, deren Pflanzstätte die einstige Klosterschule von Amelungsborn war, studierte auf dem berühmten Kollegium Carolinum zu Braunschweig Deutschkunde bei Johann Joachim Eschenburg und dann in Göttingen die Rechte. Er war ein ungewöhnlich begabter, zumal auf Geschichte und Erdkunde gestellter Mensch. Auf seinen Ferienreisen trieb es ihn bis an die Ostsee und den Oberrhein, immer war er auf der Suche nach geschichtlichen Erinnerungen oder volkswirtschaftlicher Belehrung an Seehäfen und Bergwerken, den geschickten Zeichenstift in der Hand. Er ward ein sicherstelliger Mann, ein tüchtiger Jurist von gewandter Ausdrucksart, stets der Meinung, der Mensch könne, was er wolle. Es zeichnet die ganze Persönlichkeit, daß der

Richter Raabe zu sagen pflegte: „Die Türken schreiben unter ihre Erkenntnisse nicht: von Rechts wegen, sondern Gott weiß es besser." Sein Sohn hat von ihm gemeint, der Vater wäre bei längerem Leben vielleicht einmal Minister geworden.

Nach beendetem Studium erhielt Gustav Raabe im Jahre 1827 den Posten eines Gerichtsaktuars beim Herzoglichen Kreisamt in Eschershausen an der Lenne. Zwei Jahre danach vermählte er sich mit der am 10. Mai 1807 geborenen Auguste Johanna Friederike Jeep, der Tochter des Holzmindener Stadtkämmerers, auch sie aus einer niedersächsischen, in Kirche und Schuldienst wohl bewährten, durch tiefe evangelische Frömmigkeit und weite wissenschaftliche Bildung ausgezeichneten Familie. Und diesem Paar wurde am 8. September 1831, abends um 6 Uhr als zweites Kind nach einer früh verstorbenen Tochter ein Sohn Wilhelm Karl geboren. Bei der Taufe am 26. September waren ein väterlicher Ohm, der braunschweiger Postschreiber Karl Raabe, ein mütterlicher, der Subkonrektor Justus Jeep aus Holzminden und Fräulein Minna Leiste aus Wolfenbüttel Paten.

Wilhelm Raabes Geburtshaus war ein Neubau mit hoher Vortreppe und einem den Berg hinansteigenden Garten. Seine Eltern verließen es schon nach wenigen Wochen, da der Vater als Assessor nach Holzminden versetzt wurde; so hat Raabe seinen Geburtsort, das kleinste Städtchen des Herzogtums, ein malerisch am Ithgebirge gelegenes Nest, erst später bei Besuchen in befreundeten Familien kennengelernt. Holzminden ward ihm die erste Kindheitsheimat. Gelegen an der hier bereits schiffbaren Weser, immerhin schon von mehr als dreitausend Einwohnern belebt, das schöne Waldgebirge des Sollings zur Seite, bot die Stadt den erwachenden Sinnen Eindrücke genug. Der seit sechs Jahren verwitwete Großvater, der alte Postrat, wohnte im stattlichen Dienstgebäude am Markt, einem mit Urväterhausrat vollgestopften Anwesen. Da war der Degen eines Vetters, der für die Freiheit Amerikas gefochten hatte, alte Schnitzschränke und zahllose Bücher. Das Elternhaus im Goldenen Winkel war von Garten und Hof, Scheune und Ställen umgeben und bot wunderbare Tummelplätze für Wilhelm und seine beiden jüngeren Geschwister, die 1833 geborene Emilie und den wiederum zwei Jahre jüngeren Heinrich.

Der Vater verbrachte die amtsfreien Stunden in geistig angeregter Geselligkeit und in seiner wohlgewählten Bibliothek. Neben seinem Lieblingsschriftsteller Tacitus standen da die deutschen, englischen und spanischen Klassiker, unsere Volksbücher und Volksmärchen, Reisebeschreibungen und geschichtliche Werke, dazwischen auch Seltenheiten wie Jakob Böhmes Aurora und Rollenhagens Froschmeuseler. Die Entzifferung aber der geheimnisvollen Lettern lehrte die Mutter. Sie war nach des Sohnes Wort eines der lichtgeborenen Jovistinder, schon äußerlich eine harmonisch wirkende, helle, schlanke Erscheinung, innerlich voll Verständnis für fremde Eigenart, eine jener seltenen Frauen, denen „alles zum Kranze" wird. Mutig in schwerer Schickung, mildernd, wo der strengere Vater zu straff war, hielt sie mit Umsicht Haus und vertiefte zugleich ihre geistige Bildung. An Campes Robinson lehrte sie den noch nicht fünfjährigen Sohn lesen. „Was ich nachher auf Volks- und Bürgerschule, Gymnasium und Universität an Wissen zuerworben habe, heftete sich alles an den lieben feinen Finger, der mir um das Jahr 1836 herum den Punkt auf dem i wies."

Vom Nähtisch der Mutter, wo Stricknadeln und Knäuel über Robinsons und Freitags Abenteuer glitten, gelangte Wilhelm Raabe 1836 in die holzmindener Bürgerschule. Der Betrieb der sehr vollen Anstalt war vielleicht für die

Künste der Fibel und des Rechenbuches nicht sehr förderlich, aber die Kinder wurden freundlich behandelt und in ihrer Freiheit wenig gehemmt. Die Persönlichkeit des altmodischen, humorvollen, manchmal auch unfreiwillig komischen Rektors Billerbeck, die dem Knaben ja auch nach dem Austritt aus der Bürgerschule noch straßauf, straßab begegnete, hat sich ihm besonders unverlöschlich eingeprägt, wie die des Schulrats Koken, der in der Lateinschule das Zepter schwang. Der neunjährige Knabe übersiedelte unter seine Obhut und saß nun auf den Bänken, die schon Vater und Großvater gedrückt hatten. Nach einem Jahr erreichte er die Quarta und damit nach dem lateinischen auch den griechischen Unterricht. Er war kein Vorzugsschüler, aber ein leidlicher Mitgänger, der seine Phantasie gern den Gestalten der Geschichte nachlaufen ließ; früh traten sie dem empfänglichen Geist auf jugendfrohen Streifereien an der Weser und über den Fluß hinweg, in der alten Stadt Höxter, in der schönen Abtei von Corvey, in der hochgewölbten Halle von Amelungsborn wie leibhaft entgegen; als bleibenden Eindruck des Schulunterrichts bei Koken aber hat er als alternder Mann charakteristischerweise hervorgehoben, die Schüler seien zur Wahrhaftigkeit angehalten worden.

Der Quartaner ward jedoch der Kinderheimat jäh entrissen. Die Beförderung des Vaters zum Justizamtmann beim Amtsgericht Stadtoldendorf bedeutete gleichzeitig für die Familie manche Entbehrung. Die erhebliche Aufbesserung in Rang und Gehalt entschädigte nicht für den Verlust des großen und heitern Verwandtenkreises in Holzminden, der auch nach des Großvaters eben erfolgtem Tode herzlich zusammenhielt. Zudem war Stadtoldendorf viel kleiner, weit abgelegen und, was für Wilhelm von nachhaltiger Bedeutung war, ohne höhere Lehranstalt. Er mußte in die dürftige Stadtschule eintreten, darin der

Rektor Pape sich mit dem Kantor und dem Opfermann in den Unterricht der gesamten städtischen Jugend teilte. Gewiß wird die strenge Beobachtung des äußeren Menschen, deren höchste Spitze die den Schülern zeitlebens unvergeßliche Krätzeparade bildete, notwendig gewesen sein; aber der eigentliche Unterricht, vornehmlich an Gesangbuch und Bibel getrieben, förderte den Knaben wenig, und die lateinischen Privatstunden bei dem selbst nur dürftig in der Klassik beschlagenen Rektor brachten nicht viel dazu. Und diese pädagogischen Mißgeschicke, zu denen noch ein widerwillig genossener Klavierunterricht kam, fielen gerade in die Zeit erster selbständiger Geistesentwicklung, in der der Knabe sich überhaupt gern auf eigene Wege schlug und sich in ihm ohnehin eine Unlust am regelmäßigen Unterricht regte. Wenigstens konnte sich das unverkennbare Zeichentalent jetzt nach Lust entfalten. Bald stilisierte der Sohn die üblichen Geburtstagsbogen für die Eltern humoristisch, indem er den Engeln Tabakspfeifen und Regenschirme verlieh, bald schuf er Landschaften mit romantischer Staffage von Schäfern oder Lanzknechten. Väterliches Beispiel, eigene Lust am Bildern und die innere Nötigung zum Festhalten gesehener und ersonnener, auch schon erlesener Vorgänge wirkten miteinander.

Stadtoldendorf liegt in liebliche Höhenzüge eingebettet. Über dem Städtchen ragen die Trümmer der uralten Homburg, und weiter nördlich erstreckt sich das Odfeld bis nach Amelungsborn hinüber. Schweiften die Schulkameraden ins Wesertal, so durften sie nun schon nördlich bis nach Bodenwerder, der Heimat Münchhausens, oder südlich bis nach Boffzen und Fürstenberg, dem Sitz der berühmten Porzellanfabrik, wandern, das alles Eindrücke, die für immer hafteten.

Im Anfang des Jahres 1845 kam Gustav Raabe an

einem Wintertage mit heftigen Unterleibsschmerzen nach Hause, kein Arzt konnte helfen, und schon am 31. Januar starb er unter furchtbaren Qualen, wahrscheinlich an einer Blinddarmentzündung, deren Behandlung damals noch unbekannt war. Der Tod des ungewöhnlich gescheiten und beliebten Mannes rief tiefe Teilnahme hervor, und zumal die im stillen geübte große Wohltätigkeit und die nach außen völlig zurückhaltende Frömmigkeit des Verstorbenen traten nun im Rückblick auch Fernerstehenden ergreifend vor die Seele. Alle Aussichten des Lebens schienen für die Witwe und die Kinder aufs furchtbarste verändert. Man hatte bisher in einem vorbildlich glücklichen, herzeinigen Familienkreise gelebt, der Vater hatte mit seiner weltoffenen Bildung, seiner ohne Eifern christlich milden Denkart, mit dem besonnenen Streben des aufsteigenden Juristen und Staatsbeamten das Haus emporgeführt, seine Kinder auf wohlbehüteten Wegen erzogen — jetzt stand die ganze Sorge der vereinsamten Frau zu. An Stelle der bisherigen behaglichen, ja wohlhäbigen Verhältnisse sah sich Auguste Raabe auf eine Pension von wenig mehr als hundert Talern, etwa einem Siebentel des Gehaltes, gesetzt; dazu kamen knappe Zinsen des auf holzmindener Grundbesitz festgelegten Vermögens. In Stadtoldendorf hielt sie nichts, sie brauchte eine größere Stadt mit besseren Ausbildungsmöglichkeiten für die Kinder und verwandtschaftlichem Anhang; beides bot ihr Wolfenbüttel, und dorthin übersiedelte die Familie noch zu Ostern des Jahres 1845.

Wilhelm Raabe war fast vierzehn Jahre alt, als er nun in die Quarta zurückkehrte, die er drei Jahre früher als Zehnjähriger in Holzminden verlassen hatte. Dies Schicksal wäre für jeden bitter genug gewesen, für ihn, der sich schon unbewußt selbständiger eine Welt baute, war es doppelt hart. Selbst wenn nicht Kinderkrankheiten im Hause den Unterricht ohnehin unregelmäßig gemacht hätten, wäre das Fortkommen des in vielem eigenwilligen und nicht leicht zu ergründenden Knaben sehr erschwert gewesen. Die beiden Brüder der Mutter, deren wolfenbütteler Stellung einer der Beweggründe des Umzugs gewesen war, standen ihr und dem Sohne in allen diesen Nöten getreulich zur Seite. Christian Jeep, der Gatte von Raabes Patin Minna Leiste, Klassenlehrer der Sekunda, ein vielseitig gebildeter, gütiger Mann von künstlerischem Empfinden, fand trotz dem eigenen großen Haushalt immer Zeit für den Neffen und versuchte manche Ecken abzuschleifen. Der andere, bedeutendere und tatkräftigere Oheim, der Gymnasialdirektor Justus Jeep, in der ganzen Stadt verehrt und respektiert, von den Kindern mit einer gewissen Scheu betrachtet, griff ein, wenn dem überalterten Schüler von nicht gewöhnlicher Art Ungerechtigkeiten begegneten. Denn einfach war dieser Zögling nicht zu behandeln. Es mag dahingestellt sein, wie weit die von einem späteren Freunde bezeugten somnambulen Anlagen in ihm vorhanden waren; reizbar ist er jedenfalls in den nun einsetzenden Jünglingsjahren in hohem Grade gewesen, und gegen alles, was auch in damaliger Schulzeit schon dem späteren Grundsatz „Stramm, stramm, alles über einen Kamm" ähnlich sein mochte, wehrten sich Anlage und Temperament in ihm aufs äußerste. So entstand ein seltsamer Widerspruch: Raabe, der Sohn des Tacitusschwärmers, über dessen ersten Lernjahren der Geist der humanistischen Klosterschule gewesen war, gewann dem lateinischen und griechischen Klassenbetriebe keine Freude mehr ab; nur im Deutschen wurden seine Leistungen mit wachsender Reife immer einprägsamer. Die Aufsätze des zu Michaelis 1847 in die Obertertia aufgerückten Gymnasiasten zeugen von einer flugbereiten Phantasie und einer sich langsam bildenden Stilkraft. Da erzählt er im Märchen von den Schwalben und den Sperlingen die jedem Kinde vertraute Geschichte von dem Spatz, der das verlassene Schwalbennest besetzt und von den im Frühjahr zurückgekehrten Urbewohnern, denen er den Zutritt weigert, erstickt wird. Aber er schreibt in knappen Absätzen, malt am Bilde des Schneemanns, wie an dem des hinterm Ofen von Fritz und Napoleon berichtenden Großvaters mit eindringlichen Strichen Kälte und Behagen des Winters, fliegt in einem einzigen Satze mit den Schwalben bis zum Senegal, zu Aloen und Lianen; er zeichnet den Storch, bei dem das zurückgekehrte Schwalbenpaar sich Rats erholt, so deutlich, daß man abfühlt, er hätte gern den gravitätisch auf einem Beine stehenden mit rascher Feder daneben abkonterfeit. Alles, bis zu den Kindern, die den toten Sperling begraben, ist einheitlich gefugt und aus humoristischer Anlage geschaut. Es muß doch ein sehr verständiger Lehrer gewesen sein, der diesen Aufsatz „mit dem allergrößten Fleiße gearbeitet" fand und aus ihm die Berechtigung zu den schönsten Hoffnungen für den Verfasser herauslas. Ein andermal, wenn Raabe einen Überfall in der Wüste schildert, kann er vollends der Phantasie, hier wohl auf den Spuren Ferdinand Freiligraths, die Zügel schießen lassen; aber er ahmte doch nicht nur nach. Von den fünfzehn diktierten Worten, die nach damaligem Brauche zu einer frei erfundenen Erzählung verflochten werden sollten, bringt er die seinem Vorhaben unnützen in einen einzigen Satz, um dann frei los zu galoppieren. Soll er die Einnahme Roms durch Karl von Bourbon im Jahre 1527 schildern, so führt er mitten in die Kämpfe hinein und läßt die von früh geliebten Lanzknechte schießen und plündern. Und vollends ist er in seinem Eigensten, wenn er an der Landstraße vom Brunnen aus die Welt an sich vorbeiziehn sieht:

Kirchgänger und Handwerksburschen, eine Landpartie, nach deren Verschwinden er plötzlich die Vergänglichkeit des menschlichen Lebens und die Gewalt des Todes doppelt stark empfindet, bis dann als letztes Bild von der Straße Freischärler vorübermarschieren, gegen die Dänen zu kämpfen — das Jahr 1848 war herangekommen — und die Schilderung nun doch in einen hoffnungsfrohen Klang nationaler Gewißheit austönt.

Je weniger erfreulich ihm das Fortschreiten im regelmäßigen Gange der Schule war, um so mehr sah er ein, was gerade die Stadt Wolfenbüttel selbst, ihre Lage und ihre Geschichte ihm boten. Von dem Giebelhause in der Okerstraße 17 mit seiner zweistufigen Steintreppe ging es immer wieder auf den Wall, am Türkenteich vorbei nach der Weißen Schanze, zur Ruine der Asseburg, zum Scheibenschießen mit dem Pusterohr, oder auf der Landstraße am Weghaus Lessingschen Angedenkens vorüber zur Landeshauptstadt Braunschweig. Und bald erlebte Raabe selbst Geschichte. Wie er die Freiwilligen nach Schleswig-Holstein ziehn sah, so drang die Welle der Revolution nach Braunschweig hinüber, und den Sekundanern, soweit sie kräftig genug waren, stellten ihre Lehrer den Eintritt in die Bürgergarde frei. Er selbst war aber zu seinem Leidwesen zu zart und mußte, wie nicht fern davon der gleichaltrige Klosterschüler Julius Rodenberg in Rinteln, sich mit der leidenschaftlichen Teilnahme an der Bewegung des Städtchens zu einer Zeit genügen lassen, da der frühe Student Paul Heyse schon mit Flinte und Schleppsäbel, verseschmiedend, im nächtlichen Königsschlosse an der Spree Wache stand. Aber auch diese, empfängliche Menschen stark vorwärtstreibende, politische Erfahrung machte den normalen Schulgang immer unleidlicher. Mancher seiner Lehrer, neben Christian Jeep vor allem August Scholz, traute ihm schon damals eine literarische Zukunft zu, und schriftstellerische Hoffnungen haben sicherlich den für seine Klasse zu alten und für seine Jahre reifen Sekundaner von 1849 bewegt; zunächst aber kam es darauf an, zu Brote zu gelangen. So ward denn der schwere Entschluß, doppelt schwer für den Sprößling gelehrter Geschlechter, gefaßt, der Schule vorzeitig Valet zu sagen. Die tapfere Mutter, auf der soviel Sorgen lasteten, bewährte sich auch an dieser Wegscheide als die große Frau, als die der Sohn sie spät noch bezeichnete. Nach reiflicher Beratung mit dem Paten Justus Jeep entschied man sich bei der großen Lesefreude und Bücherlust des jungen Mannes für den buchhändlerischen Beruf, und Wilhelm Raabe verließ im Jahre 1849 Wolfenbüttel, um auf den Rat einer befreundeten hannöverschen Verlegerfamilie in Magdeburg den Buchhandel zu erlernen.

Gleich nach Ostern traf er in der Hauptstadt der Provinz Sachsen ein und bezog die Stube im zweiten Stock des Hauses zum Goldenen Weinfaß, die ihm als Lehrling der im Erdgeschoß des Gebäudes belegenen Creutzschen Buchhandlung zustand. Der Inhaber des Geschäfts, Karl Gottfried Kretschmann, behandelte den Achtzehnjährigen ganz als zur Familie gehörig. So nahm Raabe auch an dem reichen musikalischen Leben des Hauses teil, fand jedoch hier so wenig wie daheim den Weg zur Musik; sie offenbarte sich ihm nach eignem Geständnis erst viel später durch Beethovens Fidelio.

Weit wichtiger war die unermeßbare Gelegenheit zum Lesen. Raabe hatte ja die schöne Bücherei von Vater und Großvater früh nach seines Herzens Gefallen nutzen können; dazu war reichliches Schmökern in den Bänden einer wolfenbüttler Leihbibliothek gekommen; die Mutter war für ihre kargen Mußestunden abonniert, und der Sohn las ungehindert mit. Den ersten Teil des Faust konnte der Sekundaner Zeile für Zeile auswendig, oder, wie die französische Sprache hübscher sagt, par coeur. Im übrigen war ihm aber damals Goethe noch unbekannt, Schiller wohlvertraut. An Jean Paul, von dem der Vater nur Doktor Katzenbergers Badreise besaß, hat er sich vergeblich die Zähne ausgebrochen, aber schon der Dreizehnjährige las mit fiebernden Wangen die Geheimnisse von Paris und den Ewigen Juden von Eugen Sue und Alexander Dumas' Grafen von Monte Christo. Dies Werk und die Drei Musketiere desselben französischen Erzählers machten einen unverlöschlichen Eindruck auf ihn und wurden immer wieder vorgenommen. „Und wenn sich alle Schulmeister der Welt auf den Kopf stellen, oder vielmehr fest hinsetzen aufs Katheder: sie erobern die Welt zwischen dem sechzehnten und zwanzigsten Lebensjahre doch nicht durch moralisch, ästhetisch und politisch gereinigte Anthologien" — so hat er nach fünfzig Jahren im Hinblick auf seine fessellose Jugendleselust geschrieben.

In Magdeburg geriet er dann über Honoré de Balzac und blieb ihm jahrelang, von der Wucht der Darstellung gefangen, treu. Den gallischen Tragikern vermochte er niemals bis zum Schlusse eines ihrer Dramen zu folgen. Um so williger gab er sich den großen englischen Erzählern des neunzehnten Jahrhunderts hin; zunächst Walter Scott, in den er sich romantisch einspann, dann aber William Makepeace Thackeray. Der Realismus dieses Meisters der Gesellschaftsschilderung, sein manchmal scherzend spielender, manchmal wieder ätzender Humor ließen den jungen Leser nicht wieder los. Es war ihm keine Mühe, sich durch die vielen Bände des Pendennis durchzuwühlen, der ihm unter allen Werken Thackerays das liebste ward; es war das einzige Buch, das er sich in Magdeburg kaufte, und er lernte Englisch, um es auch in der Ursprache zu genießen. Auch Dickens, den in Deutschland bei weitem beliebteren, scheint er schon damals gelesen zu haben; zum mindesten die Weihnachtsgeschichten, wahrscheinlich aber auch Martin Chuzzelwit und Nicolas Nickelby hat er wohl den Regalen der Creutzschen Handlung entnommen. Er machte sich nun diese Engländer und ihren älteren Landsmann Oliver Goldsmith in der Ursprache zu eigen, auch Milton und Washington Jrving haben ihn beschäftigt. So sauer ihm auf der Schule bei der Unregelmäßigkeit seines Aufstiegs das Lateinische oft geworden war, er nahm doch den Seneca gewissenhaft im Grundtext vor und las sich in Spinozas lateinische Weltanschauungswerke hinein.

Sein tägliches Brot aber in Magdeburg war ja die deutsche Literatur, deren Vertrieb freilich unter der Herrschaft der wieder eingerückten Reaktion mit Vorsicht gehandhabt werden mußte. Die Zensur, und als ihr Organ die Polizei, waren häufige Gäste vor dem Ladentisch, auf dem dann massenhaft unbeträchtliche Harmlosigkeiten wie Redwitzens Amaranth lagen, um gefährliche Konterbande zu decken. Zu dieser gehörte etwa Heinrich Heines Romanzero; nach ihm griffen hundert Hände, darunter auch die Wilhelm Raabes, noch ehe die Behörde ihr Verbot ausgesprochen hatte. Wie auf den Schüler, so auf den Buchhändler wirkte Heine neben Freiligrath unter allen zeitgenössischen Lyrikern am stärksten, und Raabe ist dieser Doppelliebe zeitlebens treu geblieben. Von E. T. A. Hoffmann hatte er schon im Elternhause manches gelesen, indessen mehr an den geschichtlichen und anekdotischen Erzählungen als an den eigentlichen Gespensterstücken Gefallen gefunden.

Die Jahre dieser magdeburger Lehrzeit bringen ja noch den vollen Ausklang der politischen Lyrik, aber der Umschwung zu einer neuen realistischen, von Zeitstimmungen freien Kunst kündigt sich schon an. So sendet der junge Buchhändler der Mutter und den Geschwistern als Geschenkt Berthold Auerbachs Schwarzwälder Dorfgeschichten. An Alexis ist er erst später herangekommen, aber sehr charakteristischerweise bildete er sich, genau wie Gottfried Keller, an den philosophischen Werken Ludwig Feuerbachs. Wir können den Einfluß Feuerbachs auf Raabe nicht alsbald so deutlich verfolgen wie den auf Keller — Raabe war auch zum vollen Erfassen der Lehre zu jung. Aber die Dogmenfeindschaft Feuerbachs, sein Preis des Lebens und der Persönlichkeit, seine Auffassung des Todes als höchstes Recht des Lebenden, als des Lebens vollendenden Moment bewegten ihn tief und auf lange.

Er las solche Schriften nicht allein, sondern in einem Kränzchen junger Berufsgenossen, und dem gemeinsamen geistigen Genusse folgten auf Raabes Zimmer lange, lebhafte philosophische Erörterungen. Zur Schwichtigung leidenschaftlicher innerer Kämpfe mag dann besonders ein Gang in die Märchenwelt Hans Christian Andersens gedient haben; seine liebenswürdige Phantastik und manchmal echt kindliche Vortragsweise zogen Raabe nachhaltig an. Ein glücklicher Zufall ließ den Lehrling in den Hinterräumen der Handlung noch längst aus dem Sortiment gezogene Bücherbestände bis in den Anfang des achtzehnten Jahrhunderts zurück in losen Bogen vorfinden, und er konnte da vieles längst Verschollene und selten Gewordene, für ihn sehr Wichtige noch aufnehmen und genießen, bevor es zum Einstampfen wanderte.

Die Stadt Magdeburg, Stätte und Denkmal schwerer, wüster deutscher Geschicke, bot dem des Schweifens Gewohnten auch außerhalb des Hauses genug, und er hat ihren Dom und ihre Giebelhäuser, den schönen Breiteweg und enge alte Gassen ausgiebig genossen, sich an der Elbe wie einst an der Weser heimisch gemacht, die eintönige Börde durchzogen, auch mit den politischen Gefangenen, die sich in Begleitung von Unteroffizieren stundenweise frei bewegen durften, verkehrt und ist der Geschichte der oft von Krieg und Brand heimgesuchten Festung in lateinischen und deutschen Chroniken eifrig nachgegangen. Sein Prinzipal starb im Jahre 1850, aber er blieb mit dessen Sohn und Nachfolger Reinhold Kretschmann in gutem Vernehmen. Über Arbeitslast hatte er nicht zu klagen, wenn auch seine sommerliche Beschäftigung nicht gerade, wie er später einmal meinte, nur im Fliegenfangen bestanden haben dürfte. Tief erschüttert hat den Reizbaren der nächtliche Tod eines der Söhne des Hauses beim Entladen eines Gewehrs. Raabe mußte, aus dem Schlafe geweckt, den eben Verstorbenen mit aufs letzte Lager tragen. Verstört ging er aus dem aufgeschreckten Hause und verbrachte die letzten Nachtstunden zwischen Schlummer und Wachen bei einem Bekannten. Als er am andern Abend den Weg zu seiner Stube suchte, stieß ihn im Dunkel des Stiegenhauses unmittelbar vor der Tür des Sterbezimmers etwas wie eine riesige Faust jäh vor die Brust; noch unter dem Eindruck des schweren Erlebnisses flog er an allen Gliedern, bis die auf seinen Hilfeschrei herbeigeeilten Hausgenossen eine große Ratte als Ursache des Schreckens feststellten. Aber der Achtzehnjährige hat an den Folgen dieser Entsetzensstunde einen Monat lang zu tragen gehabt und den so verstärkten Schauer dieser Tage unverwischbar im Gedächtnis behalten.

Der inneren Bildung Raabes kamen die Buchhändlerjahre sehr zustatten; dennoch fühlte er sich bald selbst nicht mehr auf dem rechten Wege, und zumal in lebhafteren Geschäftszeiten, wenn er mit dem befreundeten Gehilfen Albert Rüdiger zusammen alle die mechanische Kleinarbeit des Sortimenters über Ballen und Rechnungen zu leisten hatte, regte sich in ihm der Überdruß.

Kretschmann sah wohl darüber hinweg, daß der Brennölverbrauch des allzu reifen Lehrlings über Büchern und Papier das gewöhnliche Maß überstieg, aber auch er wird in Raabe keine künftige Zierde des Buchgeschäfts erkannt haben. Der Drang zur Freiheit, zur Darstellung seines Selbst, wie man's gemäß der Lektüre des innerlich Emporstrebenden spinozistisch ausdrücken kann, hatte ihm das Joch der Schule in Wolfenbüttel unsanft gemacht; er trieb ihn nun nach beendeter vierjähriger Lehrzeit zwar nicht auf die Schulbank, aber doch zu neuer systematischer Vorbereitung in die Schul- und Mutterstadt zurück.

Mit fast zweiundzwanzig Jahren erschien Wilhelm Raabe zu Ostern des Jahres 1853 wieder in Wolfenbüttel, bewußt nur zu vorübergehendem Aufenthalt. Das Abgangszeugnis des Gymnasiums hatte ihm vor vier Jahren neben lobenswertem Betragen zwar im deutschen Stil und im freien Handzeichnen einen für seine Bildungsstufe nicht häufigen Grad der Vollkommenheit zugesprochen, von allem übrigen aber charakteristischerweise geschwiegen. Damit allein mochte er nun den Pforten der Universität nicht nahen und suchte auf eigene Hand sein vielfach stückweises Wissen zu vervollkommnen. Die Mutter blickte mit tiefem Kummer auf sein Beginnen. Die Tochter ging ihr bereits im Hause zur Hand, der zweite Sohn rüstete nach normalem Schulgange zum rechtswissenschaftlichen Studium — nun kam der Älteste nach voller Lehrzeit nicht als verdienender Buchhandlungsgehilfe heim, sondern des einst ergriffenen Berufs im tiefsten unfroh und unverkennbar in seelischer Krisis, neue Wege einzuschlagen bereit. Aber ihr unverbrüchliches Vertrauen in Artung und Begabung ihres Wilhelm blieb Auguste Raabe unerschüttert. Sie empfand den leidenschaftlichen Ernst des in sich gekehrten und über seine Jahre reifen Sohnes; und ihre Zuversicht half ihm über manche unerfreuliche, in der Kleinstadt unvermeidliche Berührung mit längst auf der Hochschule oder gar schon im staatlichen Vorbereitungsdienste stehenden Altersgenossen und einstigen Mitschülern hinweg. Gerade dieses äußerlich schiefe Verhältnis zur Umwelt mag das noch ungewisse Gefühl einer schriftstellerischen Berufung, einer Tat von seinen Gedanken in ihm bestärkt haben, und wie mit zusammengebissenen Zähnen ging er nun noch einmal die antiken Geschichtsschreiber und Philosophen und die Denker neuerer Zeiten durch, Grundlagen erarbeitend, die seine Bildung für immer untermauerten.

Und des gewiesenen Weges sicher, zog er nach einem Jahre nicht nach Göttingen, das seit Helmstedts Auflösung auch Braunschweigs Landesuniversität war, sondern nach Berlin, in die preußische Hauptstadt, in die Großstadt, wo er sich verlieren, wo er sich gewinnen konnte.

Von der Ecke der Stechbahn hinter dem berliner Schloß bis zur Gertraudtenstraße hinüber zieht sich die Friedrichsgracht den Spreearm entlang. Das Straßenbild entspricht genau dem holländischen Namen: in der Mitte der hier träge strömende Fluß, eingefaßt von schmalen Fahrstraßen, und diese entlang die leicht geschwungenen Zeilen der Häuser; keins damals höher als zwei Stock, unter ihnen das schöne, von Karl Wilhelm Wach ausgemalte Gebäude des Oberlandeskulturamts neben der Münze, auf der anderen Seite die Rückfront der Probstei von St. Petri und das Schindlersche Waisenhaus. Die Glocken des alten Doms, von St. Nikolai, der eben neu erbauten Petrikirche und der „Singeuhr" von der Parochialkirche tönten herüber; in stillen Abendstunden konnte man das Wasser um die Spreemühlen rauschen hören. Ging man spreeabwärts, so kam man bald, an der ragenden Schloßkuppel vorbei, zu der weihevollen Säulenhalle des Alten Museums; schritt man stromauf, so eröffnete sich der Blick auf die Spreeinsel, auf den gedehnteren Flußspiegel vor Neukölln am Wasser. Rechts und links aber ging und geht es, wie in Unterschlupfe, in schmale, krumme Gassen und Höfe hinein. Ziemlich genau in der Mitte der Friedrichsgracht überquert die von einem ganzen berliner Sagenkreis umwobene Jungfernbrücke die Spree, eine an eisernen Ketten hangende, schwankende, abends von matten Laternen beleuchtete Zugbrücke. Wo sie gen Osten mündet, steht ihr gegenüber der Französische Hof, ein schräg gestelltes, weitläufiges Gebäude mit breiter Einfahrt und tiefer innerer Ausbuchtung zum Einstand für Wagen und Pferde; und dicht daneben biegt die schmale Spreegasse zur Brüderstraße hinüber, einer Stätte bürgerlichen Patriziats, die in einem ihrer schönsten Häuser damals die Nicolaische Buchhandlung und damit das Gedächtnis Lessings barg. In dieser Spreegasse, in dem Hause Nr. 11, dem dritten vom Wasser, im ersten Stockwerk bei dem Schneider Wuttke, der zugleich Königlicher Tafeldecker war, bezog Raabe im April 1854 ein Vorderzimmer. Der Reisesack enthielt neben dem Nötigsten an Kleidung und Wäsche und zahlreichen Büchern ein eben begonnenes Tagebuch, das ohne gedankliche Anknüpfungen lediglich äußere Vorgänge des Lebens, Briefe, Lektüre, Besuche, Wetternotizen, auch wohl geschichtliche Erinnerungen aufzunehmen hatte. Auf der Friedrich-Wilhelms-Universität ward Raabe als Hörer bei der philosophischen Fakultät eingeschrieben und warf sich mit dem Eifer des endlich losgelassenen Schwimmers auf das Studium. Aber auch hier blieb er nicht im regelmäßigen Ablauf befangen, war er doch auch für ein erstes Semester reichlich alt. Die Literaturgeschichte bei Friedrich Heinrich von der Hagen und Rudolf Köpke, dem Biographen Tiecks und Herausgeber Kleists, fesselte ihn wenig; auch die Kunstgeschichte bei Ernst Guhl und Heinrich Hotho hat ihm nicht viel eingetragen. Dagegen hielt ihn der große Erforscher des Nilreichs Karl Richard Lepsius, der damals das Museum ägyptischer Altertümer einrichtete, fest, und nicht minder gern saß er zu Füßen des mehr als siebzigjährigen Geographen Carl Ritter. In der Philosophie aber ließ er den Hugenottenenkel Karl Ludwig Michelet auf sich wirken, der die Hegelsche Überlieferung aus lebendigem Anschluß an seinen toten Meister mit eindringlichem Kritizismus vertrat. Diese drei hörte er mit großer Regelmäßigkeit, sonst aber ließ er sich von dem Leben Berlins treiben und genoß den Gegensatz zwischen der Spreegasse und den gedehnten Vierteln der Hauptstadt. Verkehr unter Studenten suchte er nicht, einer Verbindung trat er nicht bei. Auch dem reichen literarischen Leben der Stadt blieb er fern; er erstrebte nicht den Zugang zum Sonntagsverein, dem Tunnel über die Spree, wo Christian Friedrich Scherenberg im Ruhmesglanze saß und Theodor Fontane mit dem Archibald Douglas erste Triumphe feierte. Daß er fast zwei Jahre eine Stadtgenosse Gottfried Kellers war, dessen Erstlinge ihm bei Kretschmann durch die Hände gelaufen sein müssen und der gleich ihm in Berlin seinen archimedischen Punkt suchte, ist Raabe sicherlich gar nicht bekanntgeworden. Und Paul Heyse hatte sein junger Ruhm schon nach München entführt. Raabe lebte aber nicht ohne jeden Verkehr. In der Leihbibliothek, die er selbstverständlich alsbald aufsuchte, lernte er den jungen Buchhändler Stülpnagel kennen und gewann in ihm einen vielfach anregenden Freund. Er besuchte häufig das Theater, besonders die damals noch blühenden wohlfeilen Volksbühnen; er versetzte sogar seinen Schiller, um Tanzstunde zu nehmen. Er durchwanderte die Stadt und paßte auf das Leben der Großen und Kleinen, seines schneidernden Wirtes so gut wie des Kesselschmieds Marquart in einem Keller seiner Gasse.

Dieser blieb er auch nachbarlich treu, als er im nächsten Jahr, wiederum zu einem Schneider, in eine Dachstube der Oberwallstraße, zwischen dem Palais des Kronprinzen und der Königlichen Bank zog.

Die Möglichkeit, sich im Getriebe der großen Stadt zu verlieren, die vielfältigsten Verhältnisse zu beobachten, die politischen Ereignisse und Persönlichkeiten, gerade unter dem schwülen Druck der Reaktionszeit, zu verfolgen, verschiedene Zeitungen zu lesen, auf menschliche und nationale Schicksale zu merken, bot dem späten Studenten Berlin wie kein anderer deutscher Ort. Er hat sie redlich genützt. Am 15. November 1854 — „der November, den die meisten Menschen hassen und fürchten, ist mir und meinen Arbeiten der willkommenste Monat", schrieb er neun Jahre später einem Freunde — stand er, wie er gern tat, an die Scheibe gelehnt und sah aus dem Fenster seiner Stube. Dann wandte er sich ab und schrieb auf das abgerissene gelbe Papier aus einer leer gerauchten Zigarrenkiste die ersten Zeilen eines Werks, das er dann den Winter und das Frühjahr über unter der Hand hielt. Viele Seiten wurden beim Rauch der geliebten Pfeife oder Zigarre am Arbeitstische daheim, manche, um Heizung zu sparen, im Kolleg verfaßt. Mit fester Hand fügte Raabe den Titel hinzu:

Die Chronik der Sperlingsgasse.

2. Kapitel

Das erste Buch

„Es ist eigentlich eine böse Zeit! Das Lachen ist teuer geworden in der Welt, Stirnrunzeln und Seufzen gar wohlfeil." So beginnt die Chronik der Sperlingsgasse, und um den Mißmut über die böse, traurige Zeit zu bekämpfen, greift der Erzähler zu den Werken des Wandsbeker Boten und den Kupfern von Daniel Chodowiecki — er will die Welt da draußen vergessen und sich ganz in diese Blätter versenken.

Dieser Auftakt läßt ohne weiteres ein Idyll erwarten — man denkt an die Pfarrlaube des Johann Heinrich Voß, an Theobul Kosegarten und Christian Eberhard, an Heinrich Seidels Leberecht Hühnchen. Aber aus der Erzählung des dem Greisentum nahen Johannes Wachholder entwickelt sich allgemach ganz etwas anderes. Zunächst freilich sehen wir allerlei Kleinleben. Der Professor Niepegut geht vorüber, wasserholende Dienstmädchen kichern am Brunnen, Kinder drücken ihre Näschen an die Fensterscheiben und begrüßen jubelnd den ersten Schnee — und der Gedanke, ein Bilderbuch der Sperlingsgasse zu schreiben, ist fertig. In dem gleichen Augenblick aber, da die Feder für dies Bilderbuch angesetzt wird, ist die Traumseligkeit und Behaglichkeit des Idylls verschwunden, es melden sich Gestalten, Töne, Stimmen der Vergangenheit, „begrabene Frühlinge fangen wieder an zu grünen und zu blühen", und jetzt erwacht nicht mehr die Erinnerung an Claudius — nun beruft sich der Erzähler in der Stube der alten Gasse auf Jean Jacques Rousseau, der seine glühendsten, erschütterndsten Bücher auch in einer Dachstube geschrieben habe, und auf Jean Paul.

Die Aufgabe, die der vorgebliche Schreiber der Chronik sich stellt, ist doppelt: die Vergangenheit der Sperlingsgasse und ihrer Bewohner soll hervorgeholt, die Gegenwart miterzählt werden; zwischen alte, vergilbte Blätter schieben sich frische Schilderungen frischer Gegenwart, zwischen tote Menschen der Gasse und der Lebensfahrt Johannes Wachholders lebende Teilnehmer seines jetzigen Daseins. Ulfelden wächst auf, die Stadt der Kindheit fern in den Bergen unter den Buchen, und dann die Jugendgefährten, der geniale Maler und seine Frau, die auch Wachholder geliebt hat und deren Ehe er der treueste Freund, deren Kind er Pate geworden ist. Bald hat der Tod die junge Frau abgeholt, und der Gatte, der Maler Ralff, ist ihr gefolgt. Und während sich schon wieder in der Gestalt des tollen Zeichners Strobel die Gegenwart in das Bild drängt, taucht dann eine noch fernere Vergangenheit empor. Wir hören, wie Ralff seine spätere Frau kennengelernt hat, wir hören, daß er das außereheliche Kind des Grafen seiner Landschaft, daß seine Mutter verlassen worden und im Wahnsinn ins Wasser gegangen ist. Wir erleben endlich, wie die getrennten Blutszweige zusammenkommen: Wachholder und sein Pflegekind, die Tochter Ralffs, lernen eine Tochter und einen Enkel des unstet in der Welt verirrten Grafen kennen, und wir sind nicht überrascht, wenn am Schluß Franz und Marie, die letzten Nachkommen des alten Geschlechts, Mann und Weib werden.

Dazwischen aber — welche Fülle von Gestalten und Geschichten! Die arme Tänzerin mit ihrem Kinde, das in der Nacht, da sie als Teufelinne vor dem Königspaar im Opernhaus hat tanzen müssen, stirbt, während die Mutter sich noch im Bühnenschmuck über das Kind beugt — ein Gegenstück zu dem Schicksal des andern unehelichen Kindes, des Malers Ralff. Der Journalist Wimmer, dessen politische Aufsätze in den „Welken Blättern" der Polizei unangenehm werden, und der deshalb ausgewiesen wird, der das mit Humor trägt und sich in der bayrischen Heimat ein behagliches Philisterdasein gründet — und sein Gegenstück, der idealistische Volksschullehrer Rober, der in die Verbannung gehn muß und drüben den alten, freien deutschen Geist durchhält. Und als dritte Ergänzung zu den beiden der Zeichner Strobel, der auch fortzieht, er mit einer armen Familie, die nicht der alte germanische Wanderdrang, sondern Not und Jammer der Zeit in die Ferne treiben. Und ihr wiederum ist das deutsche Bürgerhaus des Tischlermeisters Werner gegenübergestellt mit der Großmutter Karsten, jenes Bürgertum, das seßhaft an der Stelle bleibt und fest auf dem Sinne beharrt. Es weiß um des Vaterlandes Not und Druck Bescheid und von ihm, Meister und Gesellen, soll einst mit der inneren Freiheit die Einheit wiedergewonnen werden.

Die von Raabe für sein erstes Buch gewählte Kunstform der Ich-Erzählung erlaubt ihm ein gelöstes Schreiten, und er hat redlich Gebrauch davon gemacht. Gottfried Keller, dessen Grüner Heinrich zuerst zur selben Zeit erschien, da Wilhelm Raabe die Chronik schrieb, hat ja auch für den Großteil seines Werks die Form der Ich-Erzählung gebraucht, die eine Zeitlang sogar für die Norm des Romans gehalten wurde. Aber der Unterschied der beiden Naturen Kellers und Raabes erweist sich gleich hier. Keller erzählt, beginnend mit dem Beginn, in unmittelbarer Folge, in ziemlich gleichmäßig gerundeten Abschnitten. Bei Raabe denken wir eher an einen andern berühmten deutschen Ich-Roman, an den Werther, wo auch in unregelmäßigen

Abschnitten, unter Hervorholung vergangener Dinge, erzählt wird, wo auch unvergeßlich lebendige Einzelbilder zwischen Betrachtungen und Ausblicken stehen. Da ist bei Raabe die Schilderung des Leichenzuges von Marie Ralff; es folgt darauf das Zimmer Strobels mit seiner unglaublichen Unordnung. Dann, das erste Meisterstück des Buches, der Besuch des Weihnachtsmarkts mit dem kleinen Sohn der Tänzerin. Die Ausweisung Wimmers und der Sonntag im Walde mit dem Zeitungsschreiber und dem Lehrer. Gerade in der Mitte des Werks, und das ist bedeutsam, steht die prachtvoll abgetönte, lange nachhallende Geschichte von der Franzosenzeit in Berlin, erzählt von der Großmutter Karsten. Und als letzte, höchst bedeutsame Einflechtung erleben wir den Sonntagmorgen Strobels an der heimatlichen Weser, mitten unter den Erinnerungen alter deutscher Vorzeit, mit der Bäuerin, die da sagt: „Kinderschrien is ok een Gesangbauksversch", und mit dem deutschen Dampfer, der die Auswanderer aus der Heimat führt.

Aus alledem erwächst doch ein ganz geschlossenes Bild. Wir erleben wirklich das Dasein einer Gasse, Raabe zeigt uns volles menschliches Leben, schon rein äußerlich: es fehlt eigentlich kein Stand: da ist der Tischler mit seinen Gesellen, da sind der Volksschullehrer, der Schriftsteller und der Tagesschriftsteller, der Arzt, der Polizist, da sind Künstler vom Akademieprofessor bis zum Akademieschüler, vom Karikaturenzeichner bis zur Ballettratte, ja bis zum Schausteller auf dem Weihnachtsmarkt, da sind der Rektor und der Domprediger, der Auskultator und der Oberlehrer — kurz, überall die Fülle des äußern Lebens, bis zu den beiden feinen Witwengestalten: der Großmutter Karsten, deren Söhne 1813 und 1815 auf dem Schlachtfelde geblieben sind, und Helene Berg, der Tochter des Grafen Seeburg. Und zu der Fülle des äußern Lebens die Fülle des innern, nicht in Strichelmanier mühsam hingesetzt, sondern in ruhig ausatmender Kunst deutlich lebendig geworden. Nicht alles ist gleichmäßig, aber das Ganze doch unverkennbar das Werk eines werdenden Dichters, eines Menschen, der mit eignen Augen sieht.

Hermann Junge hat geistreich gefragt, ob Raabe sich vielleicht bei der Wahl der Form für die Chronik durch folgende Ausführungen Jean Pauls in der Vorschule der Ästhetik habe bestimmen lassen: „Nur der unverständige Jüngling kann glauben, geniales Feuer brenne als leidenschaftliches... Der rechte Genius beruhigt sich von innen; nicht das hochauffahrende Wogen, sondern die glatte Tiefe spiegelt die Welt." Bei der geringen Vertrautheit des damaligen Raabe mit Jean Paul ist diese bewußte Schulung nicht eben wahrscheinlich, vielmehr wird Raabe aus eignem Triebe, des Vorgängers unbewußt, denselben Weg eingeschlagen haben, von dem übrigens Jean Paul selbst, nicht zu seinem Glück, nur zu oft abgewichen ist. Genannt wird Jean Paul in der Chronik als Verfasser des Siebenkäs, den aber Raabe damals noch nicht einmal ganz kannte; aber das Werk strotzt überhaupt von literarischen Anspielungen. Homer und Tacitus, das Nibelungenlied, der Parzival, der Reinke de Voß, die Carmina vagorum, Grimms Märchen und das Kommersbuch, Shakespeare, und Milton, Plato und Dante, Goldsmith und Dickens, Rousseau, Pufendorf und Bayle, Claudius, Gellert und Campe, Arndt, Uhland und Eichendorff, Voß und Seume, Johannes Falk und Kotzebue, Bernardin de Saint-Pierre, Raffael, Lortzing, nicht zuletzt Goethe und Schiller, und dann immer wieder durchleuchtend die Bibel — das ist das literarische Inventar. Aber das alles ist freilich nicht in unkünstlerischer Weise hineingepackt — wie hätte sonst die Chronik so unendlich viele Leser auf allen Alters- und Bildungsstufen finden können — sondern mit dem

Gefühl einer lebendigen Vertrautheit eingefügt. Wir wollen nicht leugnen, daß dabei hier und da alles nicht glatt poliert ist, dem Reiz des Werkes nimmt das doch wenig.

Wie gar nicht es auf Jean Paul ausgerichtet ist, dafür gibt es eine sichere Probe: bei diesem kann man fast überall das Episodenwerk glatt überschlagen (selbst in kleinen Werken wie Doktor Katzenbergers Badreise) und verliert zwar manche dichterisch wertvolle Stelle, aber nichts von der eigentlich tragenden Handlung. In Raabes Chronik darf man nichts auslassen, weil alles mit zusammenhaltender Künstlerkraft schließlich so miteinander vernietet ist, daß trotz ein paar Vorsprüngen und Überkanten am Ende jeder Stein und jedes Steinchen nötig waren, den ganzen Bau in seiner Fülle und in seiner Einheit erscheinen zu lassen.

Versucht man aus Raabes literarischen Anspielungen und Erwähnungen auf literarische Einflüsse zu schließen, so wird man vielfach fehlgehn. Der neuerdings behauptete überstarke Einfluß des Werther auf Raabes erstes Werk scheint mir trotz der Formverwandtschaft weit überschätzt; innerlich hat das ganz subjektive, auf ein Gefühl gestellte Goethische Frühwerk mit dem schon durch die vorgenommene Altersmaske zu starker Objektivierung, weiterem Abstand gezwungenen Raabischen Erstling nichts gemein. Die volle Sonne Goethes geht erst später über Raabes Werken auf. Viel stärker erscheint der Einfluß von drei Dichtern, die bezeichnenderweise in der Chronik nicht genannt werden. Wie Hermann Anders Krüger zuerst mit sicherm Blick feststellte, ist der eine Hans Christian Andersen mit seinem Bilderbuch ohne Bilder; daneben dürfen wir uns des Franzosen Alain René Lesage erinnern, nicht wegen des Gil Blas, sondern um seines Hinkenden Teufels willen. In beiden Werken liegt, wie in der Chronik, die Stellung des Betrachters oberhalb der Dinge, in beiden werden die Ereignisse sozusagen herangetragen, sie folgen nicht zwangsläufig aufeinander. Und im Bilderbuch wird wie in einer Chronik und in dieser Chronik scheinbar wahllos umgeblättert. Erst am Schluß, im Rückblick, fühlen wir bei Raabe, daß aus den verschiedenen Gliedern doch eine ganze Kette geworden ist. In der einzelnen Schilderung aber belohnt sich jetzt die Schulung an Thackeray mit seinem reich zuströmenden Kleinleben. Von dem Briten vor allem und aus seinem Pendennis hat Raabe die Beobachtung vom kleinen Zuge her, von Äußerlichkeiten und bezeichnenden Bewegungen gelernt; von ihm den rasch zupackenden, treffenden Vergleich. Thackeray nennt die Zigarre einmal die „gewöhnliche Trösterin", einmal gar den „großen Geheimnisergründer"; bei Raabe wird sie zur „großen Trostspenderin des neunzehnten Jahrhunderts". Der Doktor Johnson muß als eine allbekannte literarische Persönlichkeit in beiden Werken herhalten. Wenn Thackeray einen Zug durch Vergleiche aus Schrifttum und Geschichte charakterisieren will, häuft er sie: Rowena aus Scotts Ivanhoe, Marie Antoinette, die Marquise von Carabas marschieren allesamt auf — wenn Raabe die Mansarde als Wochenstube der frischesten und eigenartigsten Kunstwerke preist, schüttelt er, gleich freigebig, Erinnerungen an Goldsmith, Rousseau, Jean Paul aus. Und nachdrücklich, wie der große Engländer, betont der junge Deutsche die hohe Verantwortlichkeit dessen, der „die Feder hält".

Scheint so die Stilbetrachtung den Kreis von Anregern und Vorgängern noch zu erweitern, so muß sie schließlich doch zugeben, daß aus allem ein unverkennbar eigenes und ein unverkennbar deutsches Werk erwachsen ist. Selbst von Thackerays Gestalten und Handlung ist nichts in die Chronik eingegangen. Dieser Ton war persönlich und nicht mehr überhörbar. Die Fähigkeit, Stimmungen zu schildern, heitere und düstere, einfache und aus Bitterkeit und Süße zusammenfließende, zeichnet die Chronik vor allem aus. Die Charaktere der handelnden Personen sind noch im einzelnen nicht vertieft. Wir erleben bei vielen den Augenblick starker Erregung, bei Wachholder selbst, bei dem älteren Ralff, bei Strobel, bei Wimmer, bei Roder, und bei jedem wirkt sie sich nach der Anlage des Charakters aus — aber noch fehlt der kunstvoll-menschlich ganz durchgeführte, von innen aufgebaute Charakter. Das lag ja freilich nicht im Plane der Chronik, die eben keinen Grünen Heinrich schlußgerecht darstellen, sondern ein Bild aus der Fülle mannigfachen Lebens zusammensetzen wollte. Raabe läßt uns von jedem nur so viel sehn, wie er zu seinen künstlerischen Zielen braucht, aber gerade genug, diese seine Geschöpfe umgangs- und liebenswert zu machen. Noch nach einem Menschenalter bezeugte ein jüngeres Geschlecht durch den Mund Jakob Julius Davids: „Wem entfiele jemals eine Gestalt aus der Chronik der Sperlingsgasse?"

Die zeitliche Einstellung der Vorgänge ist ganz deutlich: Wachholder schreibt während des Krimkriegs, und ebenso sicher ist die örtliche: die Jugendvorgänge spielen in den Wäldern von Raabes Heimat, die Sperlingsgasse aber liegt in Berlin, es fehlen selbst das Pfeffer- und Salzfaß, die beiden Gontardschen Türme auf dem Gensdarmenmarkt, nicht, und die Frau des Preußischen Bundestagsgesandten, Johanna von Bismarck, fand sich alsbald in der Chronik völlig berlinisch angeheimelt und verglich seufzend und lächelnd, wie manch andere Mutter, die Untaten des jungen Berg mit denen ihres eigenen Bill.

Stülpnagel, der nächste Vertraute, bekam die Handschrift zuerst in die Hände. Er las sie, war voll froher Zustimmung und sofort bereit, Raabe auf dem Wege in die Öffentlichkeit nach seinen Kräften zu unterstützen. Es macht dem Blick des jungen Leihbibliothekars alle Ehre, daß er das Buch keinem andern als Willibald Alexis brachte. Der große Erzähler prüfte das Werk mit Anteil, lobte es sehr, konnte aber nichts mehr dafür tun, da er im selben Jahre, 1856, von dem Gehirnschlage getroffen wurde, dessen Folgen er nicht mehr überwand. Aber Stülpnagel ließ sich nicht abschrecken, er führte Raabe mit dem Verlagsbuchhändler Franz Stage zusammen, und der hatte gleichfalls an der Erzählung Freude. Er schlug Raabe eine einzige, freilich wesentliche Abänderung vor, nämlich die Ausscheidung einer eingefügten geschichtlichen Skizze und ihren Ersatz durch Näherliegendes; und als Raabe sich gefügt hatte, erklärte Stage sich zum Verlage bereit. Freilich sollte der junge Verfasser kein Honorar erhalten, im Gegenteil, der Verleger bedang sich einen Druckkostenzuschuß von fünfzig Talern aus und sagte dem Dichter dafür hundert Freiexemplare zu. Raabe ging hierauf sofort ein und verzichtete später sogar auf einen Teil der hundert Stücke, um so die Zahl der Rezensionsexemplare zu vermehren. Der Druck begann sogleich (bei Brandes und Schultze in der Roßstraße, ganz nah der Spreegasse), und Ende September 1856 erschien der etwa sechzehn Bogen starke Klein-Oktavband. „Herausgegeben von Jakob Corvinus", stand unter dem Titel.

Das neue Buch hatte Erfolg. Wie Levin Schücking, so begrüßte es der erste damalige Kritiker Berlins, Ludwig Rellstab mit besonders lebhafter Anerkennung. Auch er erinnerte freilich an Jean Paul, aber er fügte sofort hinzu: „Bei allem hat Corvinus vollständig sein eigen Haus und Hof und lebt nicht von seinen Verwandten", und Friedrich Hebbel nannte in der Illustrierten Zeitung das neue Werk des unbekannten Verfassers eine vortreffliche Ouverture. Wenn er weiter heischend fragte: „Wo aber bleibt die Oper?" so antworten wir, wie Raabe es später gelegentlich tat: Hebbel hat ihr Erscheinen nicht mehr erleben und hören dürfen.

Wir, die wir heute aus weitem Abstande zurücksehn, erblicken in der Chronik nun freilich zeit- und literaturgeschichtlich noch bei weitem mehr als nur das Vorspiel zu Raabes Werk. In Raabes magdeburger Kaufmannszeit hatte mit dem letzten Ausschwingen der Revolution noch die politische Lyrik und die Zeit-Dichtung überhaupt im Vordergrunde gestanden. Seither war fast unbemerkt eine neue Entwicklung zum Siege geschritten, ohne Kampf, wie von selbst, und gerade 1856, Heines Todesjahr, ist das eigentliche Durchbruchsjahr dieser neuen Kunst des Realismus, der deutschen Lebenstreue. In ihm schließt Willibald Alexis mit der Dorothee den Kreis seiner vaterländischen Romane, Otto Ludwig bringt sein Zwischen Himmel und Erde, Gottfried Keller den ersten Band der Leute von Seldwyla, Gustav Freytags Soll und Haben begeht eben den ersten Geburtstag.

Deutlich zeigt sich der tiefe Wandel der Verhältnisse: die — einst, in der Schwüle der Restaurationszeit, geschichtlich notwendige und heilsam aufrüttelnde — Tendenzkunst, der Friedrich Hebbel und Otto Ludwig so bitter feind waren, das ganze Junge Deutschland und die politische Poesie der Revolutionsjahre sind vorüber, und im Jahre 1857 geht mit Joseph von Eichendorff, da Uhland längst verstummt ist, auch die große Romantik endgültig zur Rüste. Es ist der Punkt gekommen, den Karl Immermann, der Wegbereiter, vorausgesagt hat: „Wir müssen durch das Romantische hindurch in das realistisch-pragmatische Element. An diesem kann sich eine Kunst der deutschen Poesie entwickeln." Das Streben der einen, vor allem Heyses und der Münchner, ging nach einer Stilisierung der Form in Anlehnung an Goethe, die

Klassik, Grillparzer. Machtvoll setzte sich daneben und darüber hinweg die realistische Bewegung durch, deren erstes norddeutsches Meisterwerk, der Cabanis, einst eben nach Wilhelm Raabes Geburt erschienen war. Diese Kunst war der Ausdruck und die Sprache des ganzen Lebens jener Tage. Noch lastete die Reaktion schwer auf dem deutschen und zumal auf dem preußischen Bürgertum. Die Hochstimmung von 1848 war vorbei, viele der besten Männer lebten in der Verbannung, und der Drang nach Freiheit kam nur in der harmloseren Art der Schützen-, Sänger- und Turnerfeste zum Ausdruck. Aber welche Kräfte wirkten in der Stille! Da arbeitete die Erbkaiserpartei von Frankfurt, da bereitete sich der Prinz von Preußen auf den Neubau der militärischen Stärke seines Staates vor, da erwuchs Helmuth von Moltke zum Feldherrn und Führer, da ging Adolf Menzel ruhig und sicher durch das wachsende Berlin und schuf seine Bilder von Preußens Größe und von dem werdenden Hauptort der Industrie, da arbeiteten die Staatsmänner des Zollvereins an der wirtschaftlichen Einigung Deutschlands, und da saß als Vertreter Preußens am Bundestage, aufmerksam, schlagfertig, mit der Hellhörigkeit des Genies Otto von Bismarck in der Eschenheimer Gasse zu Frankfurt am Main.

So wenig wie diese glanzlose Arbeit der Vorbereitung unter dem Druck einer mißtrauischen Verwaltung und unter der Stimmung einer mit Recht mißtrauischen Opposition der Nation zum Bewußtsein kommen konnte, so wenig ist jenen fünfziger Jahren selbst die Einheitlichkeit und Größe der neuen Dichtung recht deutlich geworden. Allerdings traten die neuen Dichter nicht wie die Romantiker und das Junge Deutschland in sichtlicher Kampfstellung auf das Blachfeld; sie begannen vielmehr ihr Werk fast überall in Vereinzelung, und selbst Heinrich von Treitschke hat wohl geahnt, was jene Jahre bedeuteten, aber noch nicht klar erkannt, wie sehr die von ihm geliebten und charakterisierten Dichter Hebbel und Ludwig dem neuen Realismus zugehörten.

Heute sehen wir eine stolze Entwicklung, die in jeder Hinsicht das ganze deutsche Leben, alle Formen der Dichtung umfaßt und mit dem Ideal der Lebenstreue durchdringt. Als Vorläufer erscheinen uns Jeremias Gotthelf, Charles Sealsfield, Adalbert Stifter und Berthold Auerbach; sie erleben die Höhe der Epoche zum Teil nicht mehr mit, geben aber alle schon bleibende realistische Werke. Der erste Erfüller ist Willibald Alexis. Neben ihm wäre wohl in Süddeutschland Hermann Kurz zu voller Höhe emporgewachsen, wenn ihn nicht, noch stärker als den Preußen, politische Tagesarbeit und drückendes Geschick abgezogen hätten. Friedrich Hebbel und Otto Ludwig schaffen ein neues, jenseits der Zeitströmungen tief verankertes Drama, und der zweite gibt zugleich großen Realismus der Erzählung in mitteldeutscher Prägung. Jetzt kommen die erzählenden Begabungen eine nach der andern empor: Louise von François bringt das Beste der preußischen Aristokratie, Gustav Freytag bestes bürgerliches Empfinden und Leben, Fritz Reuter wird der erste große Erzähler im Dialekt, neben ihn tritt John Brinckmann. Theodor Storm gibt seine lyrisch abgetönte, lebensnahe Novellenkunst und eine ganz lebendige Lyrik, wie sie seit den Meisterstücken der Romantik nicht wieder erklungen war; Klaus Groth ergänzt ihn in der Mundart. Gottfried Keller ringt sich durch und vereint in Roman und Novelle eine erstaunliche Lebensfülle mit der Goldklarheit einer künstlerisch gebändigten Form. Und welche Menge erzählender Charakterköpfe zweiten und dritten Ranges neben diesen allen! Joseph Viktor Scheffel, Wilhelm Heinrich Riehl, auch Adolf Pichler stehn mit manchem noch nahe bei jenen selbst; Heinrich Smidt, Friedrich

Gerstäcker, Otto Ruppius — alles Unterhaltungstalente volkstümlicher Art — streben in die Ferne hinaus, geben Exotisches und Fremdländisches; Theodor Mügge, Georg Hesekiel, Otto Müller, Ernst Wichert, Leopold Kompert bringen Geschichts- und Kulturbilder aus größerer Nähe; Friedrich Wilhelm Hackländer, Levin Schücking, Philipp Galen, Edmund Höfer, vor allem Karl von Holtei schaffen einen feinen, zum Teil recht gehaltvollen Gesellschafts- und Volksroman; selbst die Verbrechergeschichte, der ja doch einmal auch Alexis diente, bringt es zu einer anständigen Höhenlage, die Jugenderzählung hebt sich, und auch die ganz absonderlichen Schriftsteller der Zeit, wie Bogumil Golz, Wilhelm Jordan oder Friedrich Theodor Vischer, unterscheiden sich durch ihre eigentümliche Schwere von den nur geistreichen Romanschriftstellern und Reisenovellisten der vergangenen Jahrzehnte. Noch zwanzig Jahre später reifende große dichterische Begabungen, wie Rudolf Lindau, Marie von Ebner-Eschenbach, Ferdinand von Saar, Ludwig Anzengruber verleugnen in keinem Ton die realistische Erziehung dieses unerschöpflich wohlhabenden Silbernen Zeitalters.

Das Ideal der Lebenstreue war erreicht, das Ideal der Tendenz, das die dreißiger und vierziger Jahre beherrscht hatte, überwunden. Was sich in wenigen Prosastücken von Annette von Droste-Hülshoff und in Karl Immermanns Oberhof andeutete, der bezeichnend genug aus dem Münchhausen hervorragt — das ward nun in einem Vierteljahrhundert Gestaltung. Ein Längsschnitt ward gemacht, wenn man das Bild gebrauchen darf, durch das deutsche Leben von seinen geschichtlichen Wurzeln bis in die damalige Gegenwart hinein, vielfach zugleich hinauf bis in die Gipfel der Zukunft, und ein Querschnitt zugleich durch das Leben der ganzen bekannten Welt, der engsten Heimat, wie der nun schon sicher gesehenen Ferne. Als ob aber diese Entwicklung noch einer Kraft bedürfe, die, zum Erzählen geboren und ganz und gar Dichter, das ganze Werk noch einmal für sich allein vollbringen sollte, erschien als einer der jüngeren des Geschlechts Wilhelm Raabe mit seinen ersten Werken eben noch innerhalb der Bewegung. Wir werden sehen, wie er sie, unbeirrt durch alles, was kam, fast auf den Tag bis zum Ende des neunzehnten Jahrhunderts, immer ganz er selbst und nur er selbst, weitergeführt hat.

Selbst in dieser weiten Perspektive eignet aber Wilhelm Raabes erstem Werk noch eine auszeichnende Besonderheit: die scharf betonte Volks- und Vaterlandsgesinnung. Das nationale Gefühl erwächst in Soll und Haben mehr aus dem Gegensatz gegen das Polentum; es steckt in Zwischen Himmel und Erde nur in der Gestaltung, es ist in Gottfried Kellers Werk mehr schweizerisch als gemeindeutsch. Alle diese gleichzeitigen Bücher sind im Verhältnis zur Chronik weit mehr nur realistische Schilderungen einzelner Deutscher, ihrer Kreise und Landschaften — Raabes ihnen allen künstlerisch nachstehendes Werk ist, wie der in Raabes berliner Einzugsjahr erschienene Isegrimm von Willibald Alexis, bewußt auf die nationalen Geschicke aufgerichtet, und zwar in einem bewußt liberalen und großdeutschen Sinn. Wimmer steht in diesem Betracht auf der untersten Stufe, er ist der oppositionelle Journalist und wird wegen seiner Angriffe gegen die Regierung ausgewiesen, aber die Dinge gehn ihm nicht sehr tief, und wie er sich mit einem übermütigen Scherze verabschiedet, so versinkt er hinter dem bayrischen Bierkrug bald ins Philistertum. Der demokratische Volksschullehrer Roder aber ist von freiheitlichem Idealismus ganz durchglutet, verliert deshalb Amt und Brot und zieht gleich zahlreichen damaligen Geistesarbeitern übers Meer, den Vereinigten Staaten den besten Zuzug deutschen

Lebens zu bringen. In Strobel, dem Karikaturenzeichner, gestaltet Raabe ein anderes Ergebnis des furchtbaren politischen Drucks; seine innere Zerrissenheit ist unheilbar, weil ihr der gesunde Luftzug eines unbefangenen, freien nationalen Lebens fehlt. Und Wachholder selbst, keine Tatnatur, sieht über den Schreibtisch und die Gasse, die eigenen und die befreundeten Geschicke immer in das weite, große, träumende Vaterland hinein. Er verleibt die Geschichte der Großmutter aus der Franzosenzeit mit der scharf zugespitzten nationalen Absicht in gewissem Sinne als Kernstück des Ganzen seinen Blättern ein. Die Hörer alle, in ihrer sozialen Abstufung vom Akademiker bis zum Handwerkslehrling ein Abbild des gesamten Volkes, wissen um was es geht. Sie hören aus dem verflossenen Kampf um Deutschlands Freiheit den Vorklang eines künftigen, und sie verstehen, warum der Meister Karsten die Tafel mit den Namen seiner 1813 gefallenen Söhne nicht mehr hat ansehen mögen. Und „in diesem Wissen liegt die Zukunft". Sie liegt in der Hoffnung darauf, daß die ersehnte wirkliche Einheit·und die versprochene und nicht gewährte innere Freiheit einst kommen werden und kommen müssen. Das ist keine oberflächliche Tendenzpoesie und liegt jungdeutscher Polemik ganz fern; dieser Tendenz sagt Raabe so scharf ab, wie es Hebbel immer wieder tat. „Die meisten Dichterwerke der neuesten Zeit gleichen dem Bilde jenes italienischen Meisters, der seine Geliebte malte als Herodias und sich in dem Kopfe des Täufers auf der Schüssel porträtierte. Da pinseln uns die Herren ein Weibsbild, Tendenz genannt, hin, welches anzubeten sie heucheln, und welches auf dem Präsentierteller, hochachtungsvoll und ergebenst, uns das verzerrte Haupt des werten Schriftstellers selbst überreicht." Dazu gibt dann in dem Bewußtsein, hier handele es sich um die höchsten

Angelegenheiten der Nation, Wachholder sein letztes Wort:

„Oh, ihr Dichter und Schriftsteller Deutschlands, sagt und schreibt nichts, euer Volk zu entmutigen, wie es leider von euch, die ihr die stolzesten Namen in Poesie und Wissenschaften führt, so oft geschieht! Scheltet, spottet, geißelt, aber hütet euch, jene schwächliche Resignation, von welcher der nächste Schritt zur Gleichgültigkeit führt, zu befördern oder gar sie hervorrufen zu wollen.

Als die Juden an den Wassern zu Babel saßen und ihre Harfen an die Weiden hingen, weinten sie, aber sie riefen:

‚Vergesse ich dein, Jerusalem, so werde meiner Rechten vergessen!‘

Die Worte waren kräftig genug, selbst die zuckenden Glieder eines Volkes durch die Jahrtausende zu erhalten.

Ihr habt die Gewohnheit, ihr Prediger und Vormünder des Volks, den Wegziehenden einen Bibelvers in das Gesangbuch des Heimatdorfs zu schreiben; schreibt:

‚Vergesse ich dein, Deutschland, großes Vaterland: so werde meiner Rechten vergessen!‘

Der Spruch in aller Herzen und das Vaterland ist ewig!"

An die Stelle der Tages- und Parteiabsicht ist der große vaterländische Einschuß, die tiefe Sehnsucht getreten, ein aus dem Herzen herauswachsendes Gefühl, kein den Gestalten aufgeklebtes Aushängeschild; und so wird allgemach aus der Satire der Humor, aus geistreicher Feilung stachliger Spitzen am Leben emporquellendes Leben. Im Aufstieg von Wimmer, der vielfach noch den reinen Witz vertritt, über Strobel zum Ganzen strahlt goldene Laune empor, ringt sich noch unter dem Drucke der Gegenwart ein befreiendes Lachen ans Licht, da, wo das Lachen erlaubt ist.

3. Kapitel

Junger Ruhm.   Junges Glück

Zu Ostern 1856 kehrte Raabe nach Wolfenbüttel zurück, äußerlich wieder ohne abschließenden Erfolg, aber innerlich seines Weges sicher. Keinen der in den Sippen der Raabes und Jeeps herkömmlichen Berufe hatte er ergriffen, auf keine staatliche oder gelehrte Stellung, auf keinen Titel, wie ihn nicht nur der deutsche Kleinstädter schätzt, durch Diplom oder Examen Anspruch erworben. Dafür durfte er sich seiner Berufung gewiß fühlen, der Durchbruch des Talents war erfolgt, die ersten Druckfahnen in der Rocktasche erschienen ihm als vollberechtigte Verheißung schweren, aber unhemmbaren Aufstiegs. Die heimische Landschaft glänzte in dem schönen Wetter dieses Sommers, da Raabe sein fünfundzwanzigstes Lebensjahr vollendete, besonders lieblich, und während im Zimmer bei der Mutter die nie wiederkehrende Freude jedes jungen Schriftstellers an der ersten Korrektur voll ausgekostet wurde, lockten Stadt, Land und die nachbarliche Residenz zu immer neuen Ausflügen. Die häuslichen Verhältnisse waren durch den Umzug der Mutter in das Eckhaus Nr. 16, schräg gegenüber der ersten Okerstraßenwohnung, behaglicher geworden. Das weitläufige, aus dem Jahre 1693 stammende Gebäude enthielt geräumige Wohnstuben nach Straße und Garten, ein Arbeitszimmer für Wilhelm gen Sonnenaufgang mit ragenden Obstbäumen vor dem Fenster und im Garten eine grün eingewachsene, von Blumenbeeten umgebene Laube. Sorgen um den Bruder Heinrich umschatteten zuweilen das Haus; er hatte sich auf der Georgia Augusta zu Göttingen ein Brustübel zugezogen, aber seine Natur überwand es allmählich, und so konnte die Mutter sich mit dem ältesten Sohne des langsam steigenden Erfolges der Chronik freuen. Wohl nannte sich der Verfasser auf dem Titelblatte Jakob Corvinus, aber der Deckname war leicht zu enträtseln, und auf einmal besaß Wolfenbüttel einen Schriftsteller, der alsbald auch von außerhalb her beglaubigt wurde und so denn auch „im Vaterlande" Geltung gewinnen durfte. Jetzt erst erschloß sich die Frohnatur in seinem Wesen. Alsbald scharte sich ein Kreis bildungsfreudiger, reger Menschen zu freundschaftlicher Geselligkeit und oft scharf kritischer Zwiesprach um ihn als den geistigen Mittelpunkt, Männer, die im Leben ihres Heimatlandes zu verdienter Geltung gelangen sollten. Einer von ihnen brachte es darüber hinaus zu weiter Wirksamkeit in deutschen Landen, der liberale Politiker Karl Schrader, der als Führer der Fortschrittlichen Volkspartei wie als emsiger Förderer der Volksbildung bis in hohe Jahre viel Freundschaft und Ansehen erntete. Neben ihm stand — in der Redeschlacht der schärfste — der spätere braunschweigische Staatsminister Wilhelm Spieß und dessen Bruder, der nachmalige Konsistorialpräsident Gustav Spieß, der auch in Versen dilettierte. Weiter gehörten dem Kreise ein zweiter künftiger Konsistorialpräsident, Karl von Schmidt-Phiseldeck und der Hauptmann Jsendahl an, und endlich wurde für Raabe die Verbindung mit dem um zwei Jahre älteren Adolf Glaser wichtig. Auch der war erst in der kaufmännischen Lehre gewesen, dann aber nach großen Reisen und dem Besuch der Universität gerade im Jahre 1856 als Chefredakteur zu dem Verleger George

Westermann nach Braunschweig gekommen, der eben seine Illustrierten Deutschen Monatshefte ins Leben gerufen hatte.

Oft saß der ganze Kreis bei einer Tasse Kaffee am Sonntagnachmittag in den einzelnen Familien reihum beisammen, oft wurden gemeinsame Ausflüge gemacht, dann wieder vereinigte man sich zu zweien oder dreien in der Okerstraße oder nahe dem hübschen Antoinettenruh an der braunschweig-wolfenbüttler Landstraße in dem Gartenhause, das Raabes um der Erholung Heinrichs willen einen Sommer lang bewohnten. Glaser führte nicht nur Novellen des jungen Autors und zwar gleich das auf Stages Rat aus der Chronik ausgeschaltete Stück Der Student von Wittenberg in Westermanns Monatshefte ein, er brachte ihn auch mit der Familie Westermann zusammen. Raabe hat da noch Karl Köchy, den damals schon dem Greisenalter nahen braunschweiger Theaterdichter, kennengelernt, der ihm wohl von seinem engen Verkehr mit Heine und Grabbe erzählt hat. Ein Anlaß tiefer Erregung war Raabe jahrelang das Schicksal des Professors am Karolinum Robert Griepenkerl; der hochstrebende, reichbeanlagte, aber des festen inneren Halts entbehrende Mann lebte in einem Auf und Ab von Fürstengunst und Dramenerfolg, Niederbruch und Enttäuschung, ja er mußte im Jahre 1862 wegen leichtsinnigen Bankrotts ins Gefängnis wandern. Es gab Raabe jedesmal einen Stich ins Herz, wenn er den Zerrütteten, dessen Begabung er voll erkannte, durch die Straßen schwanken sah; die Schuld an seinem Untergang schob er zum guten Teil dem Herzogtum Braunschweig und seiner beengten Atmosphäre zu.

Die Chronik hatte noch keine goldenen Früchte getragen, aber allmählich brachte Raabe sein Schaffen auch Honorare ins Haus; das erste von vierzehn ganzen Talern sandte der berliner Bazar im Sommer 1857 für ein Novellchen Der Weg zum Lachen; das Geld ward zu einer Fußreise mit Bruder Heinrich und andern göttinger Studenten auf den Hohen Meißner und in den Thüringer Wald verwendet. Zum erstenmal stand Raabe, tief aufatmend, vom vollen Hauch der Geschichte angeweht, auf der Wartburg, er besuchte das von ländlichem Sonntagstreiben überflutete Ruhla und wanderte über den Rennstieg auf den Inselberg zu weiter Schau ins thüringer Land. Das nächste größere Werk, Ein Frühling, am 1. Oktober 1856 begonnen und im Mai des nächsten Jahres vollendet, veröffentlichte die braunschweiger Deutsche Reichszeitung, und nach diesem Vorabdrucke gelangte es gar in den heimischen Verlag von Friedrich Vieweg und Sohn, der einst Goethes Hermann und Dorothea die erste Heimstatt geworden war, und noch damals so gewichtige Autoren, wie Hermann Helmholtz und Justus Liebig bei sich vereinigte. Eben erst war der Grüne Heinrich mit dem gleichen Verlegernamen erschienen. Man kann sich das Glück der Mutter, wie den ungeheuchelten Respekt der Mitbürger ausmalen, als der Frühling nun gar ins Holländische übersetzt wurde. Der ganze Kreis um Raabe gewann dadurch auch an gesellschaftlicher Geltung; die jungen Leute wurden in braunschweiger und wolfenbüttler Familien gezogen, und zum erstenmal seit der berliner Tanzstunde übte sich Raabe mit Ernst und Beharrlichkeit auch in Walzer und Quadrille à la cour. Es war ein fröhliches, geselliges Hin- und Her, dessen Kern immer das Raabehaus blieb, mit der Mutter an der Spitze, deren Vertrauen in den ältesten Sohn sich so sichtlich bewährt hatte.

Die reiche, einst von Lessing verwaltete wolfenbüttler Bibliothek ließ Raabe über alledem nicht ungenutzt. Neben zahlreichen geschichtlichen Werken, wie er sie als Hintergrund und Anregung zum eignen Schaffen brauchte, holte er sich die Gedichte Christian Günthers und politische Schriften Ernst Moritz Arndts; er rundete seine Kenntnis englischen Schrifttums durch Bücher Fieldings, Thomas Moores und Byrons ab, beschäftigte sich mit Johnson und den Briefen der Elisabeth Charlotte von der Pfalz. Der Winter von 1857 auf 1858 und noch fast der ganze Sommer dieses Jahres sahen ihn bei einer dritten längeren Erzählung, den Kindern von Finkenrode; sie erschien wiederum in den Westermannschen Monatsheften. Dazwischen entstanden die Geschichte von Lorenz Scheibenhart und die Skizze Einer aus der Menge, die alsbald Friedrich Hackländer und Edmund Höfer in die stuttgarter Hausblätter aufnahmen. Auch ein Drama, dessen Heldin Jonathans Schwester Michal werden sollte, hat Raabe damals lebhaft beschäftigt, und über alle diese Jahre streute sich eine reiche Ernte lyrischer Gedichte und balladenhafter Verserzählungen.

Die Kinder von Finkenrode erschienen bei Ernst Schotte & Co. in Berlin, Verwandten Stages, noch im Winter 1858/59 als Buch und trugen als erstes Werk unter dem immer noch festgehaltenen Schriftstellernamen Jakob Corvinus und über einem Hinweis auf die Chronik und den Frühling den Namen Wilhelm Raabe in die Welt. Gleichzeitig brachte Schotte ein Bändchen, Halb Mär, halb Mehr, Erzählungen, Skizzen und Reime mit einer Titelzeichnung von Raymond de Baux. Ehe sie ausgedruckt waren, saß Raabe bereits wieder über zwei Novellen von geschichtlichem Klange: Die alte Universität, aus der Anschauung Helmstedts und Erinnerungen des dort einst als akademischer Bürger eingeschriebenen Großvaters gewonnen, eine Frucht weniger Sommerwochen von 1858, und Der Junker von Denow, in Wintertagen desselben Jahres entstanden. Die Honorare von Westermann für diese beiden Dichtungen ermutigten Raabe, nun einmal seinen Stab weiter zu setzen und eine erste größere Reise, seine eigentliche Bildungsreise, zu unternehmen.

Wilhelm Raabe war zu seinem Eigensten auf seinem eignen Wege gelangt, und dieser Weg war, so schrieb er in diesen Tagen seinem Verleger Schotte, nicht die ausgetretene Heerstraße. Sein Aufstieg war ungewöhnlich gewesen, ungewöhnlich, wie der so vieler Dichter seines Geschlechts und von der seinen verwandter Art. Fritz Reuter ward durch die lange Haft seiner Laufbahn entrissen und schlug sich als Landmann und Lehrer durch, bis er den Schriftsteller in sich entdeckte; Berthold Auerbach kam erst über die Rabbinerschule in einen regelmäßigen Lehrgang hinein; die Bildungsstufen Friedrich Hebbels stehn uns lebhaft vor Augen, und sein Landsmann Klaus Groth hat sich auf den Wegen der Selbstlehre bis zu seinem Quickborn herangebildet. Gottfried Kellers gewundene Jugendgeschichte kennen wir nicht nur durch den Grünen Heinrich, und Theodor Fontane hat uns über sein bruchstückmäßiges Lernen und das merkwürdige Auf und Ab seiner Lebens- und Dichterschicksale ausführlich genug Bericht gegeben. Alle diese Poeten kamen aus kleinen Verhältnissen. Aber selbst bei den Söhnen größerer und angesehener Häuser, wie bei Otto Ludwig und Gustav Freytag, sind die Pfade zum ersten Ziele seltsam genug. Jener macht zweimal den Umweg durch die Musik, dieser geht rasch aus der scheinbar für ihn so günstigen Hochschullaufbahn zur Zeitungsschreiberei über. Es ist etwas ganz anderes um den Bildungsgang dieser Männer, als um den der Klassiker, Herders, Goethes, selbst Lessings; und es ist wiederum etwas anderes, als bei den Münchnern, bei Geibel und Heyse, Hertz und Schack. Alle jene großen Dramatiker und Erzähler aus den Geburtsjahren von 1810 bis 1831 hätten im Grunde, ihrem Werdegang nach, das Zeug gehabt, problematische

Charaktere in dem bekannten Sinne des Goethischen Worts zu werden; und gerade sie alle — selbst Otto Ludwig in seinen gesunden Tagen — sind Lebensbezwinger geworden. Zu dieser Lebensbezwingung aber gehörte für die meisten von ihnen die große Reise, das, was der junge Adlige des 18. Jahrhunderts, freilich als ein Unterfangen zu mehr äußeren Zwecken, die große Tour nannte. Auch da sehen wir bei Raabe, wie bei manchem ihm Verwandten oder Gleichaltrigen, ein Abweichen vom Hergebrachten. Hebbel glaubte Paris und Rom kennenlernen zu müssen, Fontane ging nach England, Geibel nach Griechenland, Heyse und Scheffel nach Italien, Rodenberg nach Holland, Paris, England, Bodenstedt nach dem Kaukasus, Bogumil Goltz gar nach Ägypten und selbst Hermann Allmers an den Tiber. Raabe legte es vor allem auf eine Erweiterung seiner Kenntnisse deutscher Art und Kunst an, und als ihm die Politik vor den Alpenpässen ein Halt zurief, kehrte er ohne Reue um und versuchte niemals wieder die deutsche Grenze zu überschreiten.

Seine Reiseziele wählte er, des reisekundigen Vaters echter Sohn, nach drei Gesichtspunkten: er wollte seine Anschauung des vaterländischen Bodens durch das Bild der charakteristischen Täler und Ufer von Elbe, Donau und Rhein ergänzen; er sehnte sich, dem Werden deutscher Geschicke in der Betrachtung geschichtlicher Plätze, sagen- und ruhmumworbener Hauptstädte nachzuspüren, und er wollte dem charakteristischen Volks- und Gewerbsleben verschiedener deutscher Stämme über den ihm bisher vertrauten niederdeutsch-märkischen Bezirk hinaus seinen Takt abhören. Dazu kam bei dem Schriftsteller noch ein Letztes: ihm lag daran, die literarischen Vororte Deutschlands aufzusuchen und jetzt ohne die Zurückhaltung des einstigen namenlosen berliner Anfängers Dichter, Schriftsteller, Verleger Auge in Auge kennenzulernen.

So fuhr er Anfangs April 1859 zunächst nach Leipzig, dem einen Hauptplatz des deutschen Verlagsbuchhandels. Westermanns Mitarbeiter ward bei Ernst Keil, dem erfolgreichen Herausgeber der nun im siebenten Jahre blühenden, unerhört verbreiteten Gartenlaube, wohl aufgenommen und sogar mit dem scherzhaften Vorschlage beglückt, als Berichterstatter in den Österreichisch-Italienischen Krieg zu ziehen. Am Gartenlaubenstammtisch in der alten Bierstube zum Ritter traf Raabe Friedrich Gerstäcker, der dem Kaufmannsberuf sogleich bis über den Ozean entlaufen war und schon im Glanze einer sich rasch noch immer steigernden Berühmtheit stand. Auch Hermann Marggraf, den Herausgeber der Blätter für literarische Unterhaltung, lernte er in Gohlis kennen und besuchte Gustav Freytag, nicht sowohl zuerst den Grenzbotenredakteur als den Verfasser von Soll und Haben. Aus der ihm eignen, ein wenig bauernschlauen Zurückhaltung fiel Freytag heraus, als Raabe ihm von dem geplanten Abstecher nach Italien berichtete. „Was wollen nur die deutschen Künstler immer in Italien! Sie sollten lieber nach den Niederlanden gehen, da ist das goldene Land germanischer Kunst, da sollten sie hinziehen, wenn sie etwas Brauchbares lernen wollen." Raabe war über den Rat des um fünfzehn Jahre älteren berühmten Mannes zunächst verblüfft, mußte ihm aber alsbald innerlich recht geben, so sehr Recht, daß er noch als Greis jüngeren Freunden die Mahnung wörtlich wiederholen konnte.

Der nächste Haltepunkt der Reise war Dresden im Frühlingsglanze der beblühten Elbufer. Hier wohnte Karl Gutzkow, dessen Ritter vom Geiste noch frisch vor Raabes Augen standen, wie er sie als junger Buchhändler zuerst gelesen hatte. Gutzkow ließ Raabe nichts von den schroffen und krankhaften Seiten seines Wesens merken, sondern verbrachte manchen guten Abend mit ihm; nur wenn er von seinem eben entstehenden neuen Zeitroman Der Zauberer von Rom sprach, kam sein eigentümliches Mißtrauen in Umgebung und Kritik unverhüllt zum Ausdruck. Emil Devrient, der Schauspieler, Robert Giesecke, der Novellist, gesellten sich hinzu. Mit dem liebenswürdigen Ferdinand Stolle, dem Herausgeber des Dorfbarbiers, und seiner Familie durchstreifte Raabe die Lößnitz und die Sächsische Schweiz. Einen Besuch bei dem schwer leidenden Otto Ludwig durfte er leider nicht wagen.

Der stärkste geschichtliche und stimmungsmäßige Eindruck der Fahrt wurde dann Prag. Unter Führung des Buchhändlers Kober wanderte Raabe kreuz und quer durch die im wahrsten Sinne wundervolle Stadt bis in die seltsamen Winkel hinein, die sich nicht jedem Fremden erschließen. Er weilte immer wieder auf dem Hradschin, der vieltürmigen Burg, in den alten Kirchen und Synagogen, lernte durch Kober, der sich als Tscheche fühlte, auch die damals noch friedlich mit den Deutschen lebenden Tschechen kennen und genoß gute Stunden in ihrem Kasino. Als er den berühmten alten Judenfriedhof besuchen wollte, führte ihn eine kleine übermütige Jüdin zum Entsetzen von zwölf alten Weiblein in das nahe Spital des Beguinenstifts. Er hat dann aber den in seiner Art einzigen, seither leider arg verkleinerten Ort des Friedens doch noch besucht und ward von der schauerhaften Stimmung des Platzes ganz hingenommen. Kober war trotz seines Tschechentums ein rühriger deutscher Verleger, er gab mit seinem Teilnehmer Markgraf eine Bibliothek Deutscher Originalromane heraus, die auch Werke von Gutzkow, Schücking, Gerstäcker enthielt, und Raabe verhandelte mit ihm erfolgreich über ein eben geplantes Buch, den Heiligen Born. Gleich in Wien, mitten in der aufgeregten Hauptstadt des kriegführenden Kaiserreichs, machte er sich an die Skizzierung des Buchs. Am

5. Juni hatte er sich gerade im kühlen Esterhazykeller festgekneipt und war bis zum Schreck überrascht, als er, die Treppe zum Haarhof hinaufgestiegen, Fenster bei Fenster bis zu den höchsten Stockwerken über den sommerheißen Gassen voll angstverstörter, zorniger Gesichter fand; die Schlacht von Magenta war geschlagen und verloren.

Das Burgtheater gab Raabe die ersten unvergeßlichen Bühneneindrücke und zwar vor allem in dem Mephisto des jugendlichen Joseph Lewinsky. Die Vorgänge auf dem Kriegstheater aber machten ein längeres Verweilen unerquicklich und die Weiterreise nach Süden unmöglich, und so kehrte Raabe kurz entschlossen um und pilgerte zunächst nach Hallstadt, wo es ihm, trotz andauernden Regens, in Gesellschaft eines englischen Ingenieurs gut gefiel. Wie der Vater fuhr auch er ins Bergwerk ein und versuchte an die alten Ausgrabungen des Städtchens zu gelangen. Dann ging es auf dem Dampfschiffe donauabwärts über Linz nach Bayern. Zuerst genoß er die deutsche Herrlichkeit des bamberger Doms und die verblüffende Pracht und Spannweite des würzburger Barocks. Dann setzte er den Stab nach München. Von den dort ansässigen Dichtern hat er nur Hermann Lingg aufgesucht, dessen vor fünf Jahren erschienene erste Verse ihn nachhaltig bewegt hatten. Die bayrische Hauptstadt aber, in der es ihm nicht wohl ward, hat er bald verlassen und ist über Ulm nach Stuttgart abgefahren; und dort gefiel es ihm um so besser. Der große Schriftstellerkreis, mit dem er ja schon von Wolfenbüttel her Anknüpfung gesucht hatte, kam ihm aufs freundlichste entgegen. Die unvergleichliche Lage der Stadt und ihre reizende Umgebung zogen ihn lebendig an, und er beging schöne Spätsommerstunden mit geistreich-heitern Menschen. Den Abschluß der großen Fahrt bildeten Main und Rhein. In Frankfurt lockten Goethehaus und Paulskirche ebenmäßig zu bewegter Einkehr, Mainz und Wiesbaden wurden durchstreift, selbst der Eintritt in die Spielsäle nicht gescheut. Über den Niederwald stieg er nach Rüdesheim hinunter und benutzte den Dampfer rheinab bis nach Köln, von wo er im Herbst, erfrischt und innerlich bereichert, in Wolfenbüttel wieder eintraf.

Die Stadt rüstete bereits zu der großen Feier, in der das Gefühl nationaler Verbundenheit und der Drang zu staatsbürgerlicher Freiheit emporschlagend zu gemeinsamem Ausdruck kommen sollten: Schillers hundertjährigem Geburtstag. Es entsprach Raabes Stellung im wolfenbüttler Leben, daß ihm dabei eine führende Rolle zufiel. Bei der großen öffentlichen Feier erscholl seine Schillerdichtung. Wie mit großen Glocken tönte zuerst die volle Schwere der kriegerischen Zeit hinein, die Zerspaltenheit unseres Volkes und die politische Dumpfheit werden beklagt, in heißem Rufen der Retter erfleht und Gottes Geist, der auf den Wassern schwebt, als gewisse Zuversicht künftigen lichten Morgens angerufen; dann aber stellt Raabe im zweiten Teil seines Hymnus den **einen** Führer auf den Schild, den Sänger der Freiheit. In ihm, in Schiller, dessen Namen er nicht zu nennen braucht, sieht er die Herzen der deutschen Stämme zum Herzen des deutschen Vaterlandes zusammenwachsen, und in diesem Symbol, in diesem deutschen König preist er das unverlorene Deutsche Reich.

Die Glocken hallen und die Banner wehen
Dem großen Feste, das wir heut begehen!
Die Herzen schlagen und die Augen glänzen
Dem stolzen Bilde, das wir heut bekränzen,
Am Krönungstag des Geists in Tat, in Wort, in Liedern —
Ein einig einzig Volk, ein einzig Volk von Brüdern! —

Das Gelegenheitsgedicht war der Ausdruck der in den Lernjahren und zumal auf der Bildungsreise gewonnenen und gefestigten politischen Einsicht. Sie wuchs aus geschichtlichem Grunde, aus dem leidenschaftlichen Eindringen in die Kunde von der Vergangenheit und war deutlich an Ernst Moritz Arndt genährt, sein beredter Anruf der deutschen Stämme „Nicht Preußen, nicht Sachsen, nicht Schwaben, nicht Westfälinger ... sondern Deutsche für Deutsche", seine Frage nach des Deutschen Vaterland klingt vernehmbar auch durch Raabes Schillergedicht. Und dessen politische Auffassung war weiter verwurzelt in den Erlebnissen der Familie, in der engeren und weiteren Heimat, in dem, was er selbst gesehen, gehört und mit Freunden und auf der Reise durchgesprochen hatte. Die Schmach des tatenlosen Bundestages brannte ihn heiß, und seine Gedanken waren mit jenen leidenschaftlichen Idealisten der Paulskirche, die das Reich wieder hatten schaffen wollen; sie waren bei jenen Kämpfern für die Freiheit, denen das Vaterland keine Statt mehr bot; sie suchten sie, wie den geliebten Dichter Freiligrath, jenseits des Kanals, oder sie schweiften zu den vielen Namenlosen, die sich jenseits des Meeres eine neue Heimat schaffen mußten, vertrieben wie der Lehrer Roder aus der Welt der Sperlingsgasse.

Unter derartigen Eindrücken die politische Stellung an der Seite des preußischen Königtums zu wählen war für Wilhelm Raabe keineswegs selbstverständlich. Alexis, Fontane, Heyse hatten es leicht, sie waren, wie schon ihre Väter und Mütter, unter dem schwarzen Adler aufgewachsen; die großen und glänzenden Seiten in der preußischen und hohenzollernschen Geschichte gehörten auch ihnen. Für die Schleswig-Holsteiner Hebbel und Jensen, für den Bremer Gildemeister, den Lübecker Geibel, die Mecklenburger Reuter und Wilbrandt, den Sachsen Treitschke, den Braunschweiger Raabe lagen die Dinge ganz anders. Sie hatten es viel schwerer. Sie waren allesamt „aus dem Hause des deutschen Michels", Söhne deutscher Kleinstaaten. Die Geschichte Preußens war nicht die Geschichte ihrer Länder, und diese hatten von dem großen Nachbarn nicht nur Gutes, von dem österreichischen Erz- und letzten deutschen Kaiserhause nicht nur Böses zu befahren gehabt. Vor genau hundert Jahren war man in Goethes Elternhause mehr fritzisch als preußisch gesinnt gewesen, aber das Preußen von Raabes Jünglings- und frühen Mannesjahren besaß keinen Fritz mehr, sondern unter einem geistreichen, schwankenden Könige ohne staatsmännische Kraft das Walten einer geistlosen, harten, ja brutalen Reaktion und nach außen eine Politik der Schwäche. Nun aber war ein neuer Regent in Berlin ans Ruder gekommen, und der einst verschriene Kartätschen-Prinz nahm seinem Volke das Joch ungerechten Druckes vom Nacken. Sofort richtete sich das Auge aller, die sich der Gesinnung nach zur Erbkaiser-Partei von 1849 zählten, wieder hoffnungsvoll nach Preußen. Im Österreichisch-Italienischen Kriege ersehnten sie einen Eingriff Preußens, seiner Macht gemäß, wenn nicht, wie einige meinten, zum Beistande der Habsburger, so doch nach dem Wunsche der meisten norddeutschen Liberalen zu neuem Anstoß in der Reichsfrage.

Aus solchen Strömungen froher Erwartung erwuchs der Nationalverein, eine Verbindung dieser deutschen Liberalen über alle Grenzen der buntscheckigen Einzelstaaten hinweg mit dem Ziele der Stärkung deutscher Macht, der Lösung der schleswig-holsteinischen Frage, der Bekämpfung der häßlichsten deutschen Reaktion, der hessischen, und endlich vor allem der Schaffung einer wirklichen Zentralgewalt, kraftvoll nach innen, eins nach außen, und eines deutschen Parlaments. Einheit und Freiheit — das waren die Ziele, zu denen sich auch Raabe von ganzem Herzen bekannte. Schon aber tauchte die eine Frage, die auch die Deutsche Nationalversammlung in der Paulskirche so lebhaft bewegt hatte, wieder auf, die Stellung Österreichs in dem künftigen Reiche; gerade in diesem Sommer hatte Raabe über dieses Problem nachdrücklichen Anschauungsunterricht empfangen. Nun verlangte der Nationalverein zwar von Preußen, wenn es im Reiche aufgehen sollte, Opfer und stellte in Aussicht, daß das deutsche Volk alsdann gewiß vertrauensvoll dem Oberhaupte des größten rein deutschen Staates die Reichsleitung übertragen werde. Diese letzten Worte aber richteten sich gleichzeitig gegen Österreich. Seine deutschen Provinzen wurden als künftige natürliche Bestandteile des Vaterlandes begrüßt; äußerstenfalls aber wollten die Führer der Bewegung die Einung des deutschen Bundesstaats auch ohne die deutschen Teile Österreichs anstreben, wenn diese durch die Macht der Verhältnisse (das sollte doch heißen: durch die habsburgische Verflechtung mit den subgermanischen Donauvölkern) vom Anschluß abgehalten würden.

Ohne Wanken bekannte sich Wilhelm Raabe auch zu diesem Programm, und als der Nationalverein auf den 3. September 1860 zur ersten vorbereitenden Generalversammlung in das von Herzog Ernst hergegebene Reithaus zu Koburg lud, fuhr er an einem herbstnebligen, aber nicht unfreundlichen 2. September mit dem Prokurator Köpp und dem Färbermeister Tielecke aus Wolfenbüttel über Kassel und Eisenach nach Koburg. Der Präsident, der die Versammlung mit weithin hallenden Worten voll echter Vaterlandsliebe und ernsten Willens zur Überwindung der Parteikämpfe eröffnete, hieß Rudolf von Bennigsen, und seine reine Erscheinung in ihrem stolzen Idealismus gewann Raabes Herz ebenso wie in Hannover das seiner Altersgenossen Spielhagen und Rodenberg; auch ihm ward er, wie für Theodor Fontane, ein Exzelsior-Mann. Im weiteren Verlauf der Verhandlung festigte Raabe sich mehr und mehr, zumal auch unter dem Eindruck der Reden Johannes Miquels und Hermann Schulzes aus Delitzsch in dem festen Glauben an Preußens Führerberuf. Pickford von Heidelberg sprach ihm aus der Seele, wenn er daran erinnerte, daß diese Zuversicht keine Huldigung für das Manteuffelsche Regiment, nicht einmal für den gegenwärtigen Preußenkönig war; sie galt, auch nach Raabes innerstem Gefühl, einzig „dem Staate, den Friedrich der Große geschaffen und unser Landsmann, der Freiherr vom Stein, regeneriert hat", dieser Freiherr vom Stein, der ja auch aus dem Hause des deutschen Michels war und dessen stolzes Wort vom einzigen Vaterlande, Deutschland, Raabe noch als Motto auf sein letztes Buch gesetzt hat.

Die koburger Tage boten Gelegenheit zu frohem Verkehr mit allerlei deutschem Volk. Dann frischte Raabe den Eindruck von Bamberg wieder auf, stand in Nürnberg mitten in unvergänglicher deutscher Bürgerherrlichkeit, weilte nochmals an Main und Rhein. Erst am 16. September, nach einem Besuch bei Elise Polko in Minden, kehrte er zur Mutter zurück.

Kein Wunder, daß ihm unter dem Gefühl, geschichtliches Werden mitzuerleben, nun geschichtliche Darstellung in die Feder floß. Gleich nach der Rückkehr von der großen Reise des Vorjahrs hatte er die wiener Umrisse für die Blätter aus dem Bilderbuche des sechzehnten Jahrhunderts Der heilige Born untermalt und das Buch im Lenz von 1860 beendet; vor der Fahrt nach Koburg beschäftigten ihn schon die zwölf Briefe, die, zu der Geschichte Nach dem großen Kriege zusammengefaßt, gerade zur Weihnacht 1860 fertig wurden. Dazwischen faßte er zum erstenmal ein Bild von fremder Erde, die Geschichte Ein Geheimnis, aus dem Frankreich Ludwigs XIV., in knappster Fügung zusammen. Das Jahr 1861 sah ihn alsbald, in magdeburger Erinnerungen versenkt, über dem weitgespannten Roman von Unseres Herrgotts Kanzlei. Inzwischen aber ging das gesellige Leben in Wolfenbüttel den gewohnten Gang, im Goldenen Löwen vereinigten sich die Honoratioren mit Söhnen und Töchtern. Der so große Gelegenheiten wie das Schillerfest zu verherrlichen hatte, pries nun auch einmal die aus den Sommerfrischen des Regenjahres 1860 vom Rigi bis Helgoland enttäuscht Zurückgekehrten und lud sie zu erfreulichen Winterabenden.

> Der Winter werd' ein einz'ger Kontretanz,
> Wo Witz und Schönheit werben um den Kranz,
> Wo Anmut — Scherz sich finden spät und früh,
> Nie dos à dos und immer vis à vis.

Der Dichter mußte sogar den Prolog an Stelle der Dame, die ihn erbeten hatte, selbst sprechen, die Handschrift aber schenkte er einer anderen, deren Initialen schon vorher in die Blätter des Tagebuchs eingegangen waren. In dem Hause Am neuen Kirchhof Nr. 390 wohnte der Ober-Appellationsgerichtsadvokat und Prokurator Christian Ludwig Leiste und seit dessen 1858 erfolgtem Tode seine Witwe Caroline geborene Heyden mit ihren Töchtern. Oft ist Raabe den Weg von der Okerstraße bis hier hinübergegangen, war ihm doch die Familie Leiste durch seine Patin und jetzige Tante Minna Jeep von Kindesbeinen an vertraut. Unter den fünf Kindern fesselte ihn die jüngste Tochter, die am 12. Juli 1835 geborene Bertha. Das Leistische Haus war alt-angesehen, Berthas Großvater war Direktor der Großen Schule zu Wolfenbüttel und Lessings Freund gewesen. Sie war vortrefflich erzogen, von reicher Bildung, sie hatte in der Französischen Schweiz lange Zeit die Landessprache weitergeübt und setzte diese Bemühungen bis in späte Jahre fort. Sie war auch musikalisch, vor allem aber voller Verständnis für geistige, besonders auch künstlerische Werte und hieß nicht umsonst die klügste unter den vier Schwestern Leiste. Bei häuslicher Veranlagung war sie voll lebhaften Anteils für Welt und Menschen, stets zu praktischem Rate bereit und immer bestrebt, sich, sei es musikalisch, sei es wissenschaftlich, zu fördern. Am 14. März 1861 erhielt Wilhelm ihr Jawort. Der Klang der Feiertagsglocken schien in sein junges Glück hineinzurufen.

> In all der Glocken
> Rufen und Locken;
> In all dem Schwingen,
> Summen und Klingen;
> Dem Leiseverhallen,
> Dem Wiedereinfallen,
> Dem Sinken und Steigen,
> Dem Schweben und Neigen
> Faßt meine Seele, trägt sie empor
> Einzelste Stimme im vollesten Chor.

Sankta Felicitas nennt er die Glocke der Liebe vom Turm Sankt Marien, sie klingt ihm durch Wachen und Träumen,

> Tönt über die Welt und das Leben,
> Hallt über den Tod hinaus.

Unter dieser Glocke, in der Hauptkirche Beatae Mariae Virginis wurden am 24. Juli 1862 Wilhelm und Bertha Raabe ein Paar; im Goldenen Löwen, der sie so oft zu vorausdeutender Zwiesprache unter den Klängen des Kotillons zusammengeführt hatte, fand das Festmahl statt, und gleich danach reisten sie in die neue Heimat ab, das fast beendete Manuskript eines großen Romans, Die Leute aus dem Walde, ihre Sterne, Wege und Schicksale, im Koffer. Stuttgart war ihr Ziel.

4. Kapitel

Romanversuche

Über die Niederschrift seiner Werke sind wir zwar durch Raabes Tagebücher genau unterrichtet, für ihre innere Entstehung fehlen uns fast alle Angaben und Anhaltspunkte. Entwürfe sind nur karg vorhanden, in Briefen hat er sich während der Arbeit und später selten ausgesprochen, und auch in der Unterhaltung war er in diesem Betracht äußerst spröde. Gerade von ihm gilt Nietzsches Wort:

> Wer viel einst zu verkünden hat,
> Schweigt viel in sich hinein;
> Wer einst den Blitz zu zünden hat,
> Wird lange — Wolke sein.

Wir wissen von Raabes zweitem Werk, dem als eigentlicher Roman gedachten, wenn auch noch nicht so benannten Frühling, daß es nach der Chronik entstanden ist. Dennoch scheinen mir Empfängnis und erste innere Durchbildung wesentlich früher zu liegen, und es sieht in vielem so aus, als ob einzelnes auch schon vordem entworfen und niedergeschrieben wäre. Auch hier werden Geschicke der Vergangenheit in der Gegenwart gelöst, auch hier finden sich getrennte Verwandte nach langer Zeit wieder. Der Sohn des harten, ehemals allmächtigen Ministers hat sich aus Eifersucht an dem schwächeren Bruder vergangen, irrt seitdem unter falschem Namen durch die Welt und tritt an der Hand reiner junger Menschen, ein ernster, einsamer Mann geworden, spät wieder vor den Vater; er führt jener einst von beiden Brüdern geliebten Künstlerin auf ihrem Sterbebette die Tochter wieder zu. In derselben Stadt findet diese auch die um der Bühnenlaufbahn willen verlassenen Jugendgespielen und Adoptivgeschwister, sie entflammt den Bruder, und erst nach schweren, bis an das Tor des Todes führenden inneren Kämpfen kehrt der zu der wirklich Geliebten, der Braut seines Herzens, der weiblichen Mittelgestalt der Dichtung, zurück.

Aber was in der Chronik, trotz dem Vortrage von einem fliegenden Blatt zum andern, organisch aufwächst, erscheint hier, wo die Rahmentechnik aufgegeben ist, verzwickt, ja zum Teil verkünstelt. Der Erzähler will nicht wie Wachholder als ein Teil der Handlung mit darin stehn, aber der Dichter redet nur allzu oft hinein, ja, er spricht sich gewissermaßen zu, wenn er eine Hemmung fühlt, er wechselt zwischen direkter und indirekter Charakteristik. In der Chronik fiel doch zuletzt auf alle Teile der Handlung das ihnen gebührende Licht, alles stand nach seinem inneren Wert richtig im Raum; hier bleibt uns Raabe an einer tief entscheidenden Stelle fast alles schuldig. Der junge Georg wird in den Bann der wiedergefundenen Pflegeschwester, der großen Sängerin gerissen, und sein Herz löst sich von Klärchen Aldeck. Aber das geschieht wie nebenbei. Die Feder, die oft für Nebensächlichkeiten mit einem Allzuviel von Arabesken verwendet wird, setzt hier aus. Der Erzählung eines allzu durchsichtigen orientalischen Märchens fällt die Rolle der Schleierzerreißung für Gestalten und Leser zu.

In der Chronik hatte Raabe mit Glück begonnen, Individuelles zu Typischem zu erhöhen. Jede der tragenden Figuren hatte eigene Züge, jede wuchs zugleich zu einer gewissen Gemeingültigkeit empor. Der Tischler und der Lehrer, der Zeitungsschreiber und die Künstler, das junge Mädchen und die Matrone, die Tänzerin, sie alle waren menschlich ins Enge gebracht und besaßen doch auch die Linie überpersönlicher Bedeutung. Anders im Frühling. Hier ist Raabe spürbar bei einer ganzen Anzahl seiner Gestalten vom Allgemeinen ausgegangen und hat dann versucht, sie mit persönlichen Zügen zu durchdringen. Das ist ihm häufig nicht gelungen. Der Minister von Hagenheim ist der exklusiv-adlige, starr-reaktionäre, übliche Minister des Vormärz, die beiden Künstlerinnen, Mutter und Tochter tragieren die unruhigen, zwischen Lebensgier und Bühnenleidenschaft verzehrten Kinder des Scheins. Der Kommis Schollenberger bleibt der unbeholfene, sentimentale Liebhaber des Schwanks, und selbst in dem Modensalon, für den Klärchen ihre Blumen arbeitet, geht es weit herkömmlicher zu als unter dem Künstlervölkchen der Chronik, von der abendlichen Tischlerstube der Sperlingsgasse ganz zu geschweigen. In Sprache, Gebärde, innerer und äußerer Haltung erlangen alle diese Menschen kein individuelles Lebensrecht, aber auch als Typen sind sie nicht bezeichnend, bleiben sie in dem Abstand vom Wirklichkeitsbilde, der die Schablone vom Typus trennt.

Mit alledem steckt Raabe noch in Entwicklungen, die er in der Chronik längst abgestreift hatte, und darum die Vermutung der früheren Empfängnis, ja auch der früheren ersten Besinnung und Klärung des Stoffs. Raabe spottet wohl über die Junker von Redwitz und von Putlitz, aber er hockt mit ihnen in der Romantik ganz tief drin, und zwar in der blassen Romantik kraftloser Spätzeit, da die großen Romantiker dahingegangen waren. Romantische Requisiten, wie der Planet mit der Voraussage von Klärchen Aldecks Charakter und Leben, ganz romantische Begebnisse, wie die Entdeckung der Sängerin im Walde durch den Impresario, der sie zu einer „Königin der Geister" zu machen verspricht, fehlen nicht; aber es sind eben Requisiten und nicht echte Lebenselemente wahrhaft romantischen Märchenzaubers. Nicht Eichendorffs Waldhorn, nicht einmal das Posthorn aus Lenaus silberner Maiennacht tönt hier, sondern nur der Schall alter, im Lärm einer großen Stadt vergessener, nicht mehr volltöniger Instrumente.

Dennoch rauschen auch durch dies Werk Ströme, auf denen Raabe aus falscher romantischer Umklammerung seinem Eigenleben, seiner eignen Aussprache zustrebt, und zwar bezeichnenderweise erst gegen die Mitte hin und dann wieder am Ende, immer da wo die bunte Handlung aussetzt, wo der Dichter aufatmend zu Aussichts- und Ruhepunkten gelangt. Das zerstreute Licht sammelt sich auf zwei aus diesem Buche weiterweisenden, fortleuchtenden Gestalten. Nicht auf Klärchen Albeck; die Strichelzeichnung, mit der Raabe sie gibt, bringt zuviel, die beiden Frauen Ralff, Mutter und Tochter, werden mit wenigen, aber charaktervolleren Linien viel deutlicher als dieses Klärchen, das trotz aller Bemühung schließlich irgendwie in der Konvention steckenbleibt. Ihre Freundinnen, das muntere Ännchen Seibold und die beiden gutherzigen und feinfühligen Töchter des Trödlers Rosenstein, haben mehr Leben als die im Vordergrunde stehende Hauptgestalt. Aber in Eugenie Leiding, der blinden Schwester des zwischen zwei Frauen irrenden und sich nahezu verlierenden Jünglings, gelang Raabe ein Mensch, der nun allerdings weit über die Chronik und sehr weit über das zweite Buch selbst hinausragt. Er gab der des Augenlichts Beraubten die Schicksalslast und das Gnadengeschenk, alles um sich her zu erkennen und viel klarer als die Sehenden auch über deren Leben Bescheid zu wissen. Was man Fingerspitzengefühl nennt hat Raabe hier umrissen, aber dies Fingerspitzengefühl wird ganz ins Geistige projiziert und so der Hauch eines zwischen Ahnung und Gegenwart wirkenden, selbst verirrte und verhärtete Herzen ergreifenden Lebens gewonnen.

Und zum zweiten erreicht Raabes Kunst im Frühling eine neue Stufe in der Gestalt des ewigen Privatdozenten Doktor Justus Ostermeier, der wie eine Art Chorus durch das Buch geht. In einem knappen und tief hineinführenden Vorgang wird er mit voller künstlerischer Absicht mit Ulrich Strobel zusammengebracht. Der Doktor Hagen, der Ministersohn, trifft Ostermeier an des Künstlers Grabe auf dem Kirchhof, beide haben ihn gekannt und lesen gemeinsam die Umschrift auf dem Grabstein: securus adversus homines, securus adversus Deum. Wie Ostermeier dies Latein übersetzt, zeigt ihn blitzartig ganz. Zunächst verdeutscht er die erste Zeile: „Wer Pech angreift, besudelt sich!" und fragt zur zweiten: „Theist? Deist? Pantheist? Atheist? Soll ein verteufelter Gesell gewesen sein, dieser Strobel", fügt er hinzu. Dann aber, im Abschied von Hagen, wird er ernst, er wiederholt die römischen Sätze aus des Tacitus Germania, dem Lieblingsbuch von Raabes Vater, und schließt hinausdeutend: „Ich habe diesen Mann wohl gekannt, Medikus! In diesem Spruche hängen doch viele im grünen Deutschland miteinander zusammen, die da glauben, sich nicht verstehen zu können!"

Er, Justus Ostermeier, dem die Reaktion die Professur verweigerte, hätte den Weg Strobels gehn, als ein Zerrissener enden können. Eine innige Neigung zur Natur und zur Naturwissenschaft, ein die Dinge dieser Welt verstehender Humor und eine knurrige Menschenliebe, besonders zu den Kleinen und Gedrückten, haben ihn aufrechterhalten — unbefangen gegen die Menschen, unbefangen gegen Gott, einen jener Freimaurer, die auch in der Stube der Mutter Karsten oder am Arbeitstische Johannes Wachholders mit hätten sitzen dürfen.

Und wie aus der schwer erlebten Weisheit solcher Menschen heraus klingt die große Prophezeiung des siebenten Kapitels. Eben ist ein Bild sozialen Elends vorübergezogen — eine schwindsüchtige Blumenmacherin muß den Sonntag daran setzen, daß eine Baronin abends auf dem Hofball ihren Spitzenbesatz bekommt. Scheinbar ganz unvermittelt fährt der Dichter fort:

„Im Märchen liegt unten auf dem Grunde des Zauberbrunnens ein Unheimliches, Schreckliches, Unerkennbares, das herauf will und geheime, unbestimmte Schauder verursacht. Oben glitzern und funkeln die Bläschen und Wellchen im Sonnenlicht; und kocht die Oberfläche des Wassers auch einmal stärker auf, so haben die Wächter duftiges, farbiges Öl bereit, die Aufregung zu besänftigen. Aber unten, tief unten ...

Wachet, wachet, ihr Wächter! Betet, betet, ihr Beter! Es ist da — es steigt empor! Ihr könnt es nicht weglachen, nicht wegleugnen. Ihr wißt nicht, w a n n und w i e es kommen wird, aber ihr wißt, d a ß es kommen wird! Könige, Adel, Bürger, Bauern, Arbeiter; Stände, Zünfte, Vereine; Staatsreligionen, Sekten und Untersekten; Gläubige und Zweifler; Gelehrte und Ungelehrte; Reiche und Arme — w a s drückt und ängstigt euch und läßt euch auf jedes ferne Rollen in der Gewitternacht der Zeit erschreckt hinhorchen?

Zwei Sündfluten hat das Geschlecht der Menschen erlebt, vor der dritten steht es.

Die erste kennen die Urkunden aller Völker: das rohe Element besiegte die junge Menschheit und ihre Kultur!

Die zweite nennt die Geschichte: Völkerwanderung. Und die dritte? — —

Sie kommt, sie kommt! Wachet, wachet! Betet, betet, daß — der Geist Gottes über den — Wassern schweben möge! ..."

Diese erschütternde weltgeschichtliche Rück- und Vor-

Geschichtliche Prophetie

schau erfährt noch eine Ergänzung. Ein paar Blumenverkäufer, Kinder ärmster Leute, sind in das offene Zimmer der Sängerin gedrungen, und der dazukommende Doktor Hagen hört, wie diese beiden Sprößlinge des Proletariats die Pracht der umherliegenden Kleidungs- und Schmuckstücke bestaunen. Das Mädchen möchte einen von den „Glassteinen" — es sind Diamanten — mitnehmen, der Bruder verbietet ihr auch das, und sie wollen das unbewachte Gemach mit leeren Händen verlassen. Da steht zwischen ihren letzten Worten und der ersten Äußerung des dazu gekommenen, seine Rührung nicht bemeisternden Doktors der auf jene Prophezeiung zurückweisende Satz: „Wer sagt, daß die neue Sündflut nur Verwüstung, Vernichtung, Untergang sein werde? Wer zweifelt, daß der ‚Geist Gottes' in und über den Wassern sein werde?"

Das Mitgefühl für die Lage der Kleinen und Armen, der um des Lebens Notdurft Arbeitenden und sie kaum Gewinnenden wird gleich hier zum entscheidenden sozialen Verständnis gesteigert.

Der Dichter fühlt sich in den Bewegungen des Vaterlandes, er sieht sich in die Bewegungen der Menschheit verflochten und weist rückwärts und vorwärts auf schicksalweisende Wegscheiden hin. In der Chronik hatte der Anbruch eines neuen nationalen Tages sein Licht vorausgeworfen, im Frühling weist Raabe auf das Herandämmern eines neuen Zeitalters der Menschheit und tut es mit dem Vertrauen auf den Kern derer, die eine dritte Sündflut nach oben tragen wird.

Nicht äußerer Mißerfolg, sondern inneres Gefühl kühlte bald Raabes Liebe zu seiner neuen Schöpfung ab. Gewiß erreichte der Frühling den Erfolg der Chronik nicht, aber er ward immerhin von Levin Schücking und noch später von Hermann Marggraf, von diesem allerdings unter lebhaften Zweifeln an Raabes konstruktiver Fähigkeit, sehr gelobt. Der Dichter selber zog das Buch nach wenigen Jahren aus dem Handel, heizte mit den überflüssigen Exemplaren den Ofen, wie Keller den seinen mit der ersten Ausgabe des Grünen Heinrichs, und benutzte einzelne Bogen als Zwischenlage zwischen Teppich und Fußboden zur Abhaltung kalter Luft. Aber er tat mehr, er ging im Winter von 1865 auf 1866 an eine Umarbeitung, und als diese wegen Auflösung des gewonnenen Verlages nicht zum Drucke kam, 1870 an eine zweite. Sie war aber fast überall eine Verschlechterung. Hermann Anders Krüger hat das tiefgreifend nachgewiesen, und Wilhelm Raabe selber hat später die Umformung eine Verbesserung durch Johann Ballhorn genannt. Was an der Urfassung jugendlich-unbefangen war, erschien nun getilgt, aber die eigentlichen falsch-romantischen Züge waren nicht beseitigt, die Mittelstellung Ostermeiers verschoben und die große Prophezeiung gelöscht. Raabe war eben im Laufe von einem Dutzend Jahren des Aufstiegs der Jugendarbeit so fremd geworden, daß das Gerüst ihn nicht mehr zu neuem Bau trug.[1]

Damals, 1857, als er den Frühling beendet hatte, war er bald guten Mutes an den minder umfangreichen Roman der Kinder von Finkenrode gegangen. Die Erzählung beginnt und endet in einer großstädtischen Redaktion, dazwischen aber werden wir nach Finkenrode, in die kleinstädtische Heimat des Erzählers, des Redakteurs Bösenberg, geführt. Das Buch ist auf einen weit leichteren Ton gestimmt als die beiden ersten Dichtungen. Man hat das Gefühl (und dadurch, daß Raabe sich selbst als Corvinus in die Redaktionsstube einführt, wird es gesteigert), daß Raabe selber in seinen entscheidenden Jahren mit dem Gedanken an eine journalistische Tätigkeit gespielt hat. Er wird seine schon in der Chronik hervortretende Kenntnis des Zeitungslebens nicht nur aus Gustav Freytags, ihm sicherlich damals schon vertraut gewordenen Journalisten geschöpft haben, und er hat auch zeitlebens mit Tagesschriftstellern wie Adolf Glaser, Eugen Sierke, Gustav Karpeles, Fritz Hartmann und den Stuttgartern nahe und gern verkehrt. Auch Wachholder stand ja der Presse nahe, aber — und das ist der charakteristische Unterschied zwischen der Chronik und den Kindern — er war kein journalistisches Temperament und Raabe ließ ihn auch nicht aus einem solchen heraus schreiben. Bösenberg aber bleibt in der Form der sich zum Romane rundenden Berichte durchaus großstädtischer Zeitungsschreiber. Er schreibt nicht aus dem Gesichtswinkel der Sperlingsgasse, sondern, auch unter den auf ihn eindringenden Erinnerungen und Stimmungen der Heimat und Kindheit, immer als der auf berliner Boden heimische Tagesschriftsteller. Wohl fällt er selbst in Liebe, aber sie wird ihm nicht Lebensmacht wie Wachholder, und in seinem „Feuilleton" spielt die Zusammenführung eines ihm geistesverwandten früheren Schauspielers mit der Tochter eines bärbeißigen alten Offiziers unter den Geistern des Bacchus eine erheblich größere Rolle als das eigene Geschick. Er, der glückliche Erbe seines Ohms, vom Testamentsvollstrecker nach Finkenrode heimberufen, steht im Grunde immer etwas daneben, während die andern das Leben heimführen — doch wohl eine echtes Journalistenschicksal. Auch Wachholder eroberte die Geliebte nicht und muß sie dem Freunde lassen, aber damit war über sein Leben entschieden; bei Bösenberg wird das, wie wir fühlen, nicht der Fall sein. Er kehrt in die Schriftleitung zurück. Ihm ist zwar noch sehr übel zumute, aber sicher gewinnt er allmählich die ihm gemäße Einstellung und könnte vielleicht aus seinem Erlebnis selber das Trauer- und Lustspiel Die Kinder von Finkenrode machen, das Corvinus in dem Ganzen sehn wil.

So erzählt er denn auch mit übertreibenden Spitzen, mit starken Unterstreichungen, unter Hervorhebung der vordringlichsten Eindrücke, und mit feiner Berechnung sendet ihm Raabe den kalten oder doch scheinkalten Satiriker Weitenweber nach. Ihm, und nicht Bösenberg, fällt das Schlußwort in der tragischen Episode des Buches zu, in der Geschichte des wandernden Musikers Günther Wallinger, der weder Glück noch Stern hat und im Arme der von Bösenberg geliebten, aber nicht errungenen, überaus zart und hold gezeichneten Cäcilie zum Tode eingeht. Gewisse Töne aus der Chronik und dem Frühling erklingen leitmotivisch wieder, wenn Weitenweber dem Sterbenden auf die Frage: wie steht es im deutschen Land? antwortet:

„Es ist, wie es war! Auf derselben Stelle halten wir Schule für die Völker, die da kommen und gehen. Fühlende, denkende — zweifelnde Millionen quälen sich auf derselben Stelle, gleich unfähig zum Glauben, zur Liebe wie zum Haß, unfähig deshalb, e i n großes Volk zu sein."

„Und die großen Männer der Nation?"

„Tritt zu ihnen droben, Günther Wallinger, und sag ihnen, daß wir Götzendienst mit ihren Knochen treiben und Ketten schmieden in den Erzgruben, die sie uns aufgedeckt haben, Becher der Wollust aus den Gold- und Silberschätzen gießen, zu denen hinab sie den Weg gefunden und den Schacht gegraben haben."

Trotz dieser, vielleicht schon im Angesicht Griepenkerls geschriebenen Episode, ist das Ganze einer unbesorgten Laune Kind, und der Fortschritt zur Verinnerlichung liegt wesentlich in dem, was gerade in diesen kleinen Roman aus Raabes Lyrik hineinfloß. Auch das freilich journalistisch paraphrasiert durch Verse, die Corvinus in die Schlußerzählung hineingibt:

Alles Genießliche
Hab' ich genossen;
Alles Verdrießliche
Hat mich verdrossen.

Brauch' es jetzt wacker
Nur auszuschrein,
Um ein gelesener
Dichter zu sein!

Auch da soll unbequeme Rührung abgeschüttelt werden, mit künstlerischer Absicht pastellmäßig Hingemaltes nicht zu starken Auftrag erhalten. Man fühlt, wie sicher der Dichter der Chronik nach dem Schwanken im Frühling jetzt den Boden zu neuem und ganz anderm Werk unter die Füße genommen und darunter behalten hatte.

5. Kapitel

Im Schein der Geschichte

Zwischen die Werke von einheitlichem Aufriß schob Raabe zwei Bände kleinerer Erzählungen. Die ältesten reichen noch bis in den Winter der Chronik zurück, die andern schlossen sich in den Jahren von 1857 bis 1860 zusammen. Er vereinte sie zu zwei Büchern Halb Mär, halb mehr und Verworrenes Leben, von denen das zweite unmittelbar vor der Abreise nach Stuttgart hervortrat. Überblickt man die beiden Sammlungen, so findet man neben drei wenig sagenden Gedichten zehn Erzählungen und innerhalb dieser Reihe einen unverkennbaren Aufstieg. Dieser Aufstieg aber wird immer deutlicher, je weiter Raabe von der Gegenwart zurücktritt.

Der Weg zum Lachen, die Bekehrung eines grämlich und stockig gewordenen alten Gelehrten zu neuer Lebensfreude durch neue Berührung mit der Jugend, durch lebendige Erinnerung an eigene schöne Vergangenheit ist ein in usum delphini für den Bazar, in dem es erschien, geschriebenes Feuilleton. Auch die nur skizzierten Nebengestalten der Chronik sind lebendiger als selbst die nach Möglichkeit durchgeführte Mittelfigur des Professors Jodokus Homilius in dieser Geschichte. In der Ich-Erzählung Einer aus der Menge macht sich der Verfasser wieder zum alten Manne, dem ein Gedicht hold eingegangen ist und der nun den Poeten sucht. Er findet ihn hoffnungslos krank und kann mit des Dichters junger Braut zusammen etwas Licht in des Armen letzte Tage bringen. Daneben steht, zwar vor den Kindern von Finkenrode geschrieben, aber schon ganz in ihrem Stil, die übermütige Skizze von den Weihnachtsgeistern; nicht umsonst wird hier zum erstenmal E. T. A. Hoffmann aufgerufen, denn mit einer Hoffmannschen Szene beginnt sie. Der Erzähler ersteht von einem heiseren Auktionator eine Puppe, versenkt sie in seine Tasche und geht, ein gewaltiger Esel in seinen Augen, am Weihnachtsnachmittage mit dem Erstandenen durch die schneebedeckten Straßen. Es ist Hinkelmann, einer der Redakteure des Chamäleons, und sein Kollege Weitenweber, der ihn durch eine vernichtende Kritik der dichtenden Hausfrau aus einem ästhetischen Tee vertrieben hat, begeht mit ihm auf seiner Bude bei sachverständig gebrautem Punsch das Weihnachtsfest. Allmählich tritt die Puppe in den Mittelpunkt der Unterhaltung. Weitenweber gibt sich als Kenner der Mystik Jakob Böhmes, und aus der geheimnisvoll gewordenen Stimmung und dem reichlichen Punschgenuß erwächst eine kleines Märchen. Die Puppe erzählt, nun zur Weihnachtselfe geworden, im Andersenschen Stil von ihrer Vergangenheit, und auf ihre Anregung hin trägt allerlei Weihnachtsgerät von dem durch der Puppe Zauberstab plötzlich im Zimmer erstandenen Christbaum auch seine Geschichte vor. Zuletzt finden sich die beiden Hörer, Hinkelmann und Weitenweber, allein im Dunkeln bei der ausgebrannten Lampe und der leeren Terrine im öden Junggesellenzimmer. Der Weitenweber dieser übermütigen Skizze ist eine volle Vorstudie zu dem witzigen, niemals sentimentalen, aber im Grunde tief einsamen, boshaften und wahrhaften Vollbilde, in dem er sich dann in den Kindern von Finkenrode zeigt.

Nach der straffen und doch so scheinbar unbesorgten Komposition der Weihnachtsgeister erscheint die grundromantische Phantasie in fünf Bruchstücken Wer kann es wenden? um so mühsamer. Es ist eine Geschichte aus der perdutta gente, aus der Welt der Theaterschmiere. Der Vater, ein vertrunkener Schauspieler, hat sich und seine Familie um alles, Mittel, Ehre, ja nackte Grundlage des Lebens gebracht und stürzt sich in jäher Ernüchterung nach krankhaftem Paroxysmus durch das Fenster in die Spree. Die Tochter aber entläuft der treuen Pflege des ganz in seiner Liebe für sie aufgehenden Geigers mit einem jungen, nur eben angedeuteten Elegant, und da die Kanaille sie verlassen hat und sie zu dem Musikanten zurückkommt, kann sie nicht mehr leben; sie geht in den Tod. Den eigentlichen Herzenston in dieser düstern und an vielen Stellen übersteigerten Geschichte trifft nur das von der zerbrochenen jungen Schönen gesungene Lied von der verschneiten Nacht, sonst empfindet man überall, wie Raabe sich Zwang angetan, nicht aus dem Vollen geformt hat.

Viel freier schreitet er aus, indem er sich nun den Erinnerungen der Vorfahren zuwendet und von dem Wiedersehensfest alter Kommilitonen der von Jerome aufgehobenen Universität Helmstedt Bericht gibt, von jenem Feste, an dem gewißlich auch der Großvater als einstiger der Gottesgelahrtheit beflissener Student der Julia Karolina teilgenommen hatte. Auch hier ist alles nur skizzenhaft angedeutet, die Charaktere werden nur sozusagen sachlich festgelegt, die Liebe des jungen, am Schlusse glücklich vereinten Paares lediglich in ihrer letzten Wirkung hervorgehoben. Wieder wie in Raabes größeren Werken werden Fäden, die Schuld der Vergangenheit zerriß und die Zeit doch wieder anspann, neu zusammengeknüpft. Wärme und Leben in diesem Werk fließen aber nicht aus den einzelnen Geschicken, sondern aus dem helmstedter Feste selbst. Mit bewußter Kunst führt Raabe langsam hinein, von dem einsamen Pfarrdorf des einen Teilnehmers und dem hamburger Landungsplatz des anderen zuvörderst nach Königslutter, dann auf den Corneliusberg, erst von dort aus in die alte Stadt. So steigert er die Stimmung; Vorfreude und Vorgefühl des einzelnen, Wiederfinden zu zweien, Zusammenströmen vor den Toren, gesammelter Widerhall der ganzen, neu zusammengetretenen akademischen Bürgerschaft. Mitten zwischen dieses bunte, in allerlei Farben durchgeführte Bild von auflebender Jugendlust und für kurze Zeit abgeworfener Alterslast fügt er die Schlichtung alten lebenswierigen Zwistes. Zwei einstige Hochschulfreunde, von denen der eine dem andern um eines Mädchens willen den Bruder erstach und dann in Amerika verscholl, reichen sich im Lebensabendrot die Hand, und der Sohn des Amerikaners führt die Tochter des Versöhnten heim, die er, ohne Kenntnis dieses Zusammenhangs, liebgewonnen hat. Stimmung und wieder Stimmung fließt aus der zart hingemalten Erzählung; dabei fällt auf Raabes Ethik ein sehr bezeichnendes Licht: die beiden Studenten haben sich am Unglückstage streng nach den Regeln des Ehrenkodex geschlagen; der eine ist gefallen; aber der Pastor Cellarius nennt den Sieger im Duell immer wieder den Mörder seines Bruders, und so empfindet sich auch jener selbst. Wohl wölbt sich über der Untat schließlich der Bogen der Versöhnung, aber an ihrer Schwere darf nichts abgestrichen werden. Gesellschaftlicher Komment, mit dem sich ein Stand die Sünde leicht macht, gilt nicht vor dem höheren Gesetz.

In des Vaters Büchern hatte Raabe einst den Froschmeuseler gelesen. Kein Wunder, daß der Sohn dieses Vaters in Magdeburg den Spuren des Dichters dieser Neubelebung ältesten Stoffes, des gelehrten Rektors Georg Rollenhagen, nachging, nicht nur in lebendiger Anschauung seiner Schule und der alten, damals noch wenig veränderten magdeburgischen Welt, sondern auch im Studium zeitgenössischer Schriften. Wir danken Wilhelm Fehse die Entdeckung des Heftes, aus dem die Anregung zum Studenten von Wittenberg wuchs, der, schon in Berlin geschrieben, ursprünglich als Erzählung des Lehrers Rober in die Chronik aufgenommen werden sollte, dann aber auf des Verlegers Rat fortblieb. Einer langatmigen Leichenrede des Magisters Aaron Burckhart auf Rollenhagen entlieh Raabe den Rahmen zu seiner Erzählung, ja, er nahm sogar einen Satz fast wörtlich hinüber. Er läßt Rollenhagen, der eben sein großes Werk geendet hat, mit seinen beiden erstgebornen Söhnen und jenem Magister Burckhart auf einem botanischen Schulausflug von einem früh verstorbenen Schulfreunde erzählen. Dieser Junge, schwer zu bändigen, voller Leidenschaft, dabei hochbegabt, wird durch die unerwiderte Liebe zu einer schönen Venezianerin bis zur Umnachtung geführt. Sein Oheim, ein magdeburger Rottmeister, glaubt an Hexerei und läßt das Haus der Schönen stürmen. Das reißt den Neffen aus der Verstörung, er will dem Haufen wehren und fällt im Kampf. Das unschuldige Mädchen wird getötet, Rollenhagen selbst verwundet. Durch die Beschwörung des längst Vergangenen wehmütig gestimmt, kommt der Rektor heim. Hier kündet ihm ein Brief, er sei Großvater geworden, und im Wechsel zwischen Trauer und Glück entschließt er sich nun, seinen Froschmeuseler zum Druck zu geben.

Sehr charakteristischerweise hat Raabe auch diese, seine erste geschichtliche Novelle als Rahmenerzählung gestaltet und die Erlebnisse der Jungen, wie in der Chronik, durch einen in der zweiten Linie stehenden Lebensgenossen erzählen lassen. Er tritt dabei im einzelnen unsicher. Noch häufiger als in der Alten Universität erscheint zum Zweck der Sprachfärbung die Inversion; die Gestalt der Italienerin, von der doch eine große Wirkung ausströmen soll, ist zu wenig durchgebildet, aber der Gesamteindruck, wie er insbesondere von der Rahmengeschichte ausgeht, ist stark und trotz der Unfertigkeit im einzelnen die Versetzung des Lesers in die Zeit viel sicherer gelungen als etwa in der Gegenwartsnovelle Wer kann es wenden? In dem Schwesterstück zum Studenten von Wittenberg, dem Lorenz Scheibenhart, geht Raabe in der Färbung weiter, hier erzählt er im Chronikstil. Der invalide Rittmeister Lorenz Scheibenhart spricht von junger Liebe und wüster Soldatenzeit. Er nimmt sich bei der Belagerung Wolfenbüttels im Dreißigjährigen Kriege der wiedergefundenen Geliebten an, wie der Musiker in Wer kann es wenden? der seinen. Und sie entgleitet ihm, verführt und verlassen, ebenso. Hier erzählt nun wiederum ein alter Mann, aber doch wesentlich von sich selbst als dem Mittelpunkt der Dinge. Es geschieht mit Glück, und die weichere Altersstimmung vermag doch noch einmal die ganze Härte, ja das Grauen der wilden Vergangenheit zu beschwören. Auch das Kulturhistorische ist schon sicher gesehen und wiedergegeben, und die durchquellende Sentimentalität jenes weichlichen, in der Führung verwandten Großstadtstücks völlig abgetan.

So schrieb sich Raabe an der Geschichte langsam empor — eine knappe, äußerst plastische Skizze über Kleist von Nollendorf wirkt wie eine Vorstudie für dichterisches Werk — und gewann sich gerade auf diesem Wege den Stil der Novelle. Auch darin ist er ein echter Genosse des nun emporsteigenden realistischen Geschlechts, dem auch die politischen Historiker Deutschlands entwuchsen — neben Storm stand Mommsen, neben Freytag Treitschke. Denn darin waren diese Erzähler den Romantikern ganz verwandt, daß sie geschichtliche Stoffe suchten und sich der Vergangenheit verbunden fühlten. Was ihnen fehlte oder allgemach abgelegt wurde, war die bei einzelnen Hauptvertretern der Romantik hervortretende Absicht, die Geschichte, besonders des deutschen Mittelalters zu idealisieren oder gar mit Märchenzauber zu verbrämen. Gewiß waren auf solchen Wegen Früchte zu pflücken, wie sie Achim von Arnim in dem unvergänglichen Torso der Kronenwächter errungen hat; diese Dichter des Silbernen Zeitalters aber merkten auf anderes; ihnen stand von allen romantischen Erzählern Heinrich von Kleist durch die knappe Herausarbeitung seiner Charaktere am nächsten, und sie suchten überdies den sittenhistorischen Auswirkungen der Vergangenheit nachzugehn. Auch da war Willibald Alexis ganz bewußt von romantischen Anfängen zu anschaulichen, manchmal nüchternen, aber im ganzen doch meisterlich lebenstreuen, vom echten Hauch der dargestellten Zeiten erfüllten Bildern vor- und vorangeschritten; ein Einfluß seiner Art auf Raabe ist nicht spürbar, Alexis ist weit knochiger, wenn man will: preußischer. Deutlich aber ist bei Raabe das Vorbild der prächtigen nürnberger Künstlergeschichten August Hagens. Gerade um die Zeit von Raabes Anfängen erschienen neben den ersten kulturgeschichtlichen Novellen des geistesverwandten politischen Historikers Wilhelm Heinrich Riehl der Sonnenwirt von Hermann Kurz und Scheffels Ekkehard; bald begannen auch Freytags Bilder aus der deutschen Vergangenheit und Fontanes Wanderungen durch die Mark sich zusammenzufügen.

Diese Pfade von der Romantik mit all ihren schweifenden Ausbiegungen und überladenem Schmuck bis zur realistischen, zeitechten, kulturgeschichtlich vertieften Darstellung ist Raabe für sich noch einmal gegangen wie die Zeit um ihn. In dem enggespannten Rahmen der Novelle fand er nun den künstlerisch notwendigen Zusammenhalt, als er die Geschichte Ein Geheimnis niederschrieb. Auf

Geschichtsauffassung

knapp dreißig Seiten gibt Raabe da mit kräftiger Spannung Auf- und Abstieg eines Goldmachers aus dem Frankreich Ludwigs XIV. und der Marquise von Maintenon und weiß uns den Abenteurer, sein Weib, den Vater und das mithandelnde Paris des Hofes und der Gasse Zug für Zug lebendig zu machen; selbst der König und seine Geliebte werden nicht als Lichter aufgesetzt, arabeskenhaft verbraucht, sondern, wo sie auftreten, lebendig eingeführt. Und bei aller Blutwärme jedes einzelnen und des ganzen kleinen Bildes bleibt jener in der Überschrift bewußt angekündigte geheimnisvolle Schauer nicht nur gewahrt, er verstärkt sich gegen den Schluß, und wir haben in geschichtlicher Wirklichkeit jenes seltene und unerhörte Begebnis, das die Novelle verlangt. Wohl hat auch hier E. T. A. Hoffmann Pate gestanden, der Dichter des Fräuleins von Scudery, aber das durch ihn Angeregte und bei ihm Erlernte ist Raabe zu ganz selbständiger Dichtung gediehen.

Nur freilich fand sich in dieser Knappheit keine Gelegenheit, einen Charakter weiter zu entwickeln. In der größeren Novelle Der Junker von Denow gelang auch das. In dem Lebensbuch des Schulmeisterleins Michel Haas war noch ohne Führung zu Höhepunkten mit Absicht etwas wie ein Auszug aus dem Kleinleben in der ersten Hälfte des siebzehnten Jahrhunderts gegeben — im Junker gipfelt sich die Erzählung wieder ganz zur Novelle. Wir geraten gleich mitten in die Belagerung der rheinischen Stadt Rees im Jahre 1599 hinein, zuerst unter die Spanischen hinter den Mauern, dann unter die Reichsvölker davor, und unter diesen ficht nun der Junker Christoph von Denow. Aus der Schlacht, aus der Niederlage, aus dem Flusse wird er gerettet, hinein in den Rückzug meuternder Braunschweiger ins Reich. Er ist nur durch die mutige Liebestat von Anneke Mey, der Marketenderin, dem Wassertode entronnen — in Wolfenbüttel nach der Predigt fällt er, der nicht meutern wollte und nicht gemeutert hat, dem Todesurteil anheim. Er bittet nicht um Gnade, er will sterben, aber die Treue des redlichen Knechtes, der den Elternlosen erzogen hat, erspart ihm durch einen Schuß den Henkertod, und tot stürzt auf ihn Anneke Mey in dem Augenblicke, da der Gnadenbefehl des Herzogs kommt.

Immer wieder flicht Raabe in die Abfolge von sich rasch steigernden Kämpfen, von Not und Tod verzögernde Momente, wie die Verlesung des Urteilsspruchs im Gefängnis, wie in der Mitte des Ganzen auf dem schweren Marsche nach Braunschweig den Rückblick auf die Jugend, und über die Gestalt Christophs hinweg erhebt sich in ihrer süßen Mädchenhaftigkeit und grenzenlosen Hingebung Anneke Mey, die erste ganz durchgeführte, jeder Konvention entkleidete junge Gestalt einer liebenden Frau in seiner Dichtung. Seine Quelle, der in der wolfenbüttler Bibliothek bewahrte Bericht über die Meuterei Teutscher Knechte und ihren Prozeß von 1599, hatte ihm wohl das geschichtliche Gerippe gegeben, ihr dankte er auch schon die Tatsache, daß Denow vor der Untreue gewarnt habe; wie Raabe aber nun unter strenger Festhaltung des geschichtlichen Rahmens und dichterischer Verstärkung der geschichtlichen Stimmung den Meuterer wider Willen zwischen den treuen Diener und die in den Tod folgende Geliebte hineinstellt, das war sein eigentliches Dichterwerk. Hatte Raabe im Studenten von Wittenberg nur präludiert, im Geheimnis bereits mit voller Beherrschung seines Instruments con sordino gespielt, so ließ er hier, im Junker von Denow, die volle Klangfülle ertönen und mochte sich nun auch dem großen geschichtlichen Roman zuwenden.

Aber wie in seinen ersten drei Geschichten aus dem

Leben der Gegenwart ging es ihm bei den drei rasch nacheinander geschaffenen historischen Romanen: er schritt nicht regelmäßig fort, sondern nach dem gelungenen Einsatz des Junkers von Denow tastete er sich immer wieder in scheinbar schon überwundene Stilkämpfe zurück. Die drei Werke Der heilige Born, Nach dem großen Kriege und Unseres Herrgotts Kanzlei, binnen genau zwei Jahren, von 1859 bis 1861, vollendet, trugen verschiedene Züge, und das reifste steht in der Mitte.

Der heilige Born ist eine bunte, bilderreiche, vielfach verschnörkelte Zeichnung. Raabes Handschrift ist hier einmal ganz romantisch, ja wenn man den in seinen Jugendtagen breit übertretenden Fluß schwächerer Darstellung so nennen will, deutsch-romantisch; die Fülle verwirrender, flackernder Bilder, die Breite der Darstellung, die Zerrung einzelner Gestalten in eine nicht voll glaubhaft gemachte Dämonie mahnen an den einst viel gelesenen, hochbegabten Karl Spindler. Das Werk handelt von der Entstehung des Bades Pyrmont im Jahre 1556, da zuerst allerlei bresthaftes Volk mit seinen Leiden an den heiligen Quell wallfahrte und zugleich der stillen Grafschaft sein unflätiges Wesen aufdrang. Drei seltsame Gestalten, der Zauberer Simon Magus, der bologner Arzt Simone Spada und die schöne Fausta, das Kind einer deutsch-italienischen Ehe, werden in diesen Wirbel hineingezogen und bringen allerhand düstere Geschicke über das deutsche Weserland. Das Künstlerkind Röschen Wolke in Wer kann es wenden? und stärker und einläßlicher die beiden Künstlerinnen des Frühlings, Mutter und Tochter, waren Frauengestalten, die an Sünde und Schuld nicht vorbeiglitten — hier gibt Raabe das gleiche in gewaltsamer Übersteigerung. Die Vollendung gerade eines solchen Bildes, dies an der Grenze taumelnde Weibtum muß ihn durch alle Jugendjahre hindurch stark beschäftigt haben; auch späterhin ist es ihm manchmal in den Weg getreten, aber nie wieder sprengt es den Rahmen so stark wie hier. Gerade den Teilen des Romans, darin die schöne Fausta an den Hof des letzten Grafen von Spiegelberg zu Pyrmont kommt, fehlt jene uns Sicherheit verleihende erzählerische Ruhe, die Raabe sonst schon erobert hatte. Sie entgleitet ihm, wenn er dem Arzte des Frühlings hier ein gleichfalls zwischen Italien und Deutschland gestelltes, breiteres, zauberhaftes Gegenbild gibt; und er findet sie erst bei Monika Fichtner und Klaus Eckenbrecher wieder, der holzmindener Pfarrerstochter und ihrem Liebsten. Auch in der kulturgeschichtlichen Auffassung stehn Bild und Gegenbild des evangelischen Städtchens Holzminden diesseits und des katholischen Dorfes Stahle jenseits der Weser auf einer ganz andern Höhe als die übrigen um den heiligen Born verwebten Vorgänge des Romans.

Das zuletzt erscheinende dieser drei geschichtlichen Werke, Unseres Herrgotts Kanzlei geht zwar nicht in der Entstehung, aber in der Empfängnis am weitesten zurück; Raabe hat die Keime dazu von Magdeburg her in sich getragen, er meinte selbst, die Gestalten hätten schon um Ostern 1849 im Güldenen Weinfaß Figur und Farbe gewonnen. Über die Quellen des Romans sind wir, wiederum durch Wilhelm Fehses Forscherfleiß, eingehend unterrichtet. Es waren ein tagebuchartiger Bericht des Bürgers Sebastian Besselmeyer vom Jahre 1551, eine im städtischen Auftrage geschriebene archivalische Chronik des Stadtschreibers Heinrich Merckel aus dem Jahre 1587 und die Bücher zweier Brüder und Pfarrer Pomarius, Johannes und Elias; das eine eine Gesamtgeschichte Magdeburgs, das andere eine ausführliche Darstellung gerade der im Mittelpunkt von Raabes Werk stehenden Ereignisse. Zugleich hat der Dichter noch das große Quellenwerk von

Friedrich Hortleder über den Schmalkaldischen Krieg benutzt, einen Wälzer von über viertausend Seiten, dem er auch die bei ihm hier und da durchklingenden geschichtlichen Volkslieder entnahm. Er hat die Gleichzeitigen unter diesen Geschichtsschreibern zum Teil den handelnden Personen seines Romans gesellt, so Besselmeier, so den Vater und Mitarbeiter der beiden Pomarius und im Hintergrunde auch den Sekretär Merckel. An einigen Stellen hat er die Vorlagen mit wörtlichem Anklang benutzt, nicht nur den Gesamtzug der Geschehnisse, sondern sogar einzelne seiner Helden in freier Umgestaltung übernommen oder ihnen Züge anderer in den Chroniken benannter Personen geliehen.

Unseres Herrgotts Kanzlei übertrifft an Umfang alle Frühwerke ihres Dichters bei weitem, man fühlt die Schulung an den breit erzählenden Chronisten des sechzehnten und siebzehnten Jahrhunderts. Trotz so eifervollen Bemühens um Kolorit und Bevölkerung seiner Welt hat Raabe doch die liebenswürdigen Spuren einer sich nach Herzenslust in den Weiten der Geschichte ergehenden Jugend wahren können. Schon die langen, knittelversmäßigen Überschriften der einzelnen Kapitel deuten das an. Wir hören die Geschichte des verlorenen Sohnes, der in die Heimatstadt zurückkommt, vom Vater nicht aufgenommen wird und sich erst als Offizier für Unseres Herrgotts Kanzlei, für Magdeburg bei dem Kampfe mit Moritz von Sachsen im Jahre 1550 bewähren muß, um die Arme des Vaters offen und die Hand der Geliebten in der seinen zu finden. Aus den keimhaften Anfängen im Studenten von Wittenberg sprießt hier ein Schößling nach dem andern; Umwelt und Menschennatur, dort nur angedeutet, angesetzt, werden hier ausgemalt, entwickelt. Raabe gibt ein überaus breites Kulturbild, dem es nicht an Farben und Gestalten fehlt; aber (wie im Heiligen Born) gelingen die derben, wie der verlotterte Landsknechtshauptmann Hans Springer, besser als die geheimnisvoll Verirrten, wie der verbrecherische Leutnant und sein Gegner, der geheimnisvolle Kanonier, in deren Feindschaft sich wieder einmal alte, scheinbar versunkene Geschicke spät erfüllen. Brand, Mord und Totschlag, Aufruhr und Zungenpredigen gehen lebhaft genug um- und durcheinander. Die feinen Übergangszüge fehlen fast überall, und es fehlt auch der Humor, der die modernen Werke bereits zu durchtränken begann. In Einem aber irrt Raabe hier nie vom Wege: er weiß die Spannung mit sicherer Hand von Anfang bis zu Ende festzuhalten und läßt uns nicht wieder los. Er bleibt wohl in der Einzelcharakteristik hinter dem Gewollten zurück und belichtet seine Gestalten nicht gleichmäßig genug — aber der Schein der Geschichte fällt voll auf das Ganze, und so ist schließlich doch ein stolzes Stück jugendlicher Dichterarbeit von immer noch wirkendem Reiz, zumal für die Jugend, entstanden. An einer Stelle schlägt das keusche, kräftige und wie selbstverständliche nationale Gefühl Raabes schon mit der ganzen reifen Aussprache späterer Zeit empor:

„Dreißig Jahre waren vergangen, seit vor dem Portal vor der Schloßkirche zu Wittenberg aus dem Haufen, welcher die fünfundneunzig Sätze umlagerte, jener alte Mönch trat, auf das angeheftete Blatt wies und rief: „D e r wird es tun!" Martin Luther h a t t e es getan. Wieder einmal war eine Epoche der Weltgeschichte in die Spitze des Individuums ausgelaufen, wieder einmal war in e i n e m Menschen der Kampf und die Arbeit von Jahrhunderten zusammengefaßt worden, in einem Brennpunkt, welcher die Welt entzünden sollte.

Im Jahre 1547 stand die Welt in Flammen, das deutsche Volk war, wie gewöhnlich, von der Vorsehung erkoren, für das Heil der Menschheit ans Kreuz geschlagen zu werden. Leiblich und geistig gerüstet, stand es da, den Reli-

Nationale Einstimmung

gionskrieg zu beginnen. In den Häusern, in den Gassen, in den Kirchen, in den Klöstern, auf den Burgen und Schlössern, in den niedrigsten Hütten, auf den Feldern, in den Wäldern, überall, überall wurde die große Frage besprochen und bestritten. Überall riefen sich die Geister an und forderten das Wachtwort: hie Luther — hie Papst!

Im Munde der Jungen wie der Alten, der Männer wie der Weiber ging das Wort um. In alle Verhältnisse der Nation schoß es lösend und bindend seine Strahlen; kein Herz war so eng, so verschlossen, daß es nicht zuckte, daß es nicht lauter schlug unter dem Sturmgeläut der gewaltigen Zeit." —

Zwischen dem Heiligen Born, in dem die Romantik vielfach wild wuchert und Unseres Herrgotts Kanzlei, wo sie streckenweise durch körnig-realistische Schilderung verdrängt wird, steht das Buch Nach dem großen Kriege. Hier schließt Raabe mit der Romantik ab, indem er sie selbst zum Gegenstand der Darstellung wählt. Es galt ihm, jene Sehnsucht nach Freiheit und Einheit des Vaterlandes, die in der Chronik bedeutend vorklingt, aus einer früheren Zeit heraus noch einmal zu gestalten. Was Johannes Wachholder und der Meister Werner und Strobel und Roder und sie alle in den fünfziger Jahren, in der Reaktionszeit unter Friedrich Wilhelm IV. zu Berlin empfanden, das soll in Nach dem großen Kriege an jenem Geschlechte, das die Freiheitskriege selbst durchgefochten hat, wieder lebig gemacht werden; aus verwandten Empfindungen sollte ein Bild der Restaurationszeit emportauchen, und seine Träger mußten jene Romantiker sein, deren Gesinnung und Lied 1813 Gesinnung und Lied der Krieger gegen Napoleon geworden waren. Ein ehemaliger, ganz jugendlicher Mitkämpfer, der Gymnasiallehrer Fritz Wolkenjäger — in der Namenwahl bleibt Raabe genau wie Freytag immer gern am rein Äußerlichen haften — schreibt sich in zwölf Briefen nach dem großen Kriege sein Gefühl vom Herzen. Deutlich sehen wir den weicher veranlagten Jüngling, der an dem härter gestählten Freund und Schwertgenossen schreibt, und wir vermeinen auch diesen zu schauen. Der schwärmerische Wolkenjäger gewinnt in dem lyrischen Ton, dem manchmal poetischen, manchmal etwas sentimentalen Schwung seiner Briefe — die Mischung dieser Elemente hat Raabe nun schon mit großer, bewußter Kunst geübt — etwas von seinem berühmten Mitstreiter Theodor Körner. Der Adressat blickt durch die Form, in der sich der Schreiber bisweilen besonders eindringlich an ihn wendet, und durch die aus dem Inhalt und dem heischenden Ton seiner Briefe zu Wolkenjäger strömenden Gedanken kaum minder deutlich hindurch; er ist eine jener Arndtnaturen, die sich nicht biegen lassen. Wieder, wie schon mehrmals, werden verirrte Geschicke der Vergangenheit in der Gegenwart geklärt: das von Fritz geliebte Mädchen findet den sterbenden Vater, den einstigen verirrten Kämpfer gegen das eigne Vaterland, und sie findet in der Vollendung dieses Geschickes die lange getrübte Geisteshelle wieder.

Das Schönste an dem Buche ist doch die ganz einheitliche, urtümliche und zugleich geschichtlich-bewußte nationale Stimmung. Wie mit allen Säften steigt das innere Leben jenes Geschlechts der Väter vor uns empor, die wahrlich das Recht verdient hätten, im freien Vaterlande zu leben, und alsbald wieder bedrückt wurden. Wir meinen Briefe zu lesen, wie sie einst der junge Marwitz an die Rahel, wie sie mancher todesmutige, durch die Romantik zum Nationalbewußtsein erzogene Kämpfer und Sänger jener reichen Jahrzehnte schrieb. Wir sehen das alles ins volle Leben hineingestellt wieder, auch, wie in der Chronik, in das von Raabe geliebte Leben des Handwerks, und spüren auf der andern Seite den gelehrten Anflug, der diesen

Romantikern wirklich eigen war und auch dem allen wissenschaftlichen Prüfungen ausgewichenen Raabe wohl anstand. Stärker noch als die Kinder von Finkenrode durchtönt Lyrik dies Buch. Sie beschwingt Fritz Wolkenjägers Sprache und steigert sich einmal zu fortreißendem Versklang, als die Studenten das Lied der Zukunft „Ans Werk, ans Werk" singen. Zuversicht auf künftige Geschicke durchtönt wie dies Gedicht das ganze Buch.

„Die Saugschwämme, die Herrenpilze, die Speitäublinge, die Judasohren, die Bovisten", all das Gezücht, das „armselige Schwammgeschlecht am Fuße des Baumes Gottes" soll die Freiheitsstreiter nicht kümmern: die deutsche Eiche, „wird noch durch die Jahrtausende in Herrlichkeit und Pracht grünen und blühen und alle Völker unter ihrem Schatten versammeln". Trotz den Teplitzer Beratungen! Gewiß „das ganze neunzehnte Jahrhundert wird wohl noch über die Wehen, welche das deutsche Volk ins Licht der Welt gebären sollen, hingehen": aber Fritz Wolkenjäger mahnt an die deutschen Weihestätten, an den Kyffhäuser, an die Wartburg, wo Luther Wehr und Waffen schmiedete, an Lessing und Schiller, und über die „krummen Wege" des Herrn von Metternich schaut er weit in die Zukunft, mitten im „Schakalgeheul" der Demagogenverfolgung: „— einst, einst — die Schlacht auf dem Walserfelde, wo der eine und ungeteilte Heerschild am blühenden Birnbaum hängt und ein Purpurmantel feil ist um einen Zwillich und ein gutes Schwert."

„Mit dem Schicksal der Nationen legen wir in Demut unser eigenes Schicksal in die Hand der Gottheit", heißt es hier, aber das Geschick des einzelnen ist nicht nur Füllsel und Beiwerk, sondern wir scheiden von dem Buche mit der Empfindung, daß der Mensch unverrückbar mit seinem Volk verknüpft ist, daß nur die herzeinige und treue Arbeit aller, eines jeden an seinem Ort durchhelfen kann zum großen Werk: „Ein jeder tue auf seiner Stelle das Rechte und verlache — mag es auch im Kerker, in der Verbannung oder auf dem Hochgericht sein —, verlache den Rat der Bösen. Was hält stand gegen das Gelächter der Ehrenmänner!" „Securus adversus homines, securus adversus deum" — der Grabspruch aus der Germania klingt auch aus diesem feinen Werk beherrschend hervor.

Je näher sich Raabe in liebevoller Ergründung der Vergangenheit an seine Zeit herangeschrieben hatte, um so freier war er geworden. Adolf Stern hat das Wesen und die Berechtigung des geschichtlichen Romans einmal unwiderleglich umrissen:

„Der historische Roman soll und darf nichts anderes sein als ein Lebensbild, zu welchem sich der Dichter durch die Fülle der Empfindung und Anschauung gedrängt fühlt, er muß eine Handlung oder einen Konflikt, er muß Menschen darstellen, an die sich sowohl der Poet mit seiner eigenen Seele, als der Leser mit seiner Teilnahme hinzugeben vermag, er muß mit einem Worte so viel rein Dichterisches (Menschliches) aufweisen, daß alles andere nur das Verhältnis des Brennstoffs zum Feuer hat. Die Flamme verzehrt die Scheite, und um die Flamme und die von ihr ausstrahlende Wärme handelt es sich! Wer vor einem schlecht lodernden, qualmenden Feuer die Seltsamkeit und Mannigfaltigkeit des Materials rühmt, gilt für einen Narren, und wer eine schlechte Dichtung mit etwaigen politischen, ethnographischen und sonstigen Vorzügen rechtfertigt, der hat eben keine Empfindung für die Poesie und ihr eigenstes Wesen. Der historische Roman muß ebenso wie jede andere Schöpfung aus dem innersten Drange des Dichters, aus der Mitempfindung für die dargestellte Handlung, für die geschilderten Menschen hervorgehen. Wem es darum zu tun ist, an einem beliebigen Faden unbeseelte Sittenschilderungen oder politische Maximen aufzureihen, der charakterisiere schlicht Land und Leute oder schreibe Leitartikel, zum historischen Roman ist er so wenig berufen wie zu jeder anderen dichterischen Schöpfung. Eine solche aber ist der historische Roman und soll es bleiben oder werden."

Diese Ausführungen werden an dem großen Beispiel von Willibald Alexis belegt. Sie finden auf des reifenden Wilhelm Raabe geschichtliche Erzählungen volle Anwendung. Im Heiligen Born war das Verhältnis von Brennstoff und Feuer nicht das gemäße geworden, hier lag das Geschichtliche, noch dazu übersteigert, vielfach unverzehrt neben dem eigentlich dichterischen Lebensbild. In der Kanzlei war eine höhere Stufe erstiegen, der innerste Drang des Dichters schon spürbar, aber seine Sprachkunst und Seelendeutung nicht verfeinert genug. Erst in Nach dem großen Kriege ging alles ineinander. Man fühlte: hier war die volle Unmittelbarkeit menschlichen Lebens mit der Geschichte und in der Geschichte seiner Zeit unlöslich eins geworden. Und so bestätigt dies Werk das zweite Gesetz geschichtlicher Dichtung, von dem Raabes frühere und weit mehr die späteren Zeitgenossen zu ihrem Unheil abwichen, während Alexis es rasch erkannt und danach gehandelt hatte: der geschichtliche Roman erreicht immer da die volle Höhe der Gestaltung, wo innerster Herzton der geschilderten geschichtlichen Geschicke mit dem innersten Herzklang des Dichters und der von ihm mit vollem menschlichen Anteil durchlebten Gegenwart zusammenklingt.

6. Kapitel

Lyrische Zeit

Unverkennbar ist in Raabes ersten Prosawerken lyrische Stimmung. Gerade an den Höhepunkten, in der Prophezeiung des Frühlings, bei der Beerdigung Marie Ralffs in der Chronik schlägt jene geballte und doch eben nur schwebende helldunkle Stimmung an, die wir lyrisch nennen. Sie ist nicht so einheitlich stark, wie in den ganz lyrisch gefärbten Novellen Theodor Storms; aber wir brauchen nur Gustav Freytags Romane danebenzuhalten und haben gleich das andere Gegenstück. Bei Freytag bleibt alles so im Klaren, daß für die ahnungsvollen Zwischenstufen kein Raum gegeben ist. Bei Jean Paul aber, und da berühren sich Raabe und er am engsten, sprießt diese Lyrik immer wieder empor, obwohl Jean Paul kein Versdichter war. Jean Paul hat das selbst sehr gut gewußt und den Unterschied von rein lyrischer Dichtung und lyrischer Stimmung im Roman klar herausgehoben. „In der eigentlichen lyrischen Dichtkunst", sagt er, „waltet die Begebenheit nur als Gegenwart und die Zukunft nur als Empfindung. Die Empfindung wird sich allein und unabhängig darstellen, ohne etwan wie im Epos alle ihre Eltern zu malen." Und vom Roman sagt er: „Ein einziger aus tiefer Brust emporgehobener Menschenlaut wirkt mehr als zehn seelenlehrige Schilderungen und Landschaften; ein Zittern der Luft als Sprachton wirkt mehr als ein allgemeines Umhertoben derselben als Sturm. Freilich nur ein unsichtbarer Gott haucht entfliegend in euch das rechte Wort."

Raabe hat es eine pathologische Merkwürdigkeit genannt, daß er nicht wie fast alle jungen Dichter mit Lyrik begonnen, sondern gleich in Prosa geschaffen hat. Erst der Sechsundzwanzigjährige „entdeckte", daß er Verse machen könne, und nun fließt ihm vom Winter des Jahres 1857 bis in die ersten sechziger Jahre hinein ein reicher Quell lyrischer Poesie, der dann wieder verströmt und nur noch in ganz seltenen Fällen einmal aufsprudelt.

Seine ersten Verse stehen unter dem Zeichen des historischen Volkslieds. Mit einem wiederholten „Jubilate" wird der Einzug des Frühlings gepriesen; Türmers Töchterlein neigt sich übers Geländer, weil der Liebste zum Richtplatz geführt wird; das Schicksal einer belagerten Stadt wird in vier ungelenken Bildern dargestellt. Aber dann kommt in einem Gedicht, das wie der Kern einer nicht gewordenen Ballade anmutet, schon der erste eigne Ton empor.

> Vierzehn lange, lange Wochen
> Gab die Liga Sturm auf Sturm,
> Vierzehn lange, lange Wochen
> Trotzte Mauer, Wall und Turm.
> Tapfre, fromme teutsche Bürger
> Schützten Glauben, Ehr und Haus —
> Dreißigtausend Ketzerleben
> Rottet heut die Kirche aus!

Und mit vollem musikalischen Klang — wir hören das Pummern der Trommel durch — gestaltet er das Schicksal eines zur Landsknechtszeit verlorenen, verlassenen Kindes:

> An der Landstraß im Graben, da bin ich gefunden.
> Zigeunerweib hat auf den Rücken gebunden
> Mich armes verlassenes Kind.
>
> Es rief die Trompete, es sank das Gezelt,
> O du weite, weite, weite Welt!
> O du armes verlassenes Kind!

In der Zeit der Kinder von Finkenrode aber entfaltete sich nun auch ganz zarte Lyrik; die Romantik tönt hinein, wir vernehmen wohl einmal Eichendorffsche und Heinische Klänge und können die innere Verwandtschaft dieser Verse mit denen des seltsamen M. Solitaire (Woldemar Nürnberger) feststellen. Aber im Traurigen Wiegenlied preßt Raabe den eignen Eindruck ganz knapp und voll zum Bilde zusammen:

> Halt zu dein Äuglein,
> Draußen geht der Wind;
> Spiel fort dein Träumlein,
> Mein herzliebes Kind!
>
> Draußen geht der Wind,
> Reißt die Blätter vom Baum,
> Reißt die Blüten vom Zweig —
> Spiel fort deinen Traum!

Feinfühlig bringt er dann einmal die Schneenacht und das eigne Herzenserlebnis zusammen:

> Es hat geschneit die ganze Nacht
> Bis an den grauen Morgen,
> Es hält 'ne traurige Totenwacht
> Mein Herz in Not und Sorgen.

Beinahe noch feiner ist die zweite Strophe; Raabe hält die männlichen Reime der ersten fest, zieht dadurch die zweite in den gleichen Stimmungskreis hinein, bringt aber durch einen neuen Reim das neu hervortretende Element der Liebe um so stärker zum Klingen:

> Es hielt mein armes Herze Wacht
> Wohl über der toten Liebe;
> Es hat geschneit die ganze Nacht
> Bis an den Morgen trübe.

Um das Schillerjahr und die Erlebnisse im Nationalverein wird sein Schritt schwerer, der lyrische Ton weicht dem romanzenhaften lyrisch-epischen, die rein subjektive Gefühlsaussprache einer objektiveren Herausstellung von Bildern, hinter der die strömende Empfindung durchklingt. So, wenn Schiller wie in den alten Heldensagen als Fürst auf den Schild gehoben wird, und bei weitem stärker in dem politischen Gedicht Königseid. Gleich der Anfang stellt uns mit kargem Wort mitten in die Begebenheit, zwischen die Heiligen und die Ritter:

> Es sprach der Priester ihm Verrat ins Ohr:
> „Der Eid ist nichtig, den du hast gegeben!"
> Es drängte dann der Edle sich hervor:
> „Brich diesen Eid, willst du als König leben!"
> Sie sprachen beide: „Schreite, schreite vor,
> Wir wollen dich, ein starker Wall, umgeben!"
> Er schwankte lang, doch in der bösen Stunde
> Entfloh das böse Wort aus seinem Munde.

Und nun, ebenso knapp, mit einem ganz durchgefühlten Bilde gezeichnet, die furchtbare Wirkung:

> Der Baum des Volkes fühlt durch alle Äste,
> Daß seine Wurzeln hafteten im Sande,
> Daß sich der Wurm in seinem Marke mäste.
> Ein Schrei klang auf aus grenzenlosem Leide:
> „Der König brach den Eid! Was gelten Eide?"

Zur hymnischen Kraft aber erhebt sich das hier durchbrechende vaterländische Gefühl in jenem ergreifenden Liede vorüberziehender Studenten und Freiheitskämpfer „Ans Werk, ans Werk". Das Ganze ist streng im Bilde eines Baus durchgeführt, der Errichtung des neuen Hauses für die Nation. Der Grund wird aufgewühlt, das alte Gemäuer niedergebrochen, einbrechendes Wildwasser abgedämmt, Stein auf Stein nach dem rechten Lot gewälzt, die Fuge mit Herzblut gekittet und zwischen Schaufeln und Hämmern der, den die Arbeit abfordert, ins Grab hineingesenkt:

> Und der Grund ist unser, es schlafen darin
> Die toten Väter von Anbeginn; —
> Aus der Helden Asche soll steigen das Haus,
> Ans Werk, ans Werk! o haltet aus —
> Ans Werk, ans Werk!

VI. Lyrische Zeit

Noch einmal klingt dieser hohe Ton auf in den Liedern der Völker, wo die Freiheit von Land zu Lande gefeiert wird und des Sängers Hand an die dunkle Geistespforte pocht. Der Balladenton steigert sich in einem Zyklus von drei Gedichten zu anschaulicher Fülle bei schwebender Melodie:

> Es war ein Schiff aus Portugal,
> Das südwärts, immer südwärts fuhr,
> Und durch der Tropenmeere Schwall
> Zog leuchtend seine Feuerspur.

So geht es in gedrängten Versen weiter bis zu dem Gegenbilde, dem sein Indien suchenden und ersehnenden Menschen. Der Abgesang aber bringt in ganz anderm, lang nachhallendem Rhythmus das hoffnungslose Ende:

> So hab' ich geschlafen beim wilden Orkan
> Und Mondscheinnächte in Sorgen verwacht,
> Und Freuden und Leiden und Kampf bot die Bahn,
> Doch nun hab' die Fahrt ich zu Ende gebracht.
>
> Jetzt breiten die Nebel sich über dem Meer,
> Herab sanken Flagge und Segel zerfetzt;
> Zerbrochen das Steuer! so treib ich einher
> Und sinke im lustigen Tanze zuletzt.

Und der Kammerton echter Lyrik lebt noch einmal in vier Gestaltungen auf. In der „Regennacht" stellen sich mit dem unablässigen Tropfenfall die Geistertritte toter Jahre pochend wieder ein. In der „Beruhigung" wird mit ganz musikalischen Versen in raschem Aufriß die Sehnsucht eines ungestillten und der Friede eines beglückten Herzens gegeben und Goethes Bild vom Schleier der Dichtung selbständig abgewandelt:

> Lichtblauer Schleier
> Sank nieder leise;
> In Liebesweben,
> Goldzauberkreise —
> Ist nun mein Leben.

Das schwermütig ausatmende Heidelied symbolisiert höchst glücklich den aus dem Nebel tretenden Mondenglanz mit dem Herzeleid, das sich aus dem Erdengefängnis trunken zum Firmament aufschwingt. Und der tiefe Widerspruch menschlichen Trachtens gewinnt in vier wunderbar gesteigerten Strophen Abbild in Kinderhand und Kinderherz, bis der Schluß die tränenvolle Lösung bringt:

> Legt in die Hand das Schicksal dir den Kranz,
> So mußt die schönste Pracht du selbst zerpflücken;
> Zerstören wirst du selbst des Lebens Glanz
> Und weinen über den zerstreuten Stücken.

Man würde dieses alles als gesamte Ernte eines Dichterlebens wohl verheißungsvoll und im einzelnen tief ergreifend und gelungen nennen, niemals aber das Ganze das Werk eines ausgesprochen lyrischen Dichters. Aber der Drang der echten Lyrik war in Raabe, und Kleinere haben mit kleineren Mitteln sich weiter erzogen als er. Warum hat er kein Lied mehr gegeben?

Doch wohl nicht, wie ein liebevoller Beurteiler wunderlicherweise meint, weil er kein Geld hatte und durch Schreiben welches verdienen mußte — seine Romane brachten ihm ja knapp des Lebens Notdurft und manchmal nicht einmal die. Nein, wir werden bei Raabe hier, wie immer, von einer inneren Notwendigkeit sprechen, die ihn von der Lyrik wieder ganz zur Prosa hinüberbrachte. Wenn Otto Ludwig das Begebenheitliche im Epos hervorhebt, wenn er sagt, darauf müsse der Akzent liegen, so traf er damit auch in Raabes nunmehr gewachsene Kunstanschauung mitten hinein. Dieses Begebenheitliche mochte nicht immer und nie allein in den Vorgängen der Außenwelt liegen, an deren Buntheit und Färbung der Erzähler freilich die rechte epische Freude hatte und haben soll; aber er mußte es zunächst nach dem steigenden Maß seiner Kräfte erfassen, sich ganz aneignen, um dann weiter darüber hinaus vorzudringen. In dem Augenblick, da Raabe die erſten, mühſam zu nehmenden Stufen ſeines Aufſtiegs erklommen hatte, legte nicht ein bewußter Wille in ihm die Leier des Lyrikers aus der Hand; vielmehr: was er nun vor ſich ſah, konnte er nur in ſeiner urſprünglichen Form, der epiſchen geſtalten. Aber die Jahre lyriſcher Erfaſſung mußten ſeinem Stil zugute kommen, und die höchſten Leiſtungen ſeiner lyriſchen Zeit ſind aus ſeinem Werk nicht ohne Aufreißung ſpürbarer Lücken wegzudenken.

7. Kapitel

Der erste große Roman

Die Leute aus dem Walde, ihre Sterne, Wege und Schicksale hat Raabe an der Wende von den zwanzigern zu den dreißigern empfangen und in seinem zweiunddreißigsten Lebensjahr vollendet. Die Helden seines Werks stammen aus derselben Gegend, wie die der Chronik und die Kinder von Finkenrode, aus dem deutschen Nordwesten, aus dem Winzelwalde, und sie müssen „durch den großen wilden Wald, den gnadenlosen Wald" des Lebens hindurch. Wieder werden zwei Geschlechterfolgen gegeneinander abgesetzt, aber auf einer höheren künstlerischen Stufe. In der Chronik atmet von den Alten allein noch Wachholder, die andern zwei sind tot und leben nur in seiner Erinnerung. Er selbst, der doch nach der Erzählung der Vater der jungen Marie Ralff sein könnte, wirkt durchaus wie ein Großvater und ist keine aktive Natur. Der entwicklungsgeschichtliche Parallelismus, die Grundform Raabischen Schaffens hat immer zwei Wagebalken, aber das Gewicht war in der Chronik noch nicht gleichmäßig verteilt; im Frühling vollends verschob sich der Schwerpunkt ganz in die Gegenwart, und in Nach dem großen Kriege trat das Motiv der die Vergangenheit erlösenden Jetztzeit neben dem Hauptgehalt zurück. Hier aber, in den Leuten aus dem Walde, wird zum erstenmal die Last ausbalanciert. Die drei Alten und die drei Jungen stehn in der künstlerischen Ökonomie des Werks ebenbürtig nebeneinander, und das ergreifende Geschlecht handelt nicht minder entscheidend als das reifende. Da leben in der großen Stadt, die uns absichtlich undeutlich gelassen wird, die drei Alten: Das Freifräulein Juliane von Poppen, die Tochter des Schloßherrn, der Polizeischreiber Fritz Fiebiger, der Sohn der Gastwirtswitwe, und der Sternforscher Heinrich Ulex, der Sprößling der Forstwartswitwe, alle vom Winzelwalde. Heinrich und Fritz haben, was wesentlich ist, als Freiwillige am Freiheitskriege teilgenommen. Die Freundschaft der drei gleich Wachholder Unvermählten, nun in der Großstadt nahe beieinander lebenden, schreibt sich von dem Augenblick her, da im Angesicht des Sohnes die alte Ulex unter dem Schimpf des alten Poppen im Halseisen auf dem Gutshof stand. Die drei Lebensfreunde sind sehr verschieden: Heinrich Ulex, der Weise, hält hoch über dem Menschengewimmel Zwiesprache mit der Harmonie der Sphären; Fritz Fiebiger muß über die Unglücklichsten, die Gestrandeten des Lebens, tränenvolle Akten führen und bleibt dabei mit ererbter Bauernschlauheit aus grundgütigem Herzen heraus ein hilfreicher und praktisch hilfreicher Mensch; Juliane von Poppen, das freigesinnte, stolze Adelsfräulein, den Gestalten der Louise von François verwandt, ist der ergreifendste Mensch des Buchs, sie hat nie ein häusliches Glück, nie ein Kind ihr eigen genannt und nimmt die ihr wie vom Himmel in die Arme gelegte Tochter des plötzlich Witwer gewordenen Bankiers Wienand mit echtester Mütterlichkeit an ihr Herz. Sie klagt über das Schicksal des Adels, der seinen Namen, sein Geschlecht, seinen Wirkungskreis im Hohn des Volkes untergehn sieht, und ihre Klage ist um so schmerzlicher, weil sie sich vor Gott und ihrem Gewissen auf die Seite der Spötter und Lacher stellen muß.

Diesen dreien treten die drei Jungen des Winzelwaldes

gegenüber, die beiden Wolfs und die schöne Kantorstochter Eva Dornblut. In ihr vollendet Raabe fürs erste den Mädchentypus, der ihm schon in der Sängerin des Frühlings und sonst soviel zu schaffen machte. Sie hat immer an der Grenze gestanden, an der unbehütete Schönheit ins Verderben gleitet, aber trotz ihrer, wie als Waffe absichtlich übertriebenen Gefallsucht hat sie sich gehalten und ist im Kampfe, in Schmerz und in Sehnsucht gereift, weil sie das Vertrauen einer unverbrüchlichen Liebe im Herzen trug. Sie bewährt die gewonnenen Kräfte, als sie mit dem Jugendgenossen Friedrich Wolf in die neue Heimat Amerika geht, dort seine Gefährtin bis zum Tode. Die drei Alten aber wachen über dem jungen Robert Wolf aus Poppenhagen, den Fiebiger, wie das Leben treibt, vor den Schranken des Polizeigerichts gefunden und von dort mitgenommen hat. Die drei Alten lehren ihn das Leben; aber nicht sie allein. Nicht auf Schulen und Universitäten vornehmlich, sondern im Kampfe draußen, jenseits des Meeres, erwirbt Robert Wolf die Festigkeit, ein Glück ohne Hochmut zu tragen, ein Leben ohne Übermut zu leben und, wie es immer wieder heißt, zwar auf die Gassen achtzugeben, aber über sie hinaus nach den Sternen zu sehn.

Mit Bewußtsein schafft Raabe hier Originale und spricht ausdrücklich davon, daß er das Mobiliar Fiebigers genau aufzeichne, „weil wir die Originalität des Bewohners nicht dadurch hervorheben wollen, daß wir ihn in eine originelle Umgebung versetzen". Und er erreicht sein Ziel durchaus, obwohl hier stärker als in irgendeinem seiner Werke jungdeutsche Anklänge mitsprechen, Erinnerungen an Heinrich Heines Harzreise nicht abzuweisen sind. Da heißt es: „Wir studierten die Rechte und die Unrechte", oder jemand wird „der Mann der Gastfreundschaft gegen bar" genannt; eine Gesellschaft beim Bankier Wienand wird noch in sonst überwundener Art geschildert, absichtlich in die Börsensprache übertragen — nur fehlt die eigentliche Beize. Und Raabe kehrt rasch wieder zu sich selbst zurück, wenn er etwa eben gesagt hat: „Obgleich sie eine sehr gute Partie war und manch ein Elternpaar, manch ein liebevoller Papa, manch eine zärtliche Mama sie gern als Schwiegertochter an das Herz geschlossen hätten, so hatte doch keiner der Herren Söhne genug Geschmack für die medizinischen Wissenschaften, um Osteologie an dem armen, magern Kind zu studieren."

Einige Nebengestalten, wie der Schauspieler Julius Schminkert, sind absichtlich karikiert und fügen sich infolgedessen nicht immer ganz in den Rahmen; an einigen Stellen aber dient gerade der grelle Farbenauftrag bei Schminkert und seiner Umgebung dazu, eine gut getönte Folie zu den Hauptvorgängen zu geben. Unser menschlicher Anteil wird auch hier verlangt und gewährt, aber er steigt und soll steigen mit dem stufenweisen Aufbau bis in die Welt der drei Alten und ihres Zöglings. Dieser Aufbau ist nicht nach gesellschaftlichen Abtreppungen, sondern nach dem Gesetz des inneren Lebens geschaffen.

Das Werk gipfelt in ein paar unvergeßlichen Vorgängen: da ist gleich am Anfang Robert Wolfs Vernehmung vor der Polizei mit ihren jähen Überraschungen, das Wiederfinden zwischen Eva Dornblut und dem aus Amerika zurückgekehrten Geliebten und spät das noch tiefer ergreifende Gegenbild, das Wiedersehen zwischen Robert Wolf nach seiner Rückkehr aus Amerika mit Helene Wienand auf der Sternwarte des greisen Freundes, zu dem sich der im Mammonsdienst um den Verstand gekommene Bankier wie in den letzten Hafen geflüchtet hat. In den Leuten vom Walde stecken im Grunde alle Züge des Sensationsromans. Man fühlt den Zeitgenossen Victor Hugos mit seiner Notre-Dame de Paris und auch Gerstäders, man muß auch, wie bei Raabes Lyrik, an den Phantastiker Solitaire denken, dessen Erzählungen in den fünfziger Jahren erschienen — schließlich ist doch alles deutlich eignes Werk geworden, und selten sehen wir so klar, wie in den Leuten aus dem Walde, daß ein Dichter sich an sich selbst erzieht, mit seinem eignen Buch reift und wächst. Die Komposition ist ungemein klar. Von den sechsunddreißig Kapiteln zeigen die ersten zwölf die Gestalt des jungen Wolf auf ratlosen Wegen in der Großstadt; die mittleren führen ihn bis zum Abschluß seiner Jugendbildung; in den letzten zwölf muß er sich daheim und draußen, nun auf eignen Füßen, sein Lebensglück erkämpfen.

Karl Rosenkranz hat geistvoll gemeint und erwiesen, daß Goethes Perspektive im Grunde Amerika gewesen sei. Auch Raabe hat von früh an über den Ozean geblickt. Wir sahen, daß er an mehr als einer Stelle der Chronik Geschicke gedrückter, bedrückter bester Deutscher drüben weitergehn ließ. Von den Leuten aus dem Walde finden zwei drüben ihr letztes Bett, andere aber ziehn der Liebe nach über den Ozean und arbeiten sich als freie Bürger zu Ansehn, Wohlstand und innerer Tüchtigkeit durch. Und mitten unter ihnen steht der Hauptmann Konrad von Faber, der deutsche Weltreisende, die erste Raabische Gestalt von wirklich großer „Welt". Was ihm in dem Doktor Hagen des Frühlings noch nicht gelang, weil dieser noch zu sehr nur in dem eignen Geschick lebte und leben sollte, hat Raabe hier fertiggebracht: er hat einen Deutschen gezeichnet, der sich drüben viel von den Schuhen abgelaufen, dabei den Kern des Deutschtums behalten und seinen Blick für große politische Zusammenhänge geschärft hat. Man mag sich bei ihm etwas an Freytags Herrn von Fink aus Soll und Haben erinnert fühlen, aber man hüte sich Abhängigkeiten festzustellen, wo auf verwandten Wegen

Ähnliches Gestalt werden mußte. Faber spricht von der Zeit, da am Stillen Ozean die Flagge der Zukunft entfaltet und Japan, das dunkle, stumme Rätsel, ein England des Stillen Ozeans und sehr lebendig sein werde. Das schrieb der noch ganz in Sorge um die deutsche Einheit steckende Herzoglich Braunschweigische Staatsangehörige Wilhelm Raabe im Jahre 1862! Der tiefste Sinn des Werkes aber liegt in dem Schlußvorgang. Da schlägt die Jugend den Pranger um, an dem die Alten aus dem Winzelwalde sich kennenlernten. Darin liegt das Bekenntnis seines Buches, Raabes Bekenntnis zur politischen und darüber hinaus zur menschlichen Freiheit, die alle Mächte sozialen Drucks und der rohen Gewalt überwindet, die zwischen Gemeinheit und der Macht des Bösen frei durchgeht. Den Lebenden wird zugerufen, daß sie sich rühren müssen, denn auch ihre Stunde komme, und es wird gezeigt, wie die Sterne zur rechten Zeit für den eintreten, der nicht verlernt, nach ihnen zu sehn.

Raabe hatte mit dem Nächsten um sich her, mit dem Leben der Gasse begonnen, er hatte sich, geleitet von einem untrüglichen vaterländischen Antriebe, in die Vergangenheit mehrerer Zeitalter vertieft und nun durch ein oft wunderlich romanhaft scheinendes Werk die Straße zur ahnungsvollen Gestaltung jener höheren Mächte gefunden, deren Sieg Heinrich Ulex meint, wenn er die Augen seines jungen Schützlings immer wieder nach oben richtet.

8. Kapitel

Süddeutsche Jahre

Wilhelm Raabe hatte Stuttgart zum Ort seiner ehelichen Niederlassung gewählt. Hier war der Junggeselle gut aufgenommen worden, hier hatten die Hausblätter eine seiner Erzählungen gedruckt. Vielleicht kam auch der Wunsch hinzu, die wolfenbüttler Freunde nicht in die zu erwartenden Schwankungen eines engen Schriftstellerhaushalts hineinsehn zu lassen und das Schifflein der Häuslichkeit zuerst fernab in gerade Fahrt zu bringen. Die Trennung von der Mutter war wohl schwer gewesen, aber der jüngere Sohn war nun schon in den Staatsdienst getreten, Auguste Raabe war sorgenfreier und ihr Vertrauen gehörte Wilhelm wie der ihr rasch ans Herz gewachsenen Schwiegertochter unverbrüchlich.

Die auf Stuttgart gesetzte Hoffnung wurde nicht enttäuscht. So gütig wie vor drei Jahren kamen die dortigen Schriftsteller auch jetzt Wilhelm Raabe und nicht minder seiner schlanken, zarten Frau entgegen. Da war zunächst der Mitherausgeber der Hausblätter, der damals dreiundvierzigjährige Edmund Höfer, ein handfester Erzähler von norddeutschem Klang, der besonders die jüngste Vergangenheit seiner pommerschen Heimat stimmungsvoll zu gestalten wußte, aber freilich allzuviel schrieb und dadurch verflachte. Raabe waren seine militärischen Erzählungen besonders lieb. Auch Friedrich Wilhelm Hackländer entging der Gefahr übergroßer Schreibseligkeit nicht, aber die Buntheit seiner Romane und der Humor seiner kleinen Geschichten schufen ihm mit Recht ein großes Publikum. Beide waren liebenswürdige Gesellschafter, gute Plauderer und Zuhörer auf langen Spaziergängen und am behaglichen Wirtstisch. Dazu kam bis an seinen drei Jahre später erfolgten Tod der Herausgeber des Morgenblatts, Hermann Hauff, des früh verstorbenen Wilhelm Bruder und Nachfolger, und auch Wolfgang Menzel hat Raabe noch kennengelernt; Uhland bekam er nicht mehr zu Gesicht und ward durch Krankheit im Hause sogar an der beabsichtigten Teilnahme an seinem Begräbnis verhindert. Auch Moritz Hartmann zog im Jahre 1863 nach Stuttgart, der einzige im engsten Freundeskreise, der in der Paulskirche gesessen hatte, langjähriger Flüchtling, Kriegskorrespondent in der Krim, ein geistvoller Sprecher und freundlicher Mensch, der den Stadtgenossen Kunde aus der ganzen Welt vermittelte und ihnen dann wieder seine von Raabe gegen allerlei Angriffe verteidigten humoristischen Märchen brachte. Der dritte vielgelesene Erzähler unter den neuen Freunden war der grundgütige Otto Müller, ein Historikus, wie Raabe selbst, berühmt geworden durch seinen anschaulichen Roman über Gottfried August Bürger und nun Spezialist des Theater- und Literaturromans, wie er denn Ekhof, Iffland, Charlotte Ackermann in etwas breiten und rührseligen, aber doch in vielem lebensvollen Geschichten darstellte. Müller steckte voller Anekdoten und Schwänke aus verschollenen Büchern, Blättern und Erinnerungen, und das lockte Raabe ganz besonders. Der andere Müller der Runde, Karl, als Otfried Mylius bekannt, fruchtbar und auf den verschiedensten Gebieten heimisch, teilte mit dem Namensvetter und Raabe das geschichtliche Interesse. Die erste dichterische Vollnatur im Kreise aber war der echtbürtige Schwabe Johann Georg Fischer, dessen unvergeßliches

Lied von der müden Stunde, der dritten Stunde nachmittags, Raabe dankbar an den Scheitelpunkt einer seiner spätesten Erzählungen gerückt hat. Fischer war wie Raabe ein unermüdlicher Beobachter des Volkslebens, des Fuhrmanns im Ausspann, der Menschen auf der Gasse und ein unvergleichlicher Deuter der Atmosphäre, des Zaubers der Tages- und Nachtzeiten. War er darin dem andern Schwaben Hermann Lingg verwandt, so mußten seine Verse Raabe ebenso wie die Linggs anziehen und beide trafen sich zudem in der echten Schillerbegeisterung und in der Begeisterung für den Deutschen Schiller.

Wie in Wolfenbüttel, so suchte und fand Raabe auch hier Verkehr außerhalb des eigentlichen Literatenkreises. Der Gymnasiallehrer Scholl trat ihm nahe; der ausgezeichnete Jurist Karl Schönhardt, zwei Jahre jünger als Raabe selbst, ward einer seiner engsten Freunde, und Raabe hat in treuer Zuneigung den Aufstieg des Freundes bis zum Staatsrat und General-Staatsanwalt begleitet. Freilich war auch dieser Jünger der Themis in dem liederreichsten deutschen Lande der Dichtung nicht fern; er, der Fortbildungsschuldirektor und Realschulprofessor Johann Georg Fischer und der Hofschauspieler Feodor Löwe, auch dieser ein Raabefreund, vereinigten sich sogar zu einem Hefte gemeinsam zusammengetragener Strophen. Den Reigen der Fakultäten zu erweitern, trat der ehemalige Arzt Friedrich Notter hinzu; seine Bulwerübersetzung, gemeinsam mit Gustav Pfizer vollbracht, hatte Raabe schon in Magdeburg in Händen gehabt, zur stuttgarter Zeit begann Notter Dante zu verdeutschen, und er brachte, wie Hartmann, als ehemaliger Abgeordneter, wenn auch nur in seiner württemberger Heimat, eine politische Note in den Kreis. Welch ein Erlebnis war es für sie alle, als im Jahre 1867 Ferdinand Freiligrath, von den Banden des Exils gelöst, heimkehrte und zuerst in dem lieblichen Kannstatt, dann in Stuttgart selbst Wohnung nahm, als Raabe dem Dichter, dessen Werke über seiner Schulzeit gewesen waren, die Hand drücken durfte!

Die Wohnung, Gymnasiumstraße 15, war behaglich, wenn auch die drei Treppen für Raabes Neigung zum Asthma manchmal beschwerlich sein mußten. In wenigen Minuten erreichte man den Königsplatz und den Schloßgarten. Am 17. Juli 1863 beschrie ein erstes Kind, Margarethe, die Wände. Es brachte nur Freude, keine Sorge, denn das bescheidene, aber leidlich stetige Einkommen erlaubte ein schlicht-bürgerliches Leben.

In der Künstlergesellschaft des Bergwerks fanden sich die Freunde wieder und wieder zusammen. Die meisten von ihnen waren zugleich Mitglieder des Literarischen Sonntagskränzchens, das aller zwei Wochen reihum bei den Familien zusammentraf. Zwischen Kaffee, Kuchen und Zigarre wurde vorgelesen, erzählt, beurteilt. Auch der gewandte Theatermann Feodor Wehl gehörte dazu, Ende der sechziger Jahre trat der eben zur Journalistik übergegangene bayrische Artilleriehauptmann Friedrich Karl Schubert bei, und Auerbach saß, wenn er in die Heimat kam, neben Freiligrath und Ludwig Pfau mit am Tisch. Gemeinsame Ausflüge wurden gemacht, von den grünen Höhen auf die Stadt herabgesehen, das Neckartal und der Schwarzwald durchstreift, dann wieder beim Stotz in der Ledergasse und in anderen alten Kneipen eingekehrt. Durch Hartmann kam Raabe zu den Verleger Eduard Hallberger, der in Über Land und Meer einige seiner kleinen Erzählungen abdruckte. Hallberger suchte damals Mitarbeiter für seine neue Zeitschrift und Autoren für seinen Verlag. Eben waren die ersten Zeichnungen Wilhelm Buschs auf den Münchener Bilderbogen bekanntgeworden. Raabe war diese auf Zerstörung auslaufende Kunst im tiefsten unsympathisch, „er war eigentlich ein Marterkasten", hat er einmal von Busch gesagt. Aber er erkannte natürlich die Genialität seines niedersächsischen Landsmanns und empfahl ihn gleich am ersten Abend Hallberger, der auch mit Busch in Verbindung trat und ihn für seinen Verlag gewann. Den Besuch von Konzerten und auch, wenn es Trauerspiele gab, den des abonnierten Theatersitzes überließ Raabe der jungen Frau, die davon reichlich Gebrauch machte, bis ihr einst der Wiederholungen von „Agnes Bernauer" zu viel wurden. Sie hörte auch französische Vorlesungen eines tübinger Professors über improvisierte Redekunst und trug durch wohllautenden Gesang zur Geselligkeit in dem immer größer werdenden Bekanntenkreise bei. Von Weinsberg kam der wunderliche Theobald Kerner, der Hüter eines reichen und seltsamen Erbes, noch bis vor kurzem ein kannstätter Bürger, häufig zu den Vereinigungen der Freunde herüber. „Allemal war es ein Fest", wenn der nach Heyses Wort mit tief verschlossenem Visier durchs Leben gehende, vereinsamte große Erzähler Hermann Kurz von Tübingen in Stuttgart erschien. Einig mit Heyse war Raabe auch in dem Urteil über einen ganz anders gearteten stuttgarter Bekannten, über Heinrich Leuthold, von dem Heyse kurzweg sagte, daß er weder verkannt, noch ein Genie gewesen sei. Raabe war die Begegnung mit dem krankhaften, eiteln, trunksüchtigen, jeder Beherrschung entbehrenden Manne unerfreulich, und er hat den Untergang dieser begabten Natur wohl mit Bedauern, aber ohne innere Teilnahme verfolgt. Um so lebendiger fesselte ihn der merkwürdigste aller damals in Schwaben seßhaften Dichter, der Ostpreuße Friedrich Albert Dulk. Nach unstetem Wanderleben in Ägypten, langer Einsamkeit in einer Höhle des Sinai und einer Sennhütte am Genfer See hatte der nun in Stuttgart eine Heimstatt gefunden; immer beschäftigten ihn weit gespannte dramatische Pläne

— gerade damals beendete er fein großer Züge nicht entbehrendes Spiel Jesus der Christ — immer war er voller religiöfer und sozialer Reformideen. Dulk lebte in Gewissensehe mit drei Frauen, aber es strahlte, wie noch die junge Jsolde Kurz empfand, von ihm und den Seinen eine solche Reinheit aus, daß der gerade in solchen Dingen äußerst peinliche Raabe daran keinen Anstoß nahm. Der „wunderliche, doch auch edelherzige" Mann blieb ihm lange wert.

Der fleißige Herausgeber und Kunstschulprofessor Georg Scherer und der Maler Heinrich Rustige gehörten in den Kreis, und nur mit den beiden größten gebürtigen Schwaben der Zeit kam kein Verhältnis zustande. Eduard Mörike hat Raabe nie gesehen. Während der junge Dichter der Mutter schrieb, er ließe sich tüchtig umtreiben, da die Bewegung immer das beste im täglichen Leben sei, hielt Mörike sich scheu zurück, und Raabe mochte ihn nach den Schilderungen der Freunde nicht aufsuchen; das ruheselige Element (er nannte es wohl einmal grob und deutsch Faulheit) in dem großen Lyriker stieß ihn ab. Friedrich Theodor Vischer aber verschüttete es mit Raabe, als der eben berufene Professor der Ästhetik der jungen Frau Bertha, seiner Tischdame, sein Steckenpferd vorritt und ihr im breitesten Schwäbisch die angebliche Scheußlichkeit ihrer norddeutschen, braunschweigischen Aussprache vorhielt.

Im Jahre 1865 kam Wilhelm Jensen, eben im Beginn seiner schriftstellerischen Laufbahn, nach Stuttgart. Auch er war jung verheiratet, hatte sich aus Wien Marie Brühl, die Tochter eines Universitätsprofessors, ins Haus geholt und wuchs gleich dem sechs Jahre älteren Raabe in Stuttgart fest. Rasch bekannt und bald vertraut, sahen sie sich durch die musikalischen Neigungen der beiden Gesponsen, vor allem aber durch eigenen gemeinsamen Hang zur deutschen Geschichte und durch politische Übereinstimmung noch stärker verknüpft als durch das gleiche Metier. Auch Jensen hing den Zielen des Nationalvereins, der Einigung eines freiheitlich verfaßten Deutschland unter preußischer Führung an, und die Freunde fanden sich dann wohl auch einmal plötzlich auf der Straße zusammen, beide unfreiwillig und handgreiflich aus einer partikularistischen Versammlung entfernt. Wie Freimaurer kamen sie sich oft unter den andersdenkenden Schwaben vor. Leicht machte es ihnen wie ihren Gesinnungsgenossen draußen die preußische Politik ja nicht, Stange zu halten. Es kam wohl vor, daß sie zur Freude eines zugereisten Norddeutschen mitten im Kreise alemannischer Kleinstaatler Preußen als den Hort der Zukunft priesen und dann den Mann aus dem Norden doch wieder tief enttäuschten; denn daheim, nach der Rückkehr vom Stammtisch, hatten sie ihres Jammers über die Politik der preußischen Regierung in der Konfliktszeit kein Hehl, und Raabe durfte, auch aus Jensens Herzen, dem überraschten Gaste ingrimmig lachend sagen: „Ja, lieber Freund, jetzt sind wir in der Familie, da dreht sich der Spieß um und man kann die schmutzige Hauswäsche waschen!" Sie kamen sich dann vor wie Fontanes Alte-Fritz-Grenadiere:

> Wir dürfen frech sein und schimpfen und schwören,
> Weil wir selber mit zugehören . . .

Aber es war ihnen oft eng und bang ums Herz, und sie wagten in den schwülen Entscheidungstagen von 1866 noch nicht zu hoffen. Wohl glaubten sie des preußischen Waffensieges sicher zu sein und waren wie gelähmt, als nach dem 3. Juli fünf Tage lang die Schlacht von Königgrätz in Stuttgart als vernichtende Niederlage Preußens ausgerufen wurde. Dann war der Sieg, der entscheidende Sieg gewiß — aber würde Preußen ihn nützen, würde es Jensens Heimat zu seinen Händen nehmen, würde es, auf die erwiesene Macht gestützt, den innern Konflikt beenden, die äußere Einheit erreichen? Das geschah dann und mit ihren Gesinnungsgenossen, unter Bennigsens Führung, traten Raabe wie Jensen, dieser nunmehr alsbald Herausgeber der Zeitung der Deutschen Partei Württembergs, hinter den Preußischen Ministerpräsidenten. Daß das Königreich Hannover mit seiner ihm verhaßten Dynastie verschwand, empfand Raabe als Gerechtigkeit der Geschichte — sein einziges politisches Gedicht, Königseid, es hatte ja noch im späten Nachgefühl politischen Frevels dem Verfassungsbruch des Cumberländers von 1837 gegolten.

>Er brach den Eid, der König ist verloren!

Jetzt hieß es, die einst im Nationalverein gewonnenen und befestigten Gedanken durch die nächsten Jahre aufrecht hinüberzutragen und bewähren. Oft genug mußte Jensen auf Raabes Bitte nach tief aufwühlendem Gespräch daheim oder auf dem Hasenberge zum Schluß noch eine Ballade sprechen, die Zeitstimmung in zeitlose Dichtung austönen lassen. Und eigene zeitlose Dichtung trug dann Raabe wie auf Schwingen über die Sorge für Weib und Kind mitten in Naturschönheit und Lebensgenuß „unter den Reben, den Freunden und Freundinnen des Neckartals", über politische Kämpfe und Ärger hinweg. Fünf Tage nach dem Abschluß der Leute aus dem Walde wurde die erste Zeile zum Hungerpastor geschrieben, und als der nach Jahresfrist beendet war, folgten kleinere Erzählungen. Dann aber bringt das Jahr 1864 den Beginn der Drei Federn; die zwei Jahre vom Frühling 1865 bis zum nächstfolgenden März nimmt Abu Telfan in Anspruch, der Hallberger zuerst für Über Land und Meer und dann als Buch anvertraut wurde; und noch im Herbst 1867 beginnt das Schaffen am Schüdderump, der im Sommer 1869 fertig wird. Die

Zeit war erfüllt, es klang hell 1870 in die Gegenwart hinein, und Wilhelm Raabe kehrte mit den Seinen in die Heimat zurück. Wohl hatte der politische Zwiespalt seither manche sonst offene Tür verschlossen — dennoch sah der Scheidende mit warm empfundenem Dank auf Freundschaft und Förderung zurück. Er wußte, wieviel ihm diese acht Jahre im Süden gewesen waren, er wußte, warum ihm Georg Scherer zum Abschied Uhlands Worte zurief:

> Nicht rühmen kann ich, nicht verdammen,
> Untröstlich ist's noch allerwärts;
> Doch sah ich manches Auge flammen,
> Und klopfen hört ich manches Herz.

Er fühlte, wie der Freund Johann Georg Fischer in seinem Scheideworte:

> Doch ob sich Liebendes und Liebes trennen,
> Sie haben ja dieselbe Luft gesogen,
> Um allezeit sich wieder zu erkennen;
>
> Und wird ein Hauch denselben Wind erneuen,
> So rauscht des Kornes wie des Meeres Wogen,
> Verwandtes mit Verwandtem zu erfreuen.

Zum letztenmal kam das Kränzchen in der seit 1864 benutzten Wohnung Hermannstraße 11, mitten zwischen Feuersee und Karlshöhe, ganz nahe am Hasenberge, zusammen. Am 2. Juli gab es eine Abschiedsfeier auf der Silberburg. Am 17. stieg das Paar mit der auf den Tag siebenjährigen Grethe und der am 17. Juni 1868 geborenen Elisabeth in den Zug gen Norden. Alles was man ihnen an liebendem Gedenken und herzwarmen Wünschen mitgab, erwiderte Raabe aus voller Seele und rief den Freunden zu:

> Einmal sah er noch vom Wagen
> Auf der Freunde Kreis zurück,
> Und der Glanz von Jahr und Tagen
> Drängte sich in einen Blick.

Aus der Ferne, welch ein Klingen,
Aus der Nähe, welch ein Klang!
Und im Rauschen mächt'ger Schwingen
Wird dem Wandrer fremd und bang.

Horch, ein Rufen von den Hügeln —
Und ein Winken aus dem Tal!
Ziehst du fort auf eignen Flügeln?
Ist's dein Schicksal? deine Wahl?

Sieh, da kommt's von allen Seiten,
Lang vergessen, neu erlebt,
Grüßend im Vorübergleiten,
Licht und Dunkelheit verwebt;

Winterschnee und Blütenbäume,
Lust'ger Weg durch Feld und Hain,
Lebensnot und Dichterträume,
Klug Gespräch beim Lampenschein!

Und die trauten Stimmen sagen:
Weißt du noch? . . . o denke dran!
Alles mußt du mit dir tragen,
Was dich hierher binden kann!

Über deinem Haupte Schwingen;
Aber Blei an deinem Fuß!
Stets in deinen Norden dringen
Wird des Südens warmer Gruß! —

Und vom Wagen in die Runde
Reicht der Freund jetzt still die Hand;
Leuchten wird in ferner Stunde,
Was im Augenblick verschwand!

9. Kapitel

Novellendichtung

Die ersten beiden Novellenbände hatten Raabe in fruchtbarem Aufstieg von der ungleich gegliederten Form zum geschlossenen Ringe gezeigt; sie erwiesen auch seine immer stärker werdende Befreiung von literarischen Vorbildern. Niemals seit den magdeburger Jahren war seine Bildung rein genäschig gewesen, sondern immer hatte er lesend und sammelnd bewußt an sich weitergearbeitet und sich das Fremde zum eignen Besitze gemacht. Mit der künstlerischen Reife erhöhte sich sein Standpunkt gegenüber dem gewonnenen und von einem zähen Gedächtnis treu festgehaltenen Gut. Er wird immer kritischer und anspruchsvoller. Mit beinahe ungerechter Schärfe wendet er sich von Andersen, dem Paten der Weihnachtsgeister, ab und zu dem Märchenerzähler des Rokoko, Karl August Musäus, hinüber; in eine rühmende Besprechung von Auerbachs Deutschem Volkskalender auf 1859 mischen sich am Schlusse doch einige Vorbehalte. Wohl nutzt Raabe Dichter und Dichterwort auch künftighin leitmotivisch aus, wie er die Leute aus dem Walde auf ein eignes Wort ausrichtete, wohl gibt es noch für spätere Werke geschichtliche und literarische Quellen — aber das Verhältnis des Dichters zu ihnen ist wesentlich anders als in den Jugendwerken, sie sind jetzt nur Rohstoff, Sprungbrett für die mit eignem Herrscherrechte schaltende Phantasie.

Dieser höheren inneren Freiheit entspricht, wie der

Zettel dem Einschlag, die unfehlbare Sicherheit äußerer Komposition. Die beiden Bände Halb Mähr, halb mehr und Verworrenes Leben bestanden im Grunde aus lauter Einzelheiten, die in dem ersten Werk durch ein paar Verschen am Anfang, am Ende und in der Mitte notdürftig zusammengehalten waren. Raabe hatte also selbst das Gefühl, er dürfe auch solche, an Umfang schmälere Dichtungen nicht lose bündeln, sondern müsse sie fest ineinander gliedern. Für solche Kunst stand ihm, wie jedem Geschlechte seit der Renaissance, das große Beispiel des Boccaccio zur Verfügung, dessen Technik der Rahmenerzählung immer wieder auflebt; Gottfried Keller war einen verwandten Weg gegangen, indem er seine Seldwyler durch eine Einleitung ausdrücklich als zusammengehörig zu erkennen gab. Raabe erreichte einen ähnlich schlüssigen Aufbau der beiden in den stuttgarter Jahren geschöpften Novellenbände mit noch einfacheren Mitteln. Er sah von der Verbindung durch gemeinsames Rahmenwerk und eröffnende Einführung völlig ab, schaltete aber seine Erzählungen nach innerem Gesetz so nebeneinander, daß statt zweier, zufällig mitsammen gedruckter Novellensammlungen zwei Novellenkreise ans Licht kamen.

In den 1865 erschienenen, seit 1860 entstandenen Fernen Stimmen eröffnet die Schwarze Galeere den Reigen, ein mächtiges, in ganz starken Strichen in Schwarz und Weiß gehaltenes Bild. Alle die Übertreibungen und Übersteigerungen vom Heiligen Born und aus Unseres Herrgotts Kanzlei sind getilgt. Die Düsternis der Sturmnächte auf der flandrischen Schelde vor Antwerpen und der Wechsel von beklemmendem Kriegsdruck und kreischendem Kampfausbruch in den Gassen der Stadt und auf den Planken der Schiffe treten in beschwingter Zeichnung kraftvoll hervor. Aus dem knappen Rahmen schreiten die Gestalten, immer wie von Fackellicht getroffen, so weit heraus, daß wir sie in ihrem Tun und Leiden während der kurzen, schicksalsschweren Vorgänge wohl begreifen: die beiden Seeoffiziere, der bis zur Frivolität und zum Verbrechen leichtsinnige und der von Verliebtheit und dem Vorgefühl nahen Todes verzehrte, ihnen gegenüber der durch die namenlosen Qualen des spanischen Jochs zu loderndem Freiheitsdrang entzündete und dabei von einer leidenschaftlichen Jugendneigung getragene Führer der schwarzen Galeere, des Schiffs der Wassergeusen. Neben den Männern kommt das Mädchen, dessen Zukunft hier mit dem Schicksal der Heere verflochten wird, nicht voll zur Geltung; aber wie wird alles umher, das Meer und der Strom, der Trommelwirbel der spanischen Wache und das heiße Kampfgeschrei der Geusen, das wirre Leben der Tavernen und der Kriegsrat der spanischen Führer, vor allem die belebte Luft und das schwarze Wasser, die grauen Mauern und die Giebelhäuser ringsum mit sicherer Hand in das Erlebnis hineingezogen! Wie ganz von selbst steigert sich das alles in atemraubendem Fortgang, bis aus Siegesjubel, Rachedurst und Freiheitshoffnung immer und immer wieder als Erlösungsschrei, gleich im Sturme wehenden Flaggen, das trutzig ergreifende Vaterlandslied von Wilhelmus von Nassauen über die Schelde ins Land schallt. Eine ganz besondere Feinheit ist das Auftreten eines alten, schlecht belohnten spanischen Hauptmanns am Beginn und am Schluß; in seiner versehrten Seele spiegelt sich die Hoffnungslosigkeit des spanischen Beginnens, der im Kampfe Sterbende erkennt deutlicher als die trotz allem noch auf Sieg rechnenden jüngeren Kameraden das letzte Schicksal des immer neue Menschenopfer schlingenden Krieges.

Unmittelbar hinter dies im Feuerschein lodernde Stück setzte Raabe eine zarte, ganz der Erinnerung geweihte Grabrede jenes Aaron Burckhart, dem er den Stoff zum

Studenten von Wittenberg dankt. Aus der spröden Vorlage schuf er ein ergreifendes Gedächtnismal für den treu festgehaltenen Georg Rollenhagen, durchsetzte es mit dessen eignen Versen und lateinischer Schulweisheit und gab der ernsten Szene unvergeßlich heitern Ausklang durch des Leichenredners Töchterlein. Das hat in seinem Schürzchen Blüten und Grün aller Art zum Grabe getragen und zupft den Vater nun am schwarzen Chorrock. Er, der eben noch regungslos in schmerzlichen Gedanken stand, hebt das blondgelockte Kind auf den Arm und sagt: „Schütt aus dein Schürzlein — gib ihm deine Blumen, denn er hat uns auch manche Blüte vom Lebensbaum gebrochen und sie uns dargeboten in güldener Schale." So wird das Dichtergrab von Kinderhand mit bunten, duftenden Frühlingskindern bedeckt.

Die dritte Erzählung, Das letzte Recht, ist ebenso sicher vorgetragen wie die erste, aber bei weitem nicht so stark innerlich belebt. Auch hier ruft eine ferne Stimme aus verschütteter Vergangenheit; altes Anrecht des Scharfrichters auf alles, was sein Schwert im Kreise um einen Selbstmörder umzirkt, wird symbolisch zu dem letzten Recht, das jedem Menschen und jedem Dinge in dieser Welt einmal gegeben wird, erhöht. Aber das alte Schwertrecht ist schlecht Recht und der Erwerb dauert nicht. Die gewonnene Burg begräbt den Gewinner samt den Schätzen, und nun tönt durch die wirre Welt, durch das verworrene Leben das Lied der rührenden Mädchengestalt dieser Erzählung:

> Tritt vor aus deiner Kammer
> Und trage deinen Schmerz.
> Trage des Weltlaufs Jammer
> Der Ewigkeit ans Herz.
>
> Das Ewige ist stille,
> Laut die Vergänglichkeit;
> Schweigend geht Gottes Wille
> Über den Erdenstreit.

Lange hallt es nach:

> Wenn hinter dir versunken,
> Was Ohr und Auge bannt,
> Dann hält die Seele trunken
> Das Firmament umspannt.

Die letzte Stimme aber aus der Vergangenheit klingt näher her, ihr Schall ist nicht durch Jahrhunderte übertönt, er wirkt noch lebendig als eine mitschwingende Lebensmacht im Herzen des Erzählers — und stammt doch in Wahrheit aus noch viel weiterer Ferne. Mit feinster künstlerischer Berechnung hat Raabe an das Ende der Fernen Stimmen die Holunderblüte gesetzt; sie ist nicht nur das Gegenstück zu dem von wilden Vorgängen belebten Letzten Recht, sondern auch, in gerechter Verteilung des Schwergewichts, zu dem die Sammlung einleitenden, dramatisch gespannten Begebnis der Schwarzen Galeere. Ein alternder Arzt, durch den Tod eines schönen, lebensvollen jungen Mädchens mehr als sonst auf seinen Berufswegen vom Schauer der Vergänglichkeit berührt, einen Holunderkranz der Toten vor Augen, erzählt eine Erinnerung „aus dem Hause des Lebens". Wieder wird eine eigne Dichtung Raabes zum Leitmotiv:

> Des Menschen Hand ist eine Kinderhand,
> Sein Herz ein Kinderherz im heft'gen Trachten.
> Greif zu und halt! ... Da liegt der bunte Tand;
> Und klagen müssen nun, die eben lachten.

Als Student ist der Arzt, wie Raabe, in Prag gewesen, hat, wie er, den berühmten alten Judenfriedhof gesucht und ist von einer kaum erwachsenen, reizvoll knospenden Jüdin zum Beguinenhause geführt worden; dann hat er selbst zu dem feuchtmodrigen Orte gefunden, der so viele „arg geplagte, gemißhandelte, verachtete, angstgeschlagene Generationen lebendiger Wesen verschlungen hat" und den jüdische Frömmigkeit doch das Haus des Lebens nennt.

Hier, während ihn der Zauber des Ortes umfängt, trifft er in den Zweigen eines Holunderbuschs Jemima, die junge Führerin, wieder, und dem reichen, bis dahin unbesorgten, lebensgierigen Studenten erwächst aus dem immer wiederholten Zusammensein mit ihr zu Beth-Chaim neben dem Steingrabe des hohen Rabbi Löw ein die ganze Seele füllendes Erlebnis. Jemima erzählt ihm einmal von der Letzten, die hier beerdigt ward und der das Herz um einen Christen gesprungen sein soll, wie Jemima ihr Herz in der Brust angstvoll zuckend dem Tode zuspringen fühlt. „Gedenke der Holunderblüte", ruft sie ihm an diesem Tage zu und entschwindet. Der uralte Friedhofspförtner aber, Jemimas um viele Geschlechtsreihen älterer, noch in den Mauern des Ghettos erwachsener und reif gewordener Vetter, heißt den jungen Menschen Prag verlassen. Alles in ihm wehrt sich, und doch geht er, flieht aus der Sturmnacht über Kirchhof und Stadt, wie nur in halber Bewußtheit, hinweg bis nach Berlin, verbringt den Winter, immer noch im Halbdämmer, zum erstenmal bei ernstem Studium, und als er im Frühling erwacht, in einem Vergnügungsgarten vor dem Schönhauser Tor, da deutet der Dichter seinen Zustand mit dem genialen Wort: „Als ich mich schreckhaft emporgerichtet hatte, sah ich, daß niemand da war." Er reist, reist der Holunderblüte nach gen Prag. Totenstill ist es in der Judenstadt, totenstill im Hause des Lebens, die Fliederbüsche prangen in Blüte, Jemima ist tot, ist mit Segen für ihn auf den Lippen gestorben, und er, für das ganze Leben überschattet, fühlt eine Mitschuld an ihrem Tode; immerdar bleibt ihm die Holunderblüte die Blume des Todes und des Gerichts.

Zum zweitenmal hatte Raabe, und diesmal viel tiefer und bezeichnender als im Frühling, dichterisch an jüdisches Schicksal gerührt und Wege eingeschlagen, die vor und neben ihm Hebbel und Grillparzer, Annette von Droste und Ferdinand von Saar, Otto Ludwig und Karl Gutzkow gingen. Uralte Schicksalsmacht hatte er beschworen, auf den Weg weltgeschichtlichen Leidens gedeutet und die ganze Romantik jüdischer Vorzeit, die nirgends in Mittel-Europa schwermütiger spricht als in Prag, aus eignem Nacherleben gestaltet. Neben dem weisen, menschenkundigen Friedhofswärter, der es mit Jemima so gut meint, wie mit dem jungen deutschen Studenten, hatte er in dem Schicksal jener zuletzt Bestatteten auch Härte und Stolz jüdischer Volkheit und in Jemimas Vater den Schachergeist der Ghettoniederung gezeichnet. Die Hauptgestalt und das eigentliche Motiv gibt doch Jemima selbst, die sich dem Erzähler für immer mit der Holunderblüte verknüpft, ein Geschöpf zwischen Kindheit und Weibtum, zwischen Leben und Tod, mit krankem Herzen und darum mit immer nur scheu geäußerter, nie laut bekannter, innerlich verblutender und den jungen Menschen neben ihr tief bannender Liebe. Wunderbar, wie das alte Prag als Hintergrund mit hineingezeichnet ist! Am wunderbarsten doch die unentrinnbare Stimmungsgewalt dieser Meisternovelle. Der Erzähler steht dem Grabe näher als der eignen Jugend, aber indem er sich noch einmal Bericht und Rechenschaft gibt, zieht es ihn unausweichlich wieder in denselben Fluß. Kein Alter, das sich objektiviert, sondern ein menschliches Herz, das im Wiedererleben der eignen Geschichte alle Süßigkeit und allen Jammer noch einmal spürt und über allen äußeren Erfolg hin immer noch vom einstigen Gewinn und Verlust zehrt unter der Holunderblüte im Hause des Lebens.

Die zweite, bei weitem umfangreichere stuttgarter Novellensammlung, der zwischen 1863 und 1866 entstandene, als Buch 1869 gedruckte Regenbogen vereinigt, seiner Aufschrift gemäß, sieben Erzählungen. Wieder stehn schwere geschichtliche Erlebnisse am Anfang. Die Hämelschen Kinder, in der wüsten und unbeherrschten Zeit des Interregnums zu Lust und Tanz ausgezogen, büßen übermütigen Taumel durch blutigen Tod im feindlichen Hinterhalt. Sehr fein wird die blutige Katastrophe vorbereitet, indem der wendische Pfeifer vordem schon einmal in heißem Rachegefühl für erlittenen Schimpf beim Maienfest wahnsinnige Lust in das toll gewordene Volk bringt und die stolzen Bürgersöhne und Töchter tief beschämt. Die hundertfach erzählte Sage vom Rattenfänger von Hameln hat Raabe hier tief ausgedeutet, das Märchenhafte in geschichtliche Einstellung entrückt, sie psychologisch fest unterbaut und überall vermenschlicht.

In viel ruhigerem Zeitmaß trägt Raabe eine zweite Geschichte vor, das Los der zarten Else von der Tanne zu Walrode im Elend. Wir stehn mitten im Dreißigjährigen Kriege. Ein verarmter und beraubter magdeburgischer Gelehrter hat sich mit Else, dem einzigen Kind, in dem armen Dorf des Pfarrers Friedemann Leutenbacher ein Holzhaus gebaut, und lebt dort seinen Studien. Die verschüchterten, durch die namenlose Not der langen Kriegsjahre in Aberglauben und Hexenangst gescheuchten Dörfler aber halten den Fremden für einen Zauberer, die Tochter, der das Herz des jungen Pfarrers gehört, für eine Hexe. Als sie vom ersten Abendmahl aus der Kirche zurückkehrt, trifft sie ein geschleuderter Stein. Von Johannis bis Weihnachten siecht sie dahin, dann geht sie in Frieden heim. An der Welt ist sie gestorben, sie, die in das freudenleere Sein Friedemann Leutenbachers die erste Gewißheit eines reineren, helleren, blühenden Lebens gebracht hatte. Das ihr zugelaufene Reh hat sie gezähmt, die Wut verstörter Menschen hat sie nicht dämpfen können; aber sie stirbt in dem Bewußtsein, daß die Liebe Gottes über allem ist, und der Toten noch gelingt es, dem Prediger, der im tiefen Schnee des Rückwegs von ihrer Leiche zusammensinkt, den Tod zur Befreiung zu machen; „die Pforte war aufgerissen", seine Seele in die ewige Ruhe zu führen.

Die dritte Farbe des Regenbogens nimmt ihren wunderlichen Schimmer aus der krausen, durch eigne wunderliche Erlebnisse geweckten Laune ihres Malers. Die Geschichte von den keltischen Knochen, der Erinnerung an Hallstadt abgelauscht, ist ein überlegenes Spiel absichtlich übertreibenden Witzes, und nicht umsonst wird hier der wiener Prater mit zum Gevatter des Schwanks von den beiden Tröpfen geladen, die bei den Ausgrabungen aus der Urzeit Knochen und Bronzen stehlen wollen. Die Mittel- und Mittlergestalt zwischen beiden, ein Auch-Dichter, dient als eine Art Chorus der übermütigen Erzählung. Der wirkliche Dichter trägt die Erlebnisse als Ich-Erzähler vor und hat sich in dem „Dichter" sehr geschickt eine Ableitung geschaffen. Er selbst kann sich als vergnügter Beobachter, der freilich fälschlich der Mitschuld geziehen wird, im Hintergrunde halten und durch den andern das Übrige besorgen lassen.

Unmittelbar hinter diese, in durchweichendem Strichregen spielende Geschichte setzt Raabe die historische Erzählung Sankt Thomas mit ihrer sengenden Sonne. Auf der westindischen Insel brütet das heiße Gestirn und rast die Madorka, die Pest, rast der Krieg zwischen Spaniern und Holländern; mitten in diesem Kampfe geht das Liebespaar, die Nichte des spanischen Statthalters und der Neffe des holländischen Admirals, zugrunde. Mit derselben Eindringlichkeit, womit in Else von der Tanne die deutsche Winterstimmung von Elendsdorf und verschneitem Kahlwald gezeichnet ist, hat Raabe hier die gleißende Glut der Tropen aufgefangen und sie als schicksalbestimmende Macht mit verwendet.

Dann aber kommt eine Novelle, die man, ohne sie herabzusetzen, ebensogut ein Kunststück wie ein Kunstwerk nennen kann, Die Gänse von Bützow. Hier lehrt der Vergleich mit der von Wilhelm Brandes aufgefundenen Quelle, einer Sammlung merkwürdiger Rechtssprüche der Hallischen Juristen-Fakultät aus dem Jahre 1796, wie frei Raabe jetzt seinem Vorwurf gegenübersteht. Aus dem trocknen Gutachten über einen in dem mecklenburgischen Städtchen entstandenen Aufruhr gestaltet er ein barockes Pandämonium. Das kleine Seitenstück zur Französischen Revolution spielt sich um 1794 ab und wurzelt in dem Verbot der hohen Obrigkeit, die Gänse auch künftig auf den Straßen frei umherlaufen zu lassen. Dieser Eingriff in althergebrachte Gerechtsame führt zu einem völligen Aufstand, die Heeresmacht aus Schwerin muß schließlich eingreifen, und die Liebesgeschicke der beiden eigentlichen Aufrührer enden gerade dadurch sehr gegen ihren Wunsch, denn das Zweierlei Tuch siegt, der einquartierte Leutnant führt die von den beiden andern umworbene Braut heim.

Das alles erzählt nun aber Raabe nicht selbst, sondern er läßt es durch den quieszierten Rektor J. W. Eyring vortragen, einen Mann, nicht nur beschlagen in den antiken Schriftstellern, deren Zitate er zum Teil aus dem Urtext belegt, sondern auch in der französischen, englischen und nicht zuletzt der deutschen Literatur seiner Zeit ganz daheim, immer voll von Vergleichen und Anspielungen, ein amüsierter und amüsanter Beobachter, dessen reinste Freude manchmal die Schadenfreude ist, ein Geschichtsschreiber seiner Stadt aus eignem Recht und mit eignem Stil; das Charakterbild, wie es sich aus dieser Erzählung entwickelt, überhöht alle die deutschen Kleinstädter um ihn herum, und so erhält das bunte Bild einen festen, von ihm nicht abtrennbaren, in eigne Farben getauchten Rahmen.

Der drastische Humor der Novelle gewinnt durch die hochgelahrte Färbung des Ganzen eine völlig glaubhafte geschichtliche Einstellung; überdies trägt sie in der Darstellung des Volkslebens einen ausgesprochen niederdeutschen Zug. Allerdings wird gerade an dieser Raabischen Erzählung nur der klassisch gebildete Leser die volle Freude haben.

Wie ganz anders auch Raabes Humor spielen kann, zeigt dann, und sicher wieder in bewußter Gegenstellung, die Geschichte Gedelöcke, die er aus einem beim Trödler erworbenen Heftchen des achtzehnten Jahrhunderts schöpfte. Dieser als Alchymist geltende Kurator und Freund Ludwig Holbergs Jens Pedersen Gedelöcke kommt zum Sterben, und er, der als zum Judentum neigender Freigeist verschrien ist, spielt dabei seiner Ehefrau und dem Geistlichen den letzten Streich. Als Gedelöcke mit dem Gefühl „als ob ihm ein eiskalter Teller auf den Magen gedrücket werde" abgeschieden ist, läßt er seinen Leichnam durch drei Freunde entführen, und die bestatten den Unbußfertigen auf dem Garnisonkirchhof. Aber ihm ist keine Ruhe beschert, nach höherem Befehl wird er auf dem Judenfriedhof, und, als auch die Juden die Leiche nicht behalten wollen, schließlich auf freiem Felde eingescharrt. Der Humor von dieser Geschichte ist, daß dieser Gedelöcke, freilich nicht in einem hohen Sinne, frei durchgeht und noch über den Tod hinaus denen, die ihn in seiner borstigen Selbständigkeit bedrängt und geärgert haben, Schabernack auf Schabernack spielt. Was mit seinem Leichnam wird, ist ihm im Grunde gleich, und indem er auf das freie Feld in ungeweihte Erde kommt, hat er schließlich wieder einmal sein Stück durchgesetzt.

Die tiefste Schwermut und das hellste Licht, gelehrter Schalksinn und in wirrer Zeit geborene Verzweiflung, Spuren großer Geschichte und Spritzer ihrer Verengung in kleiner Welt, Tropensonne und nordischer Schnee, Übermut und todbereite Liebe, das alles war im Spektrum des Regenbogens aufgefangen worden. An den Schluß setzt Raabe ein Werk, randvoll vom Nachhall immer noch nicht verebbter Schmerzen, ein Seitenstück zu der die Fernen Stimmen krönenden Holunderblüte. Auch die Novelle Im Siegeskranze wird von einem alten Menschen erzählt, die Großmutter berichtet sie der Enkelin etwa in dem Tone, wie bei Chamisso in Frauenliebe und Leben die Großmutter der Großtochter von vergangenem Glück und vergangenen Schmerzen sagt. Sie spricht von der jahrelangen Verstörung ihrer Schwester. Die war mit einem Marwitzschen Reiteroffizier verlobt, der wie Schill tat und wie Schills Gefährten endete. Sie hat einem deutschen Schuft in französischer Uniform seinen Verrat herrlich und schrecklich zugleich ins Gesicht geschrien, dann aber, nach der Erschießung des Geliebten, ist sie verwirrten Sinnes geblieben. Und nur einmal, eben vor ihrem Tode, als die Sieger von 1813 zurückkehrten, ist es Licht in ihr geworden. In den Ton des eignen schweren Erlebnisses, das die Greisin wiedergibt, mischt sich dabei der Nachklang aus den schweren Schicksalstagen der Nation.

Raabe hatte mit den geschichtlichen Erzählungen dieses Bandes wieder gezeigt, wie tief er nun in den Sinn aller Geschichte eingedrungen war; Paul Heyse erkannte, daß ihm die „künstlichen, auf die Masse berechneten Effekte fehlen, die sentimentalen oder tendenziösen Schlaglichter und die großen Namen der landläufigen geschichtsfälschenden ‚historischen Romane'". Aber Raabe hatte auch über dieses Eine hinaus in der Novelle und in dem, was der Engländer so bezeichnend die kurze Geschichte nennt, die Meisterschaft errungen. Zwei Bücher, wie die Fernen Stimmen und das reicher gegliederte und noch sinnvoller zusammengeschlossene Werk vom Regenbogen waren dafür vollgültiges Zeugnis. Man kann diesem letzten aus unserer ganzen neueren Dichtung nur weniges zur Seite stellen. Heyses Buch der Freundschaft und seine Troubadournovellen sind doch absichtlich mehr auf einen Ton oder ein Motiv gestimmt, und das gleiche gilt von Saars Schicksalen. Rudolf Lindau hat in seinen Reisegefährten einmal ähnlich eine Kette in der Führung verschiedener, untereinander gleich meisterlicher Geschichten zusammengeschmiedet, aber auch die waren auf ein engeres Gebiet und verwandte Innenstimmung beschränkt. Der Regenbogen steht selbst neben solchen großen Seitenstücken, auch neben Marie von Ebner-Eschenbachs landschaftlich eingegrenzten Dorf- und Schloßgeschichten, in seiner den Dichter von allen Seiten zeigenden, so viele Schicksale und Tonarten umgreifenden Bedeutung für sich allein. Was in den wolfenbüttler Novellen Ansatz war, hatte sich hier voll entfaltet.

> Allein wie herrlich, diesem Sturm ersprießend,
> Wölbt sich des bunten Bogens Wechseldauer,
> Bald rein gezeichnet, bald in Luft zerfließend,
> Umher verbreitend duftig kühle Schauer.
> Der spiegelt ab das menschliche Bestreben.
> Ihm sinne nach, und du begreifst genauer:
> Am farbigen Abglanz haben wir das Leben.

Jetzt kam es darauf an, auch im Roman über die hohe Stufe der Leute aus dem Walde hinaus mit gleicher Stimmungsgewalt und Menschenkunde die volle Meisterschaft zu erklimmen.

10. Kapitel

Meisterschaft

Bei den Leuten aus dem Walde lag der Endpunkt wesentlich höher als der Ausgangspunkt; sie waren Raabes erster großer Roman aus der Gegenwart und er hatte sie bewußt zum Weltbilde ausgestaltet. Man erkennt diese neue Einstellung gegenüber den überall noch tastenden, gleichgerichteten Versuchen im Frühling sehr deutlich durch zwei Vergleiche. Im Frühling steht Raabe sichtlich ganz inmitten des Volks der kleinen Gasse, innerhalb dessen die Geschichte beginnt, und so fremd wie Klärchen Albeck selbst fühlt er sich in dem Raum und der Umwelt des Ministers; so wenig wie dieser in runder Charakteristik heraustritt, so wenig wird seine Lebenssphäre deutlich. In den Leuten aus dem Walde ist das alles ganz anders. Hier gehn wir nicht, wie selbst in der Chronik, immer nur gastweise in andere Häuser, um wieder in das Zimmer der Sperlingsgasse zurückzukehren, sondern wir werden auf einer Fülle von Schauplätzen gleichmäßig heimisch, und Raabe führt uns ebenso sicher durch die Polizeischreibstube und den Salon des Bankiers, wie in die Werkstatt des Tischlers und das Empfangszimmer der Künstlerin. Aber noch ein zweites verschärft den Gegensatz: der Versuch, neben deutscher auch italienische Umwelt zu erfassen war im Frühling nicht geglückt, die römischen Vorgänge wirken erlesen und nicht erlebt. In den Leuten aus dem Walde aber sind auch die amerikanischen Begebnisse im Goldgräberbereich, auf dem Stromdampfer, in der Groß-

Gesteigerter Realismus

stadt, in der Prärie, in der neuen Zeltstadt mit lebendiger Eindringlichkeit gezeichnet. Der neue realistische Stil war nun auch für den Roman gewonnen. Dazu gehörte die bewußte Zurückdrängung romantischer Schweifereien und tendenziöser Einflechtungen; sie waren im weiteren Aufstieg immer mehr eingeengt worden. Schärfe der Beobachtung, Treue bis ins Kleine, Fülle des Lebens und der Anschauung traten gebietend hervor. Dabei war freilich diese Schreibart realistisch und nicht naturalistisch; Lebenstreue, nicht Lebensabschrift war Raabes Ziel wie das vieler seiner Zeitgenossen — wieder ist an Otto Ludwig und Gustav Freytag zu erinnern. Beide vermieden gleich Raabe häufig eine allzu genaue Verörtlichung und bedienten sich der Mundart so wenig wie er. Diese schlägt bei Raabe überhaupt nur an wenigen Stellen seines ganzen Lebenswerks durch (am kräftigsten zweimal bei Schilderungen, die nicht seiner engeren Heimat gelten), der Akzent aber bleibt norddeutsch-niedersächsisch. Der Vergleich mit Freytag zeigt neben der Verwandtschaft zugleich einen wesentlichen Unterschied. Daß der um fünfzehn Jahre ältere Freytag schon runder und reifer schuf, als Raabe erst begann, ist selbstverständlich; die Abweichungen liegen in der Ausbildung ihres realistischen Stils. Beide streben zur Fülle des Lebens, und beide sind in gewissem Sinne bürgerlich gebundene Naturen; beide sind durchaus Humoristen und beide durchaus deutsch und ganz und gar von nationaler Mitempfindung bewegt — ich habe darüber schon vorher gesprochen. Aber der Realismus Gustav Freytags ist doch vielfach äußerlich. Auch Raabe spielt gelegentlich nur — wir sehen das in der Schilderung der Wienandschen Gesellschaft oder im Tagebuch des Fräuleins Aurelie Pogge der Leute aus dem Walde. Indessen: Raabe tut das nur so lange, wie es sich nicht um große Dinge und wirkliche Entscheidungen handelt, im Grunde nur da, wo er — und das geschieht in allen seinen Jugendwerken oft — persönlich mitspricht. Gustav Freytag spielt auch sonst gern, und es ist nicht zu leugnen, daß dieser Zug gerade Soll und Haben einen Reiz mehr gibt; aber freilich: durch dies bewußte Spielen verschließt sich dieser Dichter, der der Macht der Phantasie ungern starken Einfluß gewährte, die letzten Tiefen, er läßt uns nicht zu ihnen hinuntersteigen. Wir wissen, daß es Gustav Freytag um seine Menschen und seine Vorwürfe ernst ist; aber er bleibt uns manchmal dadurch etwas schuldig, daß seine Laune auch da noch den Gestalten ein Zöpfchen oder ein Schwänzchen anhängt, wo wir nur gesammelten Ernst zu finden erwarten. Und wir fühlen dann, daß dieser Scherz einen inneren Mangel verdeckt — daß der letzte Schritt in die Tiefe nicht gewagt wird, weil die letzte dichterische Kraft fehlt. Schon der Realismus der Leute aus dem Walde ist ein gut Stück innerlicher als der Freytags, und wenn wir nun zum Vergleich mit dem größten Vorrealisten, Gotthelf, und mit Otto Ludwig kommen, so müssen wir sagen: Gotthelfs Stil und Art sind bei weitem naturalistischer, sowohl in der mundartlichen Färbung wie in der wahllosen Abschilderung, die nichts auslassen will. Die Tendenz wird stark und gelegentlich auch unkünstlerisch betont. Der Mann Gotthelf ist mächtiger als der junge Raabe, packt uns viel härter an; aber der Künstler Raabe gelangt schon auf dieser Stufe seiner Entwicklung zu feinerer Abwandlung, zu höherer Aussicht. Und Otto Ludwig gegenüber erscheint Raabe nicht treuer in der Lebensdarstellung — darin sind die beiden sich völlig gleich —, jedoch freier in der Fassung des Lebensbildes, das bei Otto Ludwig in einer gewissen Knappheit umgrenzt bleibt, durch die alles Weitere und Breitere mit der Abkürzung des Dramatikers bewußt ausgeschlossen wird.

Nun ist Abkürzung, Weglassen ja nicht nur für den Dramatiker notwendig, ein Ästhetiker hat kurzab einmal gesagt: „Stil ist Weglassen des Überflüssigen." Das mag zu weit gehn. Aber ich setze dafür: Weglassen des Überflüssigen ist der unerläßliche Weg zum Stil. Wir sahen, wie auch in den Leuten aus dem Walde bei Raabe noch viel im künstlerischen Sinn Überflüssiges steckte, wie sich das erst allmählich im Laufe der Dichtung selbst änderte; und wenn wir nun die 1865 beendeten Drei Federn aufschlagen, so erkennen wir wie mit einem Schlage: wir sind mit dem Dichter auf ganz neuen Boden getreten, er hat die Meisterschaft erreicht, er hat seinen großen Stil gefunden. Nichts mehr von der gelegentlichen Läßlichkeit der früheren Werke, kein Hineinsprechen des Erzählers.

Die Handlung ist um vieles einfacher als die aller früheren raabischen Romandichtungen; es fehlt jede falsch romanhafte Verwicklung, es fehlt jedes Abgleiten zu breiten Schilderungen; es ist alles auf den engsten Punkt zusammengezogen oder, wie man wohl besser sagt, ins Enge gebracht und dabei die verschiedene Art der drei das Buch schreibenden Federn von innen her vortrefflich charakterisiert.

Wie schon manches vordem, beginnt auch dies Buch mit drei Kindern dreier Häuser, die in einer Gasse zusammen aufwachsen; das Mädchen nimmt nicht den tatkräftigen, sondern den träumerischen der beiden Jungen zum Manne und legt, da sie früh stirbt, den eben gebornen Sohn und den hilflos zurückbleibenden Gatten dem andern Jugendgefährten ans Herz. Der versucht eine gefährliche und gewaltsame Erziehung: durch Härte, Nüchternheit und Bitterkeit will der Notar August Hahnenberg seinen Patensohn August Sonntag zu einem lebensfähigeren Menschen heranbilden, als Vater Sonntag einer gewesen ist. Der Junge macht sich frei, als ein blinder Musiker Einfluß auf ihn gewinnt, und er kommt erst durch seine junge Frau zu dem Paten zurück. Und das geht so zu: neben diesem, der kein höheres Ziel hat als innere und äußere Unabhängigkeit von Menschen, der nichts an sich herankommen lassen will, steht seine Ergänzung, der Agent Pinnemann. Er hat ähnliche Grundsätze, aber ohne jede Herbheit; er will auch nur für sich, aber für seinen Genuß leben; sein Ehrgeiz und Wunsch sind es, nicht nur, wie Hahnenberg, die Menschen zu übersehen, sondern sie für sein Vergnügen und seinen Gewinn auszunutzen; ihm dient alles in der Welt nur zum Grinsen und zum Spott; sein einziger Grundsatz ist der, keinen zu haben. Er könnte der gefährlichste Lehrmeister für August Sonntag werden, wenn nicht Hahnenbergs Vertrauen zu dem Kern von des Jungen Natur berechtigt wäre, und wenn nicht eben der blinde Friedrich Winkler im rechten Augenblick einträte. Pinnemann verschwindet eines schönen Tages mit Winklers leichtsinniger Schwester und einem Teil des Hahnenbergschen Vermögens. August Sonntag jagt ihm nach, bringt aber nur die Schwester zurück, und während er fort ist, geht die tapfere junge Frau zu Hahnenberg und sagt ihm einmal Bescheid. Jeder hat von seinem Punkte her recht gehabt; denn August Sonntag hätte das Leben nicht bezwungen, wenn nicht zu dem Erbteil väterlicher Weichheit und Liebesfähigkeit der Zuschuß Hahnenbergscher Härte und Verschlossenheit gekommen wäre — aber Sonntag wäre in die düstere Absonderung, die eisige Fremdheit des Paten versunken, wenn nicht der Blinde, dessen Rolle ganz ähnlich der der blinden Eugenie im Frühling ist, als Dritter hinzugetreten wäre, wenn nicht die sonnige Natur der jungen Frau den besten Gewinn seines Lebens bildete. Und so kommt es zum Schluß nicht zu einer gartenlaubenhaften Versöhnung, sondern die Naturen bekennen sich, daß sie sich oft mißverstanden, daß sie sich im entscheidenden Augenblick doch wiedergefunden haben. Jeder macht Abstriche an der eignen Einseitigkeit, und so ergibt das Miteinander wieder einen vollen Dreiklang menschlichen Lebens, das die Untertöne kennt, ohne die dieses Sein nichts wert ist, während dem Pinnemann und seinesgleichen nur die alles dreist überschreienden Gassenhauerlaute der Alltäglichkeit vertraut sind.

Jeder erzählt selbst: Hahnenberg in einem knappen Stil, der um jedes Wort mit sich handelt, in der Art eines Mannes, der das Leben ganz überwunden zu haben glaubt; Mathilde Sonntag, geborene Frühling, etwas plauderhaft, liebenswürdig, douce, mais sauvage, wie der Wappenspruch ihres Fingerhuts lautet, gelegentlich recht aufgebracht und ungerecht, aber nie boshaft und immer geradezu; August Sonntag endlich mit jener reizvollen Gebärde deutsch-idealistischen Gelehrtentums, das unter Umständen in einem Ballsaal seine Tänzerin und sich auf den Boden setzt, aber niemals versagt, wenn es wirklich darauf ankommt, das schließlich frei durchgeht und ohne Überheblichkeit, wenn auch vielleicht nicht immer in der besten äußern Form, den Sieg gewinnt.

Das ganze Buch enthält nur eine, auf den ersten Blick vielleicht unnötig erscheinende Einflechtung: die Schilderung der Elbfahrt August Sonntags hinter dem entflohenen Pinnemann und Winklers Schwester her, ein kleines Meisterstück für sich. Da hat August einen freundlichen Reisegefährten gefunden, der sich ihm in Hamburg als Kriminalinspektor zu erkennen gibt und ihm am andern Morgen bei der Dampferfahrt elbabwärts die Honneurs der Gegend macht.

„Sehen Sie, das nennt man Altona, welches über dem Tor mein Lebensmotto hat: Nobis bene, nemini male. Interessant! was? — da oben, das ist Rainvilles Gartenrestauration — dahinter liegt Klopstock begraben — wissen

Sie, schauerliche Erinnerungen: Zu Ottensen an der Mauer, grauser Davoust, Friedrich Rückert — Väter, Mütter, Kinder, Onkel, Tanten, Schwestern und Brüder — ein einzig Grab — Achtzehnhundertunddreizehn; ich bitte Sie, was für Geld diese hamburger Kaufleute haben müssen! Sehen Sie diese Villen, diese Gärten! Und hier haben Sie die Idylle, beachten Sie diese lieblichen kleinen Häuschen am Strom, vor jedem ein Boot, lauter alte, abgetakelte Schiffskapitäne. — Das liebt das Wasser, aber nicht im Rum — brr, 's ist doch ziemlich kalt; was sagen Sie zu einem Kognak in der Kajüte, hm? Vor Blankenese kommen wir wieder auf Deck.

In ähnlicher Weise ging das den ganzen Wasserweg weiter. Inspektor Taube wußte alles, kannte alles und kommentierte alles. Er kommentierte mir Stade und Glückstadt, die hannoversche und die preußische Politik in betreff Schleswig-Holsteins, und summte dazu: Schleswig-Holstein, meerumschlungen, dem dänischen Kriegsschiff mit dem Dannebrog vor Glückstadt unter die Nase. Er kommentierte auch die Poesie des großen Stromes, welcher zum Meere wird, die aufschnellenden Tummler, die Seevögel, den Wind, und bei Sankt Margarethen den an Bord steigenden Lotsen, der ebenfalls ein alter guter Bekannter von ihm zu sein schien."

Aber diese scheinbare Abschweifung ist nur ein ungemein feiner künstlerischer Zug. Raabe muß in seinem Stil bleiben und gestattet sich diesmal gar keine Überflüssigkeiten, keine bloßen Gefühlsschilderungen, sondern läßt alles aus dem knappen, persönlichen Bekenntnis der Schreiber herauswachsen. In zitternder Spannung, mit bebender Seele ist August Sonntag abgereist, während die Frau, ein Kind unter dem Herzen, in gleicher Unruhe zurückbleibt. Und wir wissen alle, daß, wenn solche Erregung lange angespannt wird, wir für hundert kleine

Nach einem Gemälde (1892) von Prof. Hanns Fechner
Im Besitze der Familie Raabe
Aus dem Corpus imaginum der Photogr. Gesellschaft, Charlottenburg

Verlag Ernst Hofmann & Co., Darmstadt

Eindrücke auf unsern mitschwingenden Nervenbau doppelt empfänglich sind — das Kleinste prägt sich gerade in solchen Stunden äußerst scharf ein, und es gibt gar kein besseres Mittel, uns die fieberhafte Ruhelosigkeit Augusts darzustellen, als die genaue Schilderung seiner Fahrt mit Taube, dem Kriminalinspektor, auf der August der stumme Zuhörer des scheinbar ganz harmlos schwatzenden Beamten ist. Im Augenblick hat er ihn vielleicht verwünscht, aber behalten hat er alles, was jener gesagt hat. Um nicht den ganzen Menschen zu sprengen, bedurfte der innere Aufruhr dieser ungewollten Ablenkung auf Gleichgültiges.

Sei stark, kühn, gewandt und mitleidlos — die alte Chirurgenregel hat sich Hahnenberg auf einen reinen Bogen geschrieben, als ihm das Kind der verstorbenen Jugendgeliebten zur Miterziehung anvertraut ward. Das Leben erschien ihm als das Tuch, „voll reiner und unreiner Tiere, welches dem fastenden, hungernden Apostel vom Himmel herabschwebte, und ich vernahm dieselbe Stimme, welche zu Peter, dem Menschenfischer, auf dem Dache zu Joppe sprach: Schlachte und iß!" Wenn Hahnenbergs Lehre den Sieg gewönne, so wären die Drei Federn ein Buch des schärfsten Pessimismus; aber nicht die Anschauung des verbitternden Hagestolzen und nicht Pinnemann, seine lebensechte Karikatur, der Epikuräer vom Hinterhaus, siegen, sondern Mathilde Sonntag überwindet den Paten; und wie der im Traum die Philosophie des „Ich bin ich" für eine Narrheit erklärt hat, so legt er die Feder aus der Hand, nicht als ein behaglicher Großpapa, sondern als der Mann, der zum Schluß in das lichtleere Gemach des Blinden eingetreten ist, der wohl um die höheren Mächte weiß und der den großen Ekel überwunden hat. Und wenn er, der Anno 1829 zum erstenmal die Feder ansetzt, am Schluß, im Jahre 1862, wünscht, daß Augusts und Mathildens Kinder 1892 ihre Federn stumpf schreiben sollen, so denkt er ihnen alles andere zu als Lebensekel und Menschenhaß.

Der Pate Hahnenberg hätte unter dem Einfluß Pinnemanns etwas Ähnliches werden können, wie es Hippus, der verkommene Rechtsanwalt in Freytags Soll und Haben, geworden ist; auch ihn hätte der Schüler übermeistern können, wie Veitel Itzig jenen: daß diese Rolle der Überwindung nicht dem Schurken, sondern der reinen Frau zufällt, spricht deutlicher als alles andere gegen eine pessimistische Ausdeutung dieses ersten raabischen Meisterromans.

Und mit der gleichen Kadenz wie der endliche Ausklang der Drei Federn, lautet der Leitsatz des Hungerpastors, des ersten, um die Weihnacht 1863 beendeten stuttgarter Werks: „Nicht mitzuhassen, mitzulieben bin ich da" — es ist das Wort der Antigone. Der große Hunger dieses Buchs ist nicht der Hunger nach Besitz und äußerm Glück, sondern der echte, wahre Hunger nach dem Licht, nach Erkenntnis, nach Vollendung des Herzens. Von Hans Unwirrsch, dem Sohne des versonnenen Schusters, heißt es: „Er gehörte nun einmal zu jenen glücklich-unglücklichen Naturen, die jeden Widerspruch, der ihnen entgegentritt, auflösen müssen, die nichts mit einem Apage beiseite schieben können. Er hatte eben jenen Hunger nach dem Maß und Gleichmaß aller Dinge, den so wenig Menschen begreifen und welcher so schwer zu befriedigen ist und vollständig nur durch den Tod befriedigt wird." Ihm, dem Sohn der Kröppelgasse, wird wiederum ein Gegenbild gegeben: Moses Freudenstein, der Sohn des jüdischen Trödlers, der Mann, dessen Hunger auf andere Dinge gerichtet ist: auf Glanz des Wissens, auf äußere Ehre, auf Wohlleben, auf Spiel mit Menschen. Als Geheimer Hofrat, aber bürgerlich tot im furchtbarsten Sinne des Wortes, endet er, ein Spitzel der preußischen Regierung gegen verbannte Freiheitskämpfer im Auslande — Hans

Unwirrsch endet in der Hungerpfarre zu Grunzenow, unter
kleinem, armem Volk, doch ein innerlich freier und froher
Mann. Der lichtblaue Schleier, von dem schon in den
Leuten aus dem Walde als der Gabe der Einsamkeit die
Rede ist, hat sich niedergesenkt:

Auf alle Höhen,
Da wollt' ich steigen,
Zu allen Tiefen
Mich niederneigen.
Das Nah und Ferne
Wollt' ich erkünden,
Geheimste Wunder
Wollt' ich ergründen.
Gewaltig Sehnen,
Unendlich Schweifen,
Im ew'gen Streben
Ein Nimmergreifen —
Das war mein Leben.

Nun ist's geschehen; —
Aus allen Räumen
Hab' ich gewonnen
Ein holdes Träumen.
Nun sind umschlossen
Im engsten Ringe,
Im stillsten Herzen
Weltweite Dinge.
Lichtblauer Schleier
Sank nieder leise;
In Liebesweben,
Goldzauberkreise —
Ist nun mein Leben.

Um vieles weiter als in den Drei Federn ist hier der
Rahmen gespannt. Die Zeitfärbung ist bewußt und echt
— es ist, wie in früheren Werken, das Spätalter deutscher
Kleinstaaterei, die Epoche des Deutschen Bundes, in der
wir leben. Das greisende Geschlecht hat in den Freiheits-
kriegen mitgefochten und ist dann durch den Gang der Dinge
enttäuscht worden; das jüngere kann die Flügel nicht
regen, muß im Herzen Ersatz für den mangelnden Atem-
raum im Vaterlande suchen. Und auch die örtliche Einstellung ist klar: insbesondere Berlin taucht sichtbar wieder
empor, wenn der Leutnant Götz den jungen Kandidaten
zur großen Stadt führt und Hans auf das dumpfe Rollen
und Summen lauscht, das aus unendlicher Tiefe zu seinen
Füßen zu kommen scheint. „Er blickte schnell zur Seite.
Die Idee war ihm gekommen, sein Gefährte habe ihn
verlassen, sei in die Erde gesunken, und er — Hans Unwirrsch — stehe allein dem drohenden Untier da unten

gegenüber. Es war das Gefühl, welches die gefangenen Sklaven hatten, wenn das dunkle Tor hinter ihnen zugefallen war und der unentrinnbare Kreis der Arena mit seinem zerstampften Sande, seinen Blutlachen, seinem Gebrüll, Hohngelächter und Geheul sich vor ihnen dehnte. Es war eine große Beruhigung, als er statt eines hunderttausendstimmigen: Recipe ferrum! doch noch die ehrliche Stimme seines Begleiters neben sich vernahm."

Neben Berlin taucht das kleine Neustadt, in dem die beiden Jungen erwachsen, auf, dann die Universitätsstadt, verschiedene mitteldeutsche Gutshöfe, auf denen Hans als Hauslehrer Dienst tut, und schließlich Grunzenow an der Ostsee, der Wohnsitz des Obersten von Bullau und des ausgedienten Leutnants Götz.

Wohl ist die Komposition nicht so geschlossen wie die der Drei Federn, die Charakteristik manchmal zu direkt, die Erzählung im einzelnen, so bei Hansens Zimmersuche in Berlin, zu breit; dennoch ist im Gange der Handlung nichts zufällige Episode, denn alles tritt in erzieherische Einwirkung auf Unwirrsch: die beiden genial gezeichneten humoristischen Gestalten des Oheims Grünebaum und der Base Schlotterbeck, mit denen Raabe hier, ganz deutsch, ebenbürtig neben Dickens tritt. Dazu die opferbereite, schlichte Mutter Unwirrsch und die tragische Erscheinung des Lehrers Silberlöffel, die ergreifendste Volksschullehrergestalt Wilhelm Raabes. Die beiden Brüder Götz, der bedauernswerte, wie ein Automat aufschnellende und zusammenfallende Geheime Rat, und der lebensuntüchtige, aber liebevolle Leutnant; die Frau des Geheimrats, die in äußerer Frömmigkeit und in Standesdünkel vereiste, die am wenigsten herausgekommene Nebenfigur, mit ihrem Sohn Aimé, zu dem Eduard von Villefort in Dumas' lebenslänglich geliebtem Grafen von Monte Christo das deutliche Patenbild ist — wohl der einzige solche Fall in Raabes ganzer Dichtung. Auch die Neuntöter im Grünen Baum zu Berlin mit ihrer unbesorgten und bis an die Grenze der Möglichkeit gehenden Ausgelassenheit, die doch wieder in der rechten Stunde tiefernst wird, braucht Hans Unwirrsch; und wenn am Schluß noch Ehrn Josias Tillenius, der alte Pastor von Grunzenow, zu ihm tritt, der Lehrer der Menschenliebe, so fühlen wir die künstlerisch klare, menschlich volle Entwicklungsgeschichte vom Knaben zum Manne. Der beiden Basen Kleophea und Fränzchen Götz bedarf er freilich erst recht, des schillernden, in seiner Schönheit und scheinbaren Äußerlichkeit tief unglücklichen Mädchens, und der schlichten, so viel verstehenden Braut, denen beiden die arme Henriette Trublet als Gegenbild beigegeben worden ist: sie zeigt, was aus Fränzchen Götz ohne ihr inneres Licht in dem großen Paris hätte werden können, und sie deutet vorher schon an, was aus Kleophea in den Händen des Moses Freudenstein werden muß. Und an diesem seinem Gegenbilde, über das er sich in seiner deutschen Dumpfheit so spät klar wird, an Moses Freudenstein erzieht sich Hans Unwirrsch vor allem endlich zu wirklicher innerer Freiheit und Lebensüberschau. Die beiden Kleinstadtkinder stehen genau so nebeneinander wie Anton Wohlfahrt und Veitel Itzig in Freytags Soll und Haben; auch sie wandern gemeinsam zu Fuß in die größere Stadt, auch sie finden sich immer wieder, bei den beiden Juden tritt flüchtig der Rachetrieb für erlittene Demütigung auf, beide sind wurzellos geworden, und wie Veitel Itzig das Geschick der Rothsattel unbewußt gerade Anton Wohlfahrt auf die Schultern packt, so belädt Moses Freudenstein-Theophile Stein den Hungerpastor (so tauft er ihn selbst) mit einem nicht kleinen Teil des Geschicks der Familie Götz.

Hans Unwirrsch ist keine aktive Natur, wenn man darunter Menschen versteht, die das Leben, wo immer es sich bietet, anpacken und meistern. Die ihm eigene Aktivität beruht auf zwei Dingen: in der Kindheit auf dem Hunger nach der Helle, der zunächst ein Hunger nach Bildung wird. Aber auf diese Lernjahre fällt der Lichtschein durch die Schusterkugel des ohne Stillung seines Hungers verstorbenen Vaters, eines sehnsüchtigen Nachfahren seiner Zunftgenossen Jakob Böhme und Hans Sachs, des ersten vor allem. In diesem Lichte, das auch noch die Studierstube des Pastors im Fischerdörfchen durchscheint, liegt Hans Unwirrschs ganze Lebensarbeit. Die Aktivität des erwachsenen Hans aber ist im Grunde mehr eine, wenn man so sagen darf, reaktive als eine wirkliche, selbsteingreifende. Dazu, zur eignen tatkräftigen Handlung, bedarf er immer erst des inneren oder äußeren Anrufs. Der Jüngling und Mann, um dessen Geburt die mystischen Menschheitsträume des Schusters von Görlitz waren, geht rein durch unsaubere Umgebung und hat von jenem Lichte so viel, daß ihn Unreine, wie die Geheimrätin Götz, instinktiv abwehren, wenn sie ihn nicht, wie Moses Freudenstein, zu unreinen Zwecken umstricken und benutzen wollen. Reine Menschen aber, wie der arme Leutnant Götz, oder Hansens berliner Brotherr, der im Hochmutsnetz seiner frömmelnden Frau verstrickte Geheimrat, vor allem aber Fränzchen, Hansens spätere Lebensgefährtin, fühlen sofort diese Unberührtheit als eine hilfreiche Macht; und Zwielichtcharaktere, wie Kleophea Götz, in der sich nun der oft umworbene Frauentypus dieser Art bei Raabe zum zweitenmal vollendet, werden zwischen Abwehr und Neigung hin und her gerissen; das gilt noch für Kleopheas schwächer gezeichnete Schicksalsschwester, die kleine Putzmacherin Henriette Trublet.

Das Licht aus der Schusterkugel ist auch stärker als das von den Universitätsprofessoren auf die Katheder gestellte. Die akademische Gelehrsamkeit gibt Hans gar nichts; eine leise Abneigung gegen zünftige Theologie klang schon in der Chronik vor, sie wird im Hungerpastor zu einer gewissen bittern Verächtlichkeit. Die drei Lehrer der praktischen Theologie (der theoretischen entläuft der Student schon nach dem ersten Halbjahr) sind weder Gottesstreiter noch Jugendführer und handhaben nicht das Schwert des Geistes, sondern die Elle des Beckmessers. So wird Hans, wie sein Vorgänger in Grunzenow, der alte Tillenius, und wie auch spätere Raabische Pastorengestalten, ein gänzlich undogmatischer und unsystematischer Pfarrer; ja, es bleibt bei ihm wie bei den andern die Frage offen, ob er wohl das innere Rüstzeug besitze, um aus wirklichem Verhältnis zum Christentum heraus einmal zweifelnde Seelen aufs neue im Glauben an den auferstandenen Erlöser zu verankern. Mit Recht hat Rudolf Hermes betont, daß die Lebensweisheit der Leute aus dem Walde mehr stoisch (sustine et abstine!) als christlich war. Im Hungerpastor aber, mit dem uns so christlich mahnenden Leitwort des Sophokles, tritt nun doch, trotz Hansens blassem Christentum, erlösendes Mitleiden so stark ins Bild und erhält durch den Abschluß so stark christliche Färbung, daß Hans Unwirrsch von dieser Seite her doch wieder ganz seinem Glauben und dem erwählten Berufe zuzurechnen ist. Er ist Pastor geworden, mehr, weil ein armer Junge zu seiner Zeit „natürlich" auf nichts anderes studierte. Er kehrt sogar in schwerer Stunde ausdrücklich erst wieder zum Gebet zurück. Aber wir verlassen ihn nun doch im gewissen Vertrauen auf gewonnene Herzensfestigkeit, und, wie er selbst, so macht der Dichter den Weg nach Bethlehem noch einmal. Wieder tönt das Werk nicht in Pessimismus und nicht in ruchlosen, oberflächlichen Optimismus aus. Schon durch die humoristische Anlage, die alle Spielarten von der etwas gewaltsamen Komik der Neuntöter bis zur leise lächelnden Feinheit des alten Pastors Tillenius erschöpft, wird das unmöglich, und auf verschlungenen Wegen gelangen wir schließlich zum Weihnachtsfest in Grunzenow. Von den sechsunddreißig Kapiteln führen uns die ersten zwölf bis zu Hansens Probepredigt und dem Tode der Mutter, bis zum Abschied von der Jugend. Am Ende des zweiten Teils ist durch die Entführung Kleopheas das Unglück über das Götzsche Haus hereingebrochen, Hans wieder heimatlos, aber durch die nun bewußte und erwiderte Liebe zu Fränzchen in ein neues Stufenjahr seines Lebens getreten. Die drei letzten Kapitel des Ganzen aber bringen wie drei Glockenschläge das Weihnachtsfest, das Hungerpastorlied, den Tod Kleopheas in Frieden. Und jedesmal am Schluß der drei Lebensabschnitte scheint das Licht durch die Glaskugel, und es wird nur einmal, eben beim Weihnachtsfeste, von einem andern Lichte überstrahlt. Der Höhepunkt der Dichtung ist dies Weihnachtsfest, das Fest der Menschheit in dem Dorf am Meer, da im Dunkel des Morgens beim Schein der mitgebrachten Laternen in der kleinen Kirche Tillenius seine Gemeinde mit dem Gruß der Engel grüßt, „über welchen kein andrer in der Welt geht": Ehre sei Gott in der Höhe und Friede auf Erden und den Menschen ein Wohlgefallen! Herrlich, wie der Seelsorger, der für jeden in seiner Predigt das rechte Wort weiß, dann von den Weihnachtsbäumen der Hütten plötzlich unter den Schatten des Baumes der Weltgeschichte tritt, „durch dessen Gezweig der Stern der Verkündung auf die Krippe zu Bethlehem niederleuchtete". Er erzählt, daß die Erde wüst und leer war trotz aller Pracht des römischen Reichs, und fährt dann fort zu sprechen, wieder mit dem Engelsgruß: „Ehre sei Gott in der Höhe und Friede auf Erden und den Menschen ein Wohlgefallen! Es war, als ob das Wort den Bann, der auf dem Volk von Grunzenow lag, löste, wie einst die Fesseln der ganzen Menschheit.

Über der Hütte zu Bethlehem stand der Stern der Erlösung; der Heiland war in die Welt des Hungers geboren worden; der Schmerzenssohn der Menschheit, der Sohn Gottes, der die Sünde seiner Mutter auf sich nehmen sollte, war erschienen, und vom Felde kamen die armen Hirten, denen die Könige und Weisen erst später folgten, hergelaufen, um das Kind in der Krippe zu begrüßen, dieses Kind, das nun noch mit in die Register der Bevölkerung des römischen Reiches, die der Kaiser Augustus anfertigen ließ, aufgenommen werden konnte. Nun war die Zeit erfüllt und das Reich Gottes erschienen. Die hungrige Menschheit aber reckte die Hände auf nach dem ‚Brot, das vom Himmel kommt und der Welt das Leben gibt'. Der Himmel, der so finster und leer gewesen war, öffnete sich über den Kindern der Erde: alle Völker sahen das große Licht — die Menschheit riß die Krone von dem gedemütigten Haupt und warf den Purpurmantel von den Schultern. Sie schämte sich ihrer blutenden Wunden, ihrer gefesselten, zerschlagenen Glieder nicht mehr —, sie kniete und horchte. W a h r h e i t ! jauchzte es vom Aufgang; F r e i h e i t ! jauchzte es vom Niedergang, — L i e b e ! sangen die Engel um die Hütte, in welcher die Erbtochter des Stammes David und Joseph, der Zimmermann von Nazareth, den Hirten das Kind zeigten, das in der Nacht geboren worden war. Ehrn Josias Tillenius aber zeigte es jetzt den Kindern seines Dorfes; denn das Weihnachtsfest ist das Fest des Kindes, welchem die erhabenen Ostern fremd bleiben, bis es über den ersten wahren Schmerz nachdenken mußte. In die Weihnachtsworte aber, die der alte Prediger zu den Kindern sprach, dämmerte der neue Tag. Es wurde Dämmerung vor den Fenstern der kleinen Kirche, und das Licht der Lampen und Wachskerzen erbleichte vor dem rosigen Schimmer, der den Winterhimmel überzog. Wieder erklang die Orgel, die Gemeinde von Grunzenow sang den Schlußvers des Weihnachtsliedes, die Kirche war zu Ende."

So darf man sagen, daß der Hungerpastor, nicht durch den Titel, sondern durch die innere Erleuchtung, durch die schließliche Erhöhung, die letzte Steigerung ein christliches Buch geworden ist. Zeigten die Drei Federn deutlich ins Symbolische, eröffnete sich hinter ihnen über die verhältnismäßig einfachen Geschicke der Blick in die tiefsten Fügungen und Erschließungen menschlicher Herzen, so tut sich am Ausgang des Hungerpastors über Grunzenow weg der Blick auf die ganze Menschheit auf, und wir müssen empfinden, daß wir in der Tat weltweite Dinge geschaut und verstehen gelernt haben, indem wir Hans Unwirrsch aus der Kröppelgasse bis unter die Weihnachtstanne und vor den Traualtar des abgelegenen Dorfes begleiteten.

Wir sind Wilhelm Raabe aber noch einen andern Weg entlang gefolgt, nämlich den Pfad Moses Freudensteins. Er stammt, wie die Geschwister Rosenstein des Frühlings, aus einem jüdischen Trödelkeller, aber er hat sich nicht wie jene in Dumpfheit und Enge ein hilfsbereites Herz bewahrt. Als der Vater ihm das ersparte Vermögen weist, übertommt ihn sein Hunger, die auri sacra fames, und bleibt als Irrlicht über seinem Leben, wie die Glaskugel als Leuchtturm über dem des Schulfreunds. Diesem Scheine läuft er nach, und er führt ihn über wissenschaftliche und gesellschaftliche Erfolge zwar bis zum Geheimrat, aber auch zum Schergen und Spürhund, Treitschke würde sagen: Schweißhund der Reaktion. Den jüdischen Glauben hat er mit seinem Namen abgelegt und zum Schein den christlichen angenommen. In Wahrheit ist er, mit einem jener Zeit noch unbekannten Wort, ein Nihilist; nichts ist ihm heilig, weil ihm im Grunde nichts eigen ist, nicht Heimat, nicht Familie, nicht Vaterland, nicht Ehre, nicht Weltanschauung, nicht das nach Lagarde Realste von allem, Religion. In funkelnden Facetten spiegelt sich an seiner Gestalt der Geist unsicherer Übergangsjahre, nur blendend, nicht wärmend; von Heine, den er zitiert, hat er wohl das Räuspern und Spucken gelernt, die grelle Bedenkenlosigkeit im Persönlichen und die Unfähigkeit, einen guten Witz für sich zu behalten, aber den echten Schmerz des sterbenden Dichters und den dämonischen Reiz seiner besten Verse, ja selbst die Fechterstreiche seiner Polemik trauen wir dem Doktor Theophile Stein nicht zu. Er war für Raabe ein Renegatentyp, nicht — trotz vielen jüdischen Zügen — der Typ des Juden, den der Dichter in so vielfachen Abschattierungen gestaltet hat, und nicht die Vertretung der Juden überhaupt, die nach Wilhelm Brandes' Wort und Raabes eignem Zeugnis für ihn „ein unlösliches Stück unseres Volkes und Schützlinge seiner Muse" waren.

Man hat Moses Freudenstein die Ehre erwiesen, ihn für ein künstlerisches Abbild Ferdinand Lassalles zu halten, und sogar Lassalles bester Biograph hat das behauptet. Schon ein Blick auf die Entstehungszeit des Hungerpastors hätte das sehr zweifelhaft machen müssen, denn als Raabe im November 1862 die Feder dazu ansetzte, war Lassalle noch keine so im Vordergrunde stehende Persönlichkeit, seine große Zeit begann erst damals. Zudem aber besteht zwischen Lassalle und Freudenstein neben dem gemeinsamen Judentum die einzige Ähnlichkeit eines starken Hangs zu weiblicher Schönheit. Wer aber etwa in dem Verhältnis von Lassalle zu Helene von Dönniges ein Seitenstück zu dem zwischen Theophile und Kleophea sehen wollte, ginge wieder fehl, denn die Lassallische Tragödie ereignete sich erst ein Jahr nach dem Abschluß des Hungerpastors, als dieser schon gedruckt vorlag. Im übrigen verbindet den gemeinen Streber Freudenstein nichts mit dem hochfliegenden Idealisten, den käuflichen Mann der Überzeugung gegen bar nichts mit dem, der die letzten Jahre seines Lebens an den leidenschaftlichen Kampf für einen sozialer Rechte und bürgerlicher Gleichberechtigung entbehrenden Stand einsetzte, obwohl er auf andern Wegen zu ganz anderer Geltung gelangt wäre. Und vor allem: Raabe wußte sich mit Lassalle völlig eins in der nationaldeutschen Tendenz, die Lassalles Drama Franz von Sickingen durchströmte; er erkannte in Lassalles politischem Auftreten die von Bismarck hervorgehobene „ausgesprochen nationale" Gesinnung. Es war auch Raabe und dessen Freunden aus dem Herzen geredet, wenn Lassalle im Französisch-Österreichischen Kriege den Einsatz preußischer Macht zur Einigung der deutschen Stämme ohne Österreich unter einer freiheitlichen preußischen Regierung forderte. Überdies hat zwar Raabe die Grundgedanken des (nach Lassalle in die soziale Bewegung geschweißten) Kommunismus als natur- und geschichtswidrig abgewiesen, aber die Durchsäuerung unseres Lebens mit der sozialen Frage, den immer wachen Gedanken an die Macht der geballten Fäuste unter uns als etwas in seiner Gewissensaufrüttelung recht Segensreiches empfunden. Raabe hat denn auch die Berufung auf dies angebliche Modell schroff verneint. Wenn er überhaupt den Freudenstein im Angesicht einer bestimmten Person geschaffen habe, dann sei es Joel Jacoby gewesen, ein heute verschollener Konvertit, der von der preußischen Demagogenverfolgung eifrig benutzt ward, dessen Berichte sogar vom Könige wohlgefällig gelesen wurden und der schließlich zwar nicht als Geheimer Hofrat, aber doch als Kanzleirat an der Spitze des preußischen Zentralamts für Presseangelegenheiten endete. Durch die zum Teil nach diesem Bilde geschaffene Gestalt Freudensteins erreichte Raabe eine stärkere politische Einstellung, und es war im Fortgang von der Chronik bis hierher nur natürlich, daß er Hans Unwirrschs dunkles Gegenbild der preußischen Reaktion an die Rockschöße hing.

Der Pfad, den Raabe führen will, ist freilich mit Hans und Theophile nicht zu Ende: „Es war ein langer und mühseliger Weg von der Hungerpfarre zu Grunzenow an der Ostsee über Abu Telfan im Tumurkielande und im Schatten des Mondgebirges, bis in dieses Siechenhaus zu Krodebeck am Fuße des alten germanischen Zauberberges!" so heißt es am Schlusse des Schüdderumps, und diese Worte verbinden den Hungerpastor, Abu Telfan und das Buch, in dem sie stehn, zu einer zusammenhängenden Kette — wie man wohl gesagt hat, zu einer Trilogie, deren Vorspiel die Drei Federn wären. Daß Raabe einmal im Lauf der Erzählung des Schüdderumps auf eine Stelle des Hungerpastors ausdrücklich hindeutet, beweist dafür freilich nichts; auch im Hungerpastor wird einmal an die Leute aus dem Walde erinnert. Wesentlich ist allein der von Raabe selbst eben durch jenen Schlußsatz hervorgehobene innere Zusammenhang der drei großen Werke seiner stuttgarter Zeit.

Abu Telfan oder die Heimkehr vom Mondgebirge erzählt die Geschichte von Leonhard Hagebucher, dem Sohne des zur Ruhe gesetzten Steuerinspektors Hagebucher aus dem Dorfe Bumsdorf, drei Büchsenschüsse von der Stadt Nippenburg, in einem kleinen Staate des Deutschen Bundes. Aber der Dichter beginnt nicht wie im Hungerpastor mit der Geburt seiner Hauptgestalt, sondern er stellt uns in einer ganz knappen, meisterlichen Einführung Leonhard Hagebucher vor, wie er, verwildert, aschanti-, kaffern- oder mandigohaft, von einem Lloyddampfer in Triest abgesetzt wird und dann seine Reise nach dem heimatlichen Bumsdorf antritt. Er ist einst — und das erfahren wir in allmählicher Aufhellung während der ersten Familiengespräche — als Student der Theologie vom gewohnten Pfade abgewichen, nach Ägypten gekommen, hat dort im Jahre 1847 bei den Untersuchungen über die Schaffung eines Suezkanals mitgewirkt, ist dann mit einem Elfenbeinhändler nilaufwärts gegangen und schließlich von den Bagaranegern gefangengenommen worden. Als Sklave hat er zu Abu Telfan im Tumurkielande gelebt und kehrt, durch einen holländischen Tierhändler befreit, jetzt, zu Anfang der sechziger Jahre, als ein dem europäischen Wesen Fremdgewordener nach Hause zurück.

Was trifft Leonhard Hagenbucher daheim? Mutter und Schwester, die ihn beglückt und gerührt aufnehmen, einen sehr pedantischen Vater, der den Sohn schließlich aus dem Hause wirft, als alle märchenhaften Erwartungen der nippenburger Bürgerschaft an dem zunächst für kleindeutsche Verhältnisse Unbrauchbaren zuschanden werden, und die ganze liebe Familie im weitesten Sinne. Er trifft aber auch den Vetter Wassertreter, den alten Burschenschafter vom Wartburgfest, dem die Metternichsche Demagogenriecherei das gerade Leben gebrochen hat und den etwas zuviel Alkohol und ein genügendes Maß von Goethekenntnis und einsamer satirischer Lebensweisheit über Wasser gehalten haben. Leonhard trifft die schöne Nikola von Einstein, die einst jenen Tierhändler geliebt hat, der eigentlich ein davongelaufener Offizier aus demselben Lande ist. Leonhard erlebt es und wirkt zum Heile mit, als über die auf mütterliches Drängen geschlossene Ehe Nikolas mit einem hohen Hofbeamten das Unglück hereinbricht, und er geleitet Nikola in die Katzenmühle zu Frau Claudine, unserer lieben Frau von der Geduld, der Mutter jenes Befreiers, zu der schließlich die Schritte aller hinführen, die das Leben draußen besiegt hat, die das Leben draußen überwunden haben.

Noch zwei Gestalten treten wesenhaft in Leonhards neues deutsches Leben hinein: der ehemalige Leutnant der Strafkompagnie Kind und der halbverdrehte Täubrich, Schneider und Tafeldecker wie Raabes berliner Wirt, Täubrich-Pascha benamst, seit er, ohne etwas von sich zu wissen, von Hand zu Hand aus dem Jordantal in seine Heimat zurückgeschickt worden ist.

Neben diesen scharf herausgestellten Hauptträgern der Handlung steht noch eine Fülle von andern: der Junker von Bumsdorf mit seinem Sohn, der Major Wildberg mit seiner Frau, der Professor der semitischen Sprachen Reihenschlager mit seiner Tochter, einem Mädchen „mit Augen, die etwas von einem Hausmärchen am Winterabend und von einem Lied beim Heumachen im sonnigen Monat Juni an sich hatten", und mancher mehr. Das Hauptlicht ruht doch auf jenen, die mit dem Leben im tieferen Sinne zu tun haben und jeder in seiner Art damit zurechtkommen müssen. Täubrich Pascha stellt dar, was aus Leonhard Hagenbucher bei einer weniger gesunden Anlage geworden wäre und noch werden könnte, wenn er nicht im rechten Augenblick den Vetter Wassertreter und die Frau Claudine als Berater und Stützen auf seinem neuen Wege fände. Und allen andern ist es im Grunde ebenso gegangen wie ihm: sie waren in Sklaverei, in der Sklaverei ihrer Ehrbegriffe oder ihrer Sinne oder ihrer Familie oder ihres Rachegefühls, und Sieger bleiben nur die, die dann zur lieben Frau von der Geduld hingehn und dort das Leben überwinden lernen. Der Leutnant Kind hat eine alte Rechnung mit dem Gatten Nikolas abzumachen; er läßt sich die Rache nicht aus der Faust schlagen, und es ist eine großartig dramatische Szene, wie an der Hand des halbblöden Schneiders Täubrich-Pascha, der doch gelegentlich ein so feines Herz zeigt, der Leutnant in der verjährten Uniform in die seidene Gesellschaft des Polizeidirektors tritt, dem Herrn von Glimmern die Hand auf die Schulter legt und ihn in wenigen Augenblicken vernichtet. Nikola von Glimmern aber nimmt keinen andern Arm als den Täubrichs, und mit ihm schreitet sie durch die erstarrten, fassungslosen Räte, Offiziere, Hofdamen des Herzogtums über das spiegelnde Parkett hinaus in die Nacht. Es liegt in dieser Zuspitzung des Vorgangs etwas, das sich für immer einprägt — es liegt darin zugleich ein Stück schwebenden Humors, jenes Humors, der nicht mit dem Leben spielt, sondern die Gegensätze gebraucht, um an ihnen die immer wieder hervortretende Gegensätzlichkeit unseres Lebens zu zeigen. Und auch über das alles hinaus gehn dann stets aufs neue die Schritte zur einsamen Katzenmühle, zu unserer lieben Frau von der Geduld.

„Wenn ihr wüßtet, was ich weiß, sagt Mahomed, so würdet ihr viel weinen und wenig lachen!", steht als Leitwort auf Abu Telfan, und als es Täubrich-Pascha einmal nachspricht, sagt ihm Leonhard Hagebucher: „Kennen Sie das arabische Wort auch? Was geht das Sie an? Die andern alle, die mit List oder Gewalt den ägyptischen Proteus, das Leben, zu überwältigen und zu ihrem Willen zu zwingen suchen, und mit ihm ringen müssen bis an den Tod, die mögen das Wort sprechen, Sie aber sollen's gefälligst bleiben lassen." Denn dem Täubrich ist in seinem Narrenwahn ein Stück Vergessenheit für das Leiden der Welt gewährt. Die in der Katzenmühle aber, die Mutter jenes inzwischen gefallenen Befreiers aus dem Tumurkielande, und Nikola, die dieser einst liebte, sie weinen nicht mehr, „sie sitzen still, und still ist es um sie her, sie verlangen nicht mehr". Und vor ihrem Schicksal darf man das Wort des islamitischen Propheten aussagen. Aber darf man es in dem Sinne der Verzweiflung und der Hoffnungslosigkeit? Nimmermehr. Gewiß: „Wir breiten unsere Mäntel auf dem Wege aus, aber der Weg selbst führt nichtsdestoweniger nach Golgatha." So Leonhard Hagebucher. Was aber ist da Golgatha: der Tod oder der Sieg? Leonhard sagt, als er der Frau Claudine den so lange verloren gewesenen Sohn wiedergebracht hat: „Wahrlich, es ist nicht allein der Helden und Könige Sache, zu rufen: Sonne stehe still und leuchte der Vollendung unserer Siege! Auch der Schwächste, der Ärmste, der Geringste kann den glanzvollen Stern über seinem Haupte und Herzen festhalten, bis alles vollbracht ist, und die Frau Claudine konnte es. Jetzt, wo die Nacht um uns dunkler denn je zuvor ist, kommen wir zu ihr und bitten um ein Fünklein Licht; — wie können wir gerettet werden, wenn nicht ihr Mut zu unserm Mut, ihr Glück zu unserm Glück wird: wenn wir uns nicht zu ihr auf das Feld stellen und in dem milden Scheine ihrer Sonne ihre Götter anrufen." Und Claudine: „Wir sind wenige gegen eine Million, wir verteidigen ein kleines Reich gegen eine ganze wilde Welt; aber wir glauben an den Sieg, und mehr ist nicht nötig, um ihn zu gewinnen." Der Sieg aber gehört denen, die frei durchgehn durch den Schmutz und das Leid und die Unrast dieser Welt, denen, die sie in einem feinen Herzen überwinden.

So kann nun freilich der viel berufene Pessimismus Raabes nicht mehr derart gedeutet werden, als ob er an die Nichtigkeit des Menschen und an die Nichtigkeit des Lebens glaubte und glauben lehrte. So wenig hier wie in andern Werken der sündhaft liebenswürdige Optimismus kleiner Seelen seinen Platz findet, so stark tritt Raabe, wie es später einmal, im Schüdderump, heißt, „für das Leben ein". Hagebucher sagt in einem Vortrag vor den Bürgern der Hauptstadt folgendes: „Es ist etwas Gewaltiges um den Gegensatz der Welt, und die zweiundneunzigste Nacht der arabischen Märchen weiß davon zu berichten. Wenn der König von Serendib auf seinem weißen Elefanten ausreitet, so ruft der vor ihm sitzende Hofmarschall von

Zeit zu Zeit mit lauter Stimme: Dies ist der große Monarch, der mächtige und furchtbare Sultan von Indien, welcher größer ist, als der große Salomo und der große Maharadschah waren! — Worauf der hinter Seiner Majestät hockende erste Kammerherr ruft: Dieser so große und mächtige Monarch muß sterben, muß sterben, muß sterben! — Und der Chor des Volkes antwortet: Gelobt sei der, der da lebt und nie stirbt! — Meine hochverehrten Herrschaften, es ist niemand auf Erden, wes Standes und Geschlechts er auch sein möge, den diese drei Rufe nicht fort und fort auf seinem Wege von der Wiege bis zum Grabe umtönen. Wohl dem, der seines Menschentums Kraft, Macht und Herrlichkeit kennt und fühlt durch alle Adern und Fibern des Leibes und der Seele! Wohl dem, der stark genug ist, sich nicht zu überheben, und ruhig genug, um zu jeder Stunde dem Nichts in die leeren Augenhöhlen blicken zu können! Wohl dem vor allen, dem jener letzte Ruf überall und immer der erste ist, welchem der ungeheure Lobgesang der Schöpfung an keiner Stelle und zu keiner Stunde ein sinnloses oder gar widerliches Rauschen ist, und der aus jeder Not und jeder Verdunkelung die Hand aufrecken kann mit dem Schrei: Ich lebe, denn das Ganze lebt über mir und um mich! —"

Das ist das realistische Bekenntnis zum Leben, von dem, wie man wohl sagen darf, Raabe und sein Geschlecht überhaupt gelebt haben; es ist jenes Bekenntnis zum Leben, durch das diese Generation fähig ward, das deutsche Volk durch alle Kleinheit und Kleinlichkeit der Einheit entgegenzuführen. Auch der größte praktische Vertreter dieses Realismus, Otto von Bismarck, weiß wohl Bescheid um das Leiden des Lebens und kennt den Weg nach Golgatha und schreibt oft und oft seiner Johanna darüber. Aber dieser Held lehnt darum das Leben selbst niemals ab und gibt ihm die besten Kräfte, weil er weiß, daß das Ganze über ihm und um ihn lebt; und das gleiche Bewußtsein von des Lebens Fülle, an der wir nicht verzweifeln dürfen, steckt auch in diesem Werk des Dichters, der — das wollen wir doch einmal deutlich unterstreichen — seit der kleinen Verirrten jener Jugendnovelle keinen seiner Helden durch Selbstmord aus der Welt gehn läßt.

Und wie nahe läge es doch, gerade auch für Leonhard Hagebucher, für Nikola von Einstein, für den Sohn der Frau Claudine, ein Ende zu machen! Aber sie bleiben und versuchen, jeder in seiner Art, f r e i d u r c h z u g e h n. Die Rede vor dem hohen Adel und verehrungswürdigen Publiko der Residenz steht genau in der Mitte des Abu Telfan und ist sicherlich mit vollem Bewußtsein an diese Stelle gerückt. Auch Abu Telfan und der Schüdderump haben je sechsunddreißig Kapitel, und je zwölf runden sich zu einem vollen Bilde — die Rede steht im achtzehnten. Leonhard Hagebucher ist aus der Sklaverei bei der Häuptlingsfrau Kulla Gulla zurückgekehrt — rasch aber wird er der Gefahr inne, in Deutschland in die gleiche, wenn nicht in schlimmere Knechtschaft zu verfallen: in die Verknechtung der Engstirnigkeit, der Mattherzigkeit, der Gewöhnlichkeit, mit einem Worte: des Philistertums. Wir haben keine deutsche Romandichtung, die das Philisterium so mit Rutenstreichen geißelte, wie diese, die unter allen raabischen Hauptwerken die stärkste Zeitfärbung hat. Hier ist aus der Fülle heraus eine Anschauung des deutschen Lebens in den verkrüppelten Verhältnissen des alten Deutschen Bundes vor 1866 gegeben. Unübertrefflich die Zusammenkunft der kleinstädtischen Familie mit ihrem „geistigen Haupt", der Base Schnödler, nach der Rückkehr Hagebuchers zur Entscheidung über dessen künftige Geschicke. Und meisterlich wiederum im Anfang des zweiten Teils, also im dreizehnten Kapitel, der Abriß deutscher Kleinfürstengeschichte, von dem Nebel, Sumpf und Urwald der ältesten Zeit her über die Reformation, den Absolutismus und die Französische Revolution bis in die kleisterne Herrlichkeit einer absterbenden Dynastie, die, wie Raabes angestammtes Herrscherhaus, ihre Landeskinder um bares Gold als Soldaten übers Meer verkauft. Man merkt in Raabe den Parteigänger der Freiheit und der Größe, man empfindet zwischen den Zeilen den Hohn und den Zorn. Und dennoch liegt in der Geißelung des Philister- und Dynastentums noch etwas anderes als die heiße Giftigkeit Heinrich Heines, des „semitischen Hellenen", den Raabe in den „Kämpferreihen des neunzehnten Jahrhunderts nicht missen" möchte und an den der Stil dieser Stelle mehr als einmal erinnert; auch mit Herweghs beschwingter Zeitopposition und gar mit der späteren Bohemien-Komödie des Fin de siècle hat diese Aussprache nichts gemein: es steckt doch dahinter und darin jene raabische Liebe, die aus dem Gefühl der Zugehörigkeit entspringt. Was Raabe hier aus heißem Herzen zu sagen weiß, steht mehr auf jenem Blatt, auf das einst, auch im Zorn über die „Landesväter", die ihre Untertanen nach Amerika verschacherten, Friedrich Schiller das große Bild von Kabale und Liebe zusammenfügte; es ist aus derselben heißen Empfindung von Haß und Liebe geboren, die Heinrich von Treitschkes unvergeßliche Flugschrift über die deutschen Mittelstaaten diktiert hat. Wie Raabe trotz allem zum deutschen Philisterium steht, das erfahren wir erst ganz aus der allgemach berühmt gewordenen Stelle gegen den Schluß hin:

„Ist das nicht ein wunderliches Ding im deutschen Land, daß überall die Katzenmühle liegen kann und liegt, und Nippenburg rund umher sein Wesen hat, und nie die eine ohne die andere gedacht werden kann? Ist das nicht ein wunderlich Ding, daß der Mann aus dem Tumurkielande, der Mann vom Mondgebirge nie ohne den Onkel und die

Tante Schnödler in die Erscheinung tritt? Wohin wir blicken, zieht stets und überall der germanische Genius ein Drittel seiner Kraft aus dem Philistertum, und wird von dem alten Riesen, dem Gedanken, mit welchem er ringt, in den Lüften schwebend erdrückt, wenn es ihm nicht gelingt, zur rechten Zeit wieder den Boden, aus dem er erwuchs, zu berühren. Da wandeln die Sonntagskinder anderer Völker, wie sie heißen mögen: Shakespeare, Milton, Byron; Dante, Ariost, Tasso; Rabelais, Corneille, Molière; sie säen nicht, sie spinnen nicht und sind doch herrlicher gekleidet als Salomo in aller seiner Pracht: in dem Lande aber zwischen den Vogesen und der Weichsel herrscht ein ewiger Werkeltag, dampft es immerfort wie frischgepflügter Acker und trägt jeder Blitz, der aus den fruchtbaren Schwaden aufwärts schlägt, einen Erdgeruch an sich, welchen die Götter uns endlich, endlich gesegnen mögen. Sie säen und sie spinnen alle, die hohen Männer, welche u n s durch die Zeiten vorauffchreiten, sie kommen alle aus Nippenburg, wie sie Namen haben: Luther, Goethe, Jean Paul, und sie schämen sich ihres Herkommens auch keineswegs, zeigen gern ein behagliches Verständnis für die Werkstatt, die Schreibstube und die Ratsstube; und selbst Friedrich von Schiller, der doch von allen unsern geistigen Heroen vielleicht am schroffsten mit Nippenburg und Bumsdorf brach, fühlt doch von Zeit zu Zeit das herzliche Bedürfnis, sich von einem frühern Kanzlei- und Stammverwandten grüßen und mit einem biedern ‚Weischt‘ an alte natürlich-vertrauliche Verhältnisse erinnern zu lassen."

Wilhelm Raabe selbst gehört nach Ausmaß und Art durchaus in diese Reihe.

Wie fein er in Abu Telfan die Zeitstimmung treffen wollte und traf, dafür gibt es noch einen kleinen Beleg: als der Major Wildberg dem vor Ungeduld fiebernden

Hagebucher von den Erlebnissen jenes Abends beim Polizeidirektor erzählt, da heißt es:

„Trotz seiner Aufregung oder vielleicht noch mehr infolge seiner Aufregung fiel es dem Mann aus dem Tumurkielande als eine Merkwürdigkeit auf, wie wortreich und wie weitschichtig und weitschweifig in ihren Berichten der fünfzigjährige Friede alle diese jüngeren und älteren Kriegsleute des deutschen Bundes gemacht hatte."

So könnte man, wiederum ohne Zwang und ganz nach dem Lauf unserer literarischen Entwicklung, auch diesen raabischen Roman mit einem von Gustav Freytag zusammengehalten, nämlich mit der unter engen kleinfürstlichen Verhältnissen spielenden Verlorenen Handschrift. Aber abgesehen davon, daß Abu Telfan dieses Werk an Lebensfülle und Künstlertum bei weitem übertrifft — Raabes Dichtung wirkt doch auch viel typischer. Diesen Eindruck des Gemeingültigen hatte ja Gustav Freytag in Soll und Haben durchaus erreicht: die Verlorene Handschrift erscheint, vollends uns Heutigen, mehr wie ein Spezialfall, bei dem wir nicht mehr das Gefühl haben: das geht uns alle an. In dem nur drei Jahre jüngeren Abu Telfan weicht es nie — er geht uns noch heute alle an, weil er im deutschen und im menschlichen Sinne so sehr viel tiefer und weiter greift. Er hat freilich einen Bruder unter den großen Romanen, den man sich zunächst nicht träumen lassen würde: Dumas' Grafen von Monte Christo. Die schon hervorgehobene lebenslängliche Liebe Raabes für den großen französischen Erzähler hat hier ihren deutlichsten Niederschlag gefunden. Wie im Grafen von Monte Christo Edmond Dantès nach mehr als zehnjähriger Haft aus dem Kerker des Schlosses If unter die Menschen zurückkehrt, so kommt Leonhard Hagebucher aus der langen Gefangenschaft bei den Schwarzen wieder in die deutsche Heimat. Wie Edmond Dantès, nun der Graf von Monte Christo, alte Verbrechen rächen will und rächt, so hat der Leutnant Kind auf den Augenblick gewartet, da die harte Faust den Sünder niederstrecken wird; und sie streckt ihn nieder. Wie Monte Christo den Hauptschuldigen auf der Höhe äußeren Glücks und verheiratet mit der Geliebten eines andern trifft, so findet der Leutnant Kind den einstigen Leutnant von Glimmern als Exzellenz an der Seite der unglücklichen Nikola wieder, die einst den durch Glimmern vertriebenen und geschändeten Sohn der Frau Claudine so geliebt hat, wie die Gattin Ferdinand Mondegos den von diesem verratenen Edmond Dantès. Nur freilich ist das alles bei Raabe ganz anders geworden als bei Dumas. „Wir halten es", sagt Raabe, „weder für eine Kunst, noch für einen Genuß und am allerwenigsten für unsern Beruf, das Protokoll bei einer Kriminalgerichtssitzung zu führen" — ein Gefühl, dessen wir uns bei Dumas nicht immer entschlagen können. Der Graf von Monte Christo kehrt als ein Nabob von fabelhaftem Vermögen zurück und erringt Sieg auf Sieg über die einstigen Verräter — Leonhard, Kind und Viktor Fehleysen treten arm, wie sie gingen, wieder ein, und der gewonnene Sieg ist schließlich doch ein anderer noch als der, den Edmond Dantès erlangt — bei dem Franzosen, der vielleicht der größte Unterhaltungsschriftsteller der Weltliteratur war, haben wir eine in ihrer Art genial aufgebaute, spannende Erzählung mit einer Fülle äußeren Lebens — bei Raabe fehlt dieses äußere Leben nirgends, aber der Sinn und die Bedeutung seines Werkes liegen in anderer Höhe.

In Abu Telfan gipfelt spät der Einfluß des Philosophen, den Raabe vor andern einst in Magdeburg heißhungrig genoß, Ludwig Feuerbachs. Der hier so inbrünstig, ja dithyrambisch verkündete Preis des Lebens ist feuerbachsches Gut, wie es feuerbachisch gedacht ist, wenn die

Wahrheit auch bei Raabe „nie mit Dekorationen auf die Welt gekommen, nie im Glanze eines Thrones unter Pauken und Trompeten, sondern stets im Dunkel der Verborgenheit unter Tränen und Seufzen geboren worden ist". Aber schon kreuzt sich Feuerbachs Ideengehalt mit dem Arthur Schopenhauers, der gerade gegen das Ende der sechziger Jahre emporstieg; „der Weltoptimismus fängt an ein Loch zu kriegen", schreibt bald danach Jakob Burckhardt einem Freunde und meint damit den auch von Raabe immer wieder abgewehrten Oberflächenoptimismus des Zeitalters. Schon in den Leuten aus dem Walde spricht Ulex einmal von Schopenhauer, aber erst nach deren Abschluß, während der Schöpfung von Abu Telfan hat Raabe begonnen, sich mit Schopenhauer näher vertraut zu machen, und erst der Schüdderump, das dritte Werk der von Grunzenow über Abu Telfan nach Krodebeck führenden Trilogie zeigt die Auseinandersetzung mit dem Philosophen des Pessimismus.

Abu Telfan geht sofort ganz sachlich in die Mitte der Dinge — der Schüdderump zeigt gleich im Anfang deutlich über die realistische Darstellung hinaus das Streben zur großen Symbolisierung des Lebens. In einem hellen, lustigen norddeutschen Städtchen findet der Dichter auf der Durchreise als einzige wirkliche Merkwürdigkeit einen Schüdderump aus dem Jahre 1615, einen zweirädrigen Karren, auf dem man einst die Pestleichen zur Grube fuhr. Der Totengräber, dessen Herkunft aus dem Hamlet wohl mit Absicht deutlich gemacht wird — Raabe liebt die Yorik-Szene überhaupt — erklärt dem Beschauer kichernd die Vorrichtung. Und dann erst setzt die Erzählung ein. In Abu Telfan konnte man an jeden deutschen Kleinstaat denken — die Handlung des Schüdderumps wird ausdrücklich an den Harz verlegt, nach Dorf und Hof Krodebeck im Nordharz, und die Natur und das Leben dieses von der Sage geschmückten, von der Dichtung oft besungenen deutschen Mittelgebirges spielen ihre Rolle mit — insbesondere die Holzwarenhändlerin Jane Wahrwolf bringt mit ihrem schweren Packen immer wieder so etwas wie den Geruch des Gebirges und ein Stück vom Kleinleben des Bergvolks ins Tal herunter. Sie ist eine von den sechs Alten, die mit den zwei Jungen zusammen im Grunde das ganze Buch füllen. Sie, ein absonderlicher, einsamer, hart geprüfter Mensch, nimmt sich mit Hanna Allmann, der jahrzehntelangen Bewohnerin des Armen- und Siechenhauses, mit der Frau vom Lauenhofe und deren beiden seltsamen Hausgenossen der kleinen Antonie an, die als Kind einer verlorenen Mutter und Enkelin eines fortgelaufenen Großvaters eines Tages der Gemeinde Krodebeck, nicht zu ihrer Freude, wieder in den Schoß fällt. Nach Hannas Tode kommt Antonie auf den Herrenhof und wird der Sonnenschein des Hauses derer von Lauen. Sie wächst allen ans Herz, und gerade, da auf der Höhe eines Erntefestes die Unentbehrlichkeit ihres holden Wesens, ihrer schönen Gestalt, ihres reinen Herzens allen so recht bewußt wird, gerade da zieht mit dem Haarrauch der herbstlichen Landschaft die Kunde einher, daß der Großvater es vom Bartscherer auf allerlei Wegen bis zum österreichischen Armeelieferanten und Edlen gebracht hat. Und der Held kommt nun, sein Kind zu holen. Die Weltläufigkeit des einstigen Bartkratzers überrumpelt alle, er nimmt seine Enkelin, die seinen Zwecken trefflich dienen kann, mit hinweg, und niemand hält sie, obwohl jeder im stillen das Gefühl von der Ruchlosigkeit des neuen Ritters hat.

Nach Jahren besucht der junge Hennig von Lauen, der Spielgefährte Antoniens, sie in Wien und findet eine rührende Gestalt, einen Menschen, der sich im Kampfe gegen die Gemeinheit seiner Umgebung bewahrt, aber zugleich körperlich aufgerieben hat und nun einem bittern Ende entgegengeht. Aber diesem Ende wird dann jede Bitterkeit genommen. Denn während der junge, ganz durchschnittsmäßige, rasche, ein wenig jungenhundehafte Hennig ihr nicht helfen und ihr den Abschied nicht zum Siege machen kann, gelingt das dem Ritter von Glaubigern. Zwei Alte haben auf dem Lauenhofe mit Jane Wahrwolf und Hennigs Mutter über Antonie gewacht. Die eine, das stark verschrobene Fräulein Adelaide Klotilde Paula von Saint Trouin, eine Dame aus dem ältesten französischen Adel, hat die kleine Antonie zuerst als ein Spielzeug betrachtet, ihr dann aber alles, was sie konnte und kannte, gegeben. Der andere aber ist der Ritter Karl Eustachius von Glaubigern, der bei Leipzig mitgefochten hat, 1815 verwundet worden und dann auch auf dem Lauenhofe geblieben ist, der Trost und die Stütze der Gutsfrau, der Erzieher Hennigs. Auch ihm ist mit Antonie einst das Licht seiner alten Tage genommen worden, er ist kümmerlich und hinfällig; aber als er aus dem Bericht Hennigs ersieht, was man dem Kinde getan, richtet der Fünfundsiebzigjährige sich noch einmal hoch auf; und nun reist er, der seit Jahrzehnten den Hof nicht verlassen hat, nach Wien, und da er in das Zimmer an den Laimgruben zu Mariahilf tritt, verblaßt das Lächeln auf den Zügen des Edlen, und Antonie fällt in die Knie, und sie weiß sich in Sicherheit, und ihr kann nichts mehr geschehen. In dieser Sicherheit stirbt sie, und ihr leuchtendes Bild geht noch dann und wann über die morsche Wand des Siechenhauses zu Krodebeck, wo die drei Uralten, Klotilde Paula von Saint Trouin, der Ritter von Glaubigern und Jane Wahrwolf, die sich der hohen Dame gegenüber zum Vieh rechnet und sich eine Ehre daraus macht, in einer Reihe auf der Bank vor den kahlen Mauern sitzen.

Immer wieder rattert und rüttelt der Schübderump

durch das Buch. Man hört das dumpfe Poltern in der Ferne, das Schüttern des schwarzen Wagens, „dessen Fuhrmann so schläfrig-duster mit dem Kopfe nickt, und dessen Begleiter, die Leidenschaften, mit Zähneknirschen und Hohnlachen die eisernen Stangen und Haken schwingen". Ich sage, man hört ihn immer wieder, gerade deshalb, weil Raabe von dem Kunstmittel der Anamnese, der Rückerinnerung, der Rückdeutung, nur einen ganz bescheidenen Gebrauch macht. Selten nur — man kann die Stellen zählen — kehrt das W o r t vom Schüdderump wieder — immer aber fällt uns der K l a n g des gespenstischen Karrens ins Ohr, bis, genau nach Raabes sonstiger Kunst des feinsten Aufbaus, am Ende des zweiten, zum Vorklang des dritten Buches, im dreiundzwanzigsten Kapitel, der volle Ton von dem Dichter noch einmal bedeutungsvoll angeschlagen wird:

„Wir haben wohl den Schüdderump gänzlich vergessen? Das Leben ging uns so leicht und weich ein, die Tage gingen wie auf samtnen Schuhen vorüber: weshalb auch sollten wir in der guten Stunde selbstquälerisch das aufsuchen, was seinerzeit ohne Einladung nahen und sich nicht abhalten lassen wird? Wir waren gesund und wohlauf; ja, wir konnten lachen, ohne zu wissen, warum; warum sollten wir freiwillig das dunkle Bild im Winkel aufstöbern, welches uns sehr ernst stimmt, ohne daß wir behaupten können, wir wüßten nicht weshalb?

Horch, was war das? Vielleicht traf das Rad des widerwärtigen Karrens auf einen Stein im Wege, und so wurde die schauerliche Last ein wenig zusammengerüttelt, und den Ton vernahmen wir mitten im fröhlichen Behagen des Daseins, im Kreise der Freunde, einsam am warmen Ofen in der Winternacht, auf der Höhe des Gelags, unter den Kränzen der Hochzeitsfeier, im Theater, am Wirtshaustisch oder im tiefen, traumlosen Schlaf. Das ist's!

und man fährt mit der Hand an die Stirn: soviel Lichter um uns her angezündet sein mögen, so hell die Sonne scheinen mag, auf einmal wissen wir wieder, daß wir aus dem Dunkeln kommen und in das Dunkle gehen, und daß auf Erden kein größeres Wunder ist, als daß wir dieses je für den kürzesten Moment vergessen konnten.

Da denken wir mit Schauern derer, welche gestern starben, und derer, die in tausend Jahren sterben werden, und vielleicht denken wir auch an ein uns fremdes, gleichgültiges, unbekanntes Kind, das wir einst zufällig unter den Blumen seines Sarges erblickten, und sehen ernst genug gerad aus und begreifen augenblicklich kaum noch, wie der dicke Gevatter uns gegenüber so herzlich über den alten Witz seines hagern Nachbars lachen kann; bis dasselbe Wunder auch uns von neuem widerfährt, und das Messer- und Gabelgeklirr des Lebens auch uns von neuem betäubt und obendrein uns recht vergnügt stimmt."

Dieser Akkord wird in dem Augenblick angeschlagen, da der Edle Häußler von Haußenbleib auf dem Lauenhofe eintrifft, um sein Enkelkind zu holen.

Äußerlich geht Antonie zugrunde, und, wie Theophile Stein als Geheimer Rat, bleibt der Edle im Schmucke seiner Orden und seines Adelstitels, im Genuß seiner Millionen zurück, ein wohlhabender Bürger des genußfrohen Wien, dessen Atmosphäre Raabe so fein schildert, daß man sich an einzelne Darstellungen seines wiener Altersgenossen Ferdinand von Saar gemahnt fühlt. „Das ist das Schrecknis in der Welt, schlimmer als der Tod, daß die Kanaille Herr ist und Herr bleibt", sagt zu seinem Schüler Hennig der Ritter von Glaubigern. Gegenüber den Menschen, die alles kaufen und alles verkaufen, ist er freilich wehrlos. Und dennoch spricht Antonie Häußler, da der Junker Hennig von Lauen über ihr Schicksal jammert: „Und ich bin eine große Dame — eine sehr große Dame durch den Ritter von Glaubigern geworden, ganz ohne daß du es gemerkt hast, mein armer Hennig, und ich trage auch meinen Harnisch, und ich bin so wehrlos wie der Ritter von Glaubigern und so stark und unüberwindlich wie er." „Sie sah", heißt es weiter, „prächtig aus in ihrem Stolz"; und da ihr Tag sich zu Ende neigt, vernehmen wir, sie habe still in ihrem Bettchen gelegen, still und regungslos und „fürchtete sich nicht" — auf höherer Stufe kehrt Else von der Tannes Sterben wieder. Gewiß, nur Leute wie der Edle von Haußenbleib haben das Recht, „ihr Leben nach ihrem Willen einzurichten und mit den Nachteilen die überwiegenden Vorteile herauszuziehen" — der Sieg bleibt doch den andern. Der Mantel ist wieder einmal ausgebreitet nach Golgatha hin, der Mantel des greisen Ritters, der einst die deutschen Befreiungskriege mitgefochten hat und der in wenigen und schlichten Worten selbst der biedern und ganz nüchternen Frau von Lauen das Beste im Leben und zum Leben zu geben weiß. Auch Antonie geht schließlich frei durch, und die Schurkerei um sie herum kann ihr gar nichts anhaben — der Tod ist verschlungen in den Sieg.

Mit grauenhafter Klarheit zeigt hier Raabe den Sieg der Kanaille in der Welt. Schopenhauers Lehre kommt zu ihrem pessimistischen Schluß, weil der Mensch aus dem Willen lebt und dieser Wille niemals zum Glücke führen kann. Darum setzt er gegen den Willen das Leiden, das alle Schmerzen der Menschheit, selbst ohne Begehren, auf sich nimmt. Das ist der Fall von Antonie Häußler. Sie widerstrebt nicht dem Übel — sondern läßt ihren Willen fallen und stirbt — wie eine Königin. Im Kampf mit dem ungeheuren Widerspruch der Welt wird hier nicht wie am Schlusse des Faust das Evangelium sozialer Arbeit für eine befreite Menschheit gefunden, sondern, die hier den letzten Augenblick als höchsten genießt, überwindet die Welt lediglich in dem Bewußtsein eines höheren Rechts, frei durchgehend durch die irdische Gemeinheit um sie her. Will man aber den letzten Sinn aus dieser in die letzten Tiefen führenden, ebenso innerlich glaubhaften wie hochgestimmten Raabischen Dichtung herauslesen, so darf man nie vergessen, daß er sie durch das zurückweisende Schlußwort mit dem Hungerpastor und Abu Telfan zu dem Endstück eines langen, mühseligen Weges stempelt. Er hatte die Trilogie nicht von Beginn als solche geplant — wenn ihm allgemach die drei Werke eins geworden waren, so sind wir verpflichtet, diesem Fingerzeig zu folgen; und wenn wir das tun, finden wir in dem mit besonderem Nachdruck eingeleiteten mittelsten Kapitel des Mittelwerks Abu Telfan jenen Anruf an das Leben, in dem nichts von der Düsternis des Untergrundes verschwiegen und doch der äußere Zwang zum Dasein zum inneren Gesetz erhoben wird. Man muß bei Raabe immer sehr genau auf diesen mit dem inneren Rhythmus übereinstimmenden äußeren Rhythmus seiner Meisterwerke achten, dann entdeckt man hier, daß Leonhard Hagebuchers Rede genau mitten inne steht zwischen der Mahnung: „Gib deine Waffen weiter, Hans Unwirrsch!" und dem Erscheinen des Schüdderumps als Symbol. Von Feuerbach war Raabes philosophische Entwicklung ausgegangen, zu Hegel hatte er sich mit seinem ganzen Geschlecht in der Zeit seiner dichterischen Erstlinge bekannt, aber dessen Lehre von der Vernunft des Bestehenden, von der Wirkung des Vernünftigen bedurfte bei ihm der Ergänzung durch Schopenhauers entgegengesetzten, in Tiefe und Düster führenden Ideengang. Selbst inzwischen zum Meister geworden, empfand er die Philosophie nicht als Gegenstand und nicht als Ausgangspunkt seiner Dichtung — er war Künstler; aber er verschmolz die Weltanschauungen seines Jahrhunderts zum Bilde eines in dauernden Gestalten aufgeproßten Lebens — auch da ein frei durchgehender.

In den Drei Federn überwand der Sonnenschein warmer Liebe die zuerst gewollte und dann schon fast zur Natur gewordene Selbstbefriedigung und Herzensabwendung; im Hungerpastor siegen die Waffen dessen, der an das Licht und seinen blauen Schleier glaubte, und hart am Rande der wilden See und bei den einfachsten Menschen baut er ein arbeitsames, einfaches Glück auf; in Abu Telfan tragen einsame Herzen Schmerz und Liebe in die Katzenmühle zu der, die die Welt überwunden hat, und wissen doch, daß man für das Leben eintreten muß, und daß wir alle in einer großen Kette stehn, die mehr ist als jeder einzelne. Und im Schüdderump hebt sich aus dem Druck und der Niedertracht des Gemeinen die ringende Seele, die das Beste auf dieser Welt trotz dieser Welt gelernt hat, und geht frei und unberührt aus dem zerbrochenen Leibe zum Himmel ein. Nicht der Pessimismus, sondern jene Weltanschauung, die mit glanzlosem Idealismus die Menschheit weiter führt, die sie das Leben erst wirklich leben lehrt — sie spricht aus dieser Reihe von Meisterwerken, die Raabe auf der Höhe seines Lebens abschloß und deren letzte Gestalten er seinem Volk bescherte, als dieses das erstickende Gewand des Tumurkielandes von sich streifte, und durch den Staatsmann, der an die Fülle des Lebens wie an den Schmerz des Lebens glaubte, endlich zu der von Raabe und seinem Geschlecht so heiß herbeigesehnten Einheit und Stärke geführt ward. Und zu dieser schicksalträchtigen Zeitwende deutschen Lebens kehrte Raabe aus dem Süden des Vaterlandes in den vertrauten Norden zurück.

———

11. Kapitel

Die Heimkehr nach Braunschweig

Die Reise in die Heimat war nicht leicht, weil zur Westgrenze rollende Truppenzüge zu manchem Umweg nötigten, und ohne Gepäck und Möbel traf das Ehepaar Raabe mit den Kindern erst am 21. Juli in der Landeshauptstadt ein. Diese, nicht Wolfenbüttel, war zum endgültigen Wohnort erkoren worden. Was in Süddeutschland zu lernen war, glaubte Raabe gelernt zu haben, und er fühlte, daß diese Zeit für ihn zu Ende ging, „nach den Worten im Buche Hiob: Vorüber geht es, ehe man es gewahr wird, und es verwandelt sich, ehe man es merkt". Verwandelt war auch er, da er zurückkam. Aus dem bartlosen jungen Manne mit den charakteristisch vorstehenden Backenknochen unter dem vollen, gescheitelten Haar war ein etwas mehr in die Breite gegangener Herr geworden, der den Oberkörper ein wenig vorgeneigt trug. Das Gesicht mit dem dünnen braunen Schnurr- und Kinnbart wirkte schmaler, der Mund schien vieles zu verschweigen und dabei leicht zum Lächeln bereit zu sein, die Augen blickten verschleierter als früher, mit einem merkwürdigen Ausdruck, scheinbar teilnahmlos und doch immer zum Aufnehmen, zum Zupacken bereit, das rechte mit zunehmender Kurzsichtigkeit schärfer zugedrückt als das linke. Noch jedem Maler, der sich an Raabes Bildnis versuchte, haben diese Augen zu schaffen gemacht.

Braunschweig war Raabe lang und gut vertraut. Wie

in lebendigem Anschauen hatte er den schönsten Platz der schönen Stadt, den Altstadtmarkt, in der Freya, der Zeitschrift seines Freundes Moritz Hartmann, von Stuttgart aus geschildert, „das hochedle Kleeblatt" der Martinskirche, des Brunnens und des Rathauses, und hatte mit der reich strömenden Erinnerung an die Geschichte dieses Forums die alte Pracht und Bürgerherrlichkeit, wie die aus diesen Denkmalen sprechende bürgerliche Freiheit, selbst ein stolzer Bürger, gepriesen. Noch lagen gedehnte Gärten hinter und zwischen den prächtigen Wohnhäusern der Renaissance nahe bei dem herrlichen Dom und dem Löwendenkmal des großen Heinrich, schmale Gassen mit malerischen Durchblicken und grüne Anlagen voll hoher Bäume luden zum Einherwandeln, und rüstigen Beinen war der Wohnort der Mutter, Wolfenbüttel, rasch erreichbar. Hatte der Sohn von Stuttgart her manche Sorgen brieflich an ihr Herz getragen, so konnte er jetzt, am gewohnten Tischplatz, Freude und Leid berichten; er ließ die Enkelinnen, Margarethe, Lisbeth und die am 14. August 1872 geborene Klara um ihre Knie spielen und half ihr, Lebensspätgold genießen, bis das Jahr 1874 die schon lange Kränkelnde abrief und der wolfenbüttler Kirchhof ihr Sterbliches aufnahm.

Verklungen ach! — Der erste Widerklang!
schrieb er, von ihrem Sterbelager heimgekehrt, ins Tagebuch.

Der einstige wolfenbüttler Verkehrskreis des Raabischen Hauses hatte sich, wie das so geht, in diesen acht Jahren stark gelichtet, durch Tod, Wegzug und anderes gewandelt. Christian Jeep war noch da und blieb dem Neffen als Freund und Beirat bis ins Jahr 1890 erhalten. Aber von den gleichaltrigen Genossen fand Raabe nur einen wieder, Theodor Steinweg. Dessen Vater war einst aus dem Harzstädtchen Seesen nach Neuyork ausgewandert, hatte dort eine rasch berühmt gewordene Klavierfabrik gegründet und das kleinere braunschweiger Unternehmen dem jungen Theodor überlassen. Dieser hatte mit Wilhelm Raabe zusammen das Schillerfest von 1859 veranstaltet, er war der Festredner neben dem Festdichter gewesen. Inzwischen hatte ihn der Tod zweier Brüder zum Vater nach Amerika gerufen, und als er nun zurückkam, führte er zwar den halbenglischen Namen Steinway, aber er war ein rechter Deutscher, ein guter Geselle und ein phantastischer Geschichtenerzähler geblieben; so schlang sich um beide bald wieder das alte Band.

Der Große Klub in der Breiten Straße führte nicht, wie einst der minder vornehme Namenlose Klub von Wolfenbüttel, zu neuen Freundschaften, denn Raabe erwarb die Mitgliedschaft im Grunde nur, um tagtäglich gegen Abend neue Zeitungen und Zeitschriften zu lesen. Wie Adolf Menzel in Berlin und Henrik Ibsen in München kam er in Braunschweig in den verdienten Ruf eines gewaltigen Durchmusterers der Journale und brachte es im rechten Wählen dessen, was er brauchen konnte, zu großer Vollkommenheit. Getreue Nachbarn und desgleichen fanden sich im engsten Kreise bei der zuerst gewählten Wohnung an der Salzdahlumer Straße gegenüber einer großen Gärtnerei, auf die Raabes Arbeitszimmer schaute. Von Garten zu Garten, über Hecken und Zäune verkehrten die Anwohner mitelnander, trafen sich abends im alten Wirtshause Bellevue und bildeten den Ring der Bauern von Krähenfelde. Unter diesen gewann Wilhelm Raabe einen ihm nach Neigungen und Anlagen besonders genehmen Genossen, Ludwig Hänselmann; der war ein braunschweiger Kind, drei Jahre jünger als Raabe, ursprünglich Theologe, dann Historiker und Lieblingsschüler Droysens, ein ausgezeichneter Kenner und Darsteller der heimischen Geschichte, und, wie seine

Novellen „Unterm Löwenstein" erwiesen, auch ein guter Novellist. Der Chronikenstil, in dem er gern schrieb, stand ihm natürlich zu Gesicht, und der an Wissen unendlich reiche Forscher war dem firmen Historikus Wilhelm Raabe bald ebenso vertraut wie der anspruchslose reine, humorvolle, dem Dichter in treuer Freundschaft ergebene Mensch. Und noch eins verband den Dichter mit dem Direktor des Städtischen Archivs: die Neigung zum Studium der deutschen Mystik; sie galt bei Hänselmann besonders Joseph Görres.

Der eine mußte viel ersetzen, denn das quellende Leben schwäbischer Geselligkeit im Hause und mehr noch draußen war nicht braunschweigische Art, und vollends an einen Verkehr mit Dichtern und anderm schreibenden Volk zu gegenseitigem Austausch war in Braunschweig nicht zu denken, dessen einziger namhafter Schriftsteller, Raabes leipziger Bekannter Friedrich Gerstäcker, schon im Jahre 1872 ganz plötzlich vom Tode dahingerafft ward. Und so wurde es gerade jetzt, da mit vierzig Jahren „der Berg erstiegen" war, allgemach einsam um den Dichter der Trilogie, und mehr noch aus inneren als aus äußeren Gründen. Hochgemuten Sinnes, voll frohen Stolzes auf das endlich Errungene, auf die Einheit und Unabhängigkeit des Vaterlandes, durften insbesondere die Kämpfer des Nationalvereins sich um den alten Kaiser und Bismarck scharen, und hell klang aus dem Spiegelsaal zu Versailles das Gelöbnis über die Welt, daß der Erringer der Krone „auf dem Walserfelde" ein Mehrer des Reiches sein wolle an den Gütern und Gaben des Friedens, auf dem Gebiet der nationalen Wohlfahrt, Freiheit und Gesittung. Wir wissen: niemals reifen im Leben und in der Geschichte alle Blütenträume; — trotzdem war für viele von den Besten der grelle Umschwung überraschend, den das deutsche Leben nach den glücklichen Kriegen nahm. Der Kapitalismus trat überall in ein neues, sieghaftes, die Völker anfränkelndes Stufenjahr. Durch die für damalige Verhältnisse riesige Kriegsentschädigung waren die Staatsbedürfnisse soweit gedeckt, daß sich das rasch wachsende Privatkapital ungehemmt, nicht abgezogen von Anleihen, auf den Industriemarkt werfen konnte, und es begann in einem immer stärker durcheinanderlaufenden Volksleben, bei wachsendem großstädtischem Verkehr, beginnender Landflucht und niedergehender Landwirtschaft die Gründerzeit mit ihren raschen Zusammenbrüchen, ihren aufgelobten, schwindelhaften Unternehmungen und mit der Leerheit und Oberflächlichkeit auch ihrer künstlerischen Bedürfnisse. Das Werk Friedrich Hebbels und Otto Ludwigs erschien bald wie völlig versunken, Dichter wie Gottfried Keller und Theodor Storm traten in den Hintergrund, die Bühnen beherrschte ein durchaus epigonisches Jambendrama oder die Übersetzung französischer Theaterstücke, denen man rasch in Deutschland Ähnliches, Schlechteres, die deutsche Gesellschaft nie und nirgends wirklich Spiegelndes an die Seite zu setzen wußte. Eine spielerischunwahre, im Kern feuilletonistische, national verbrämte Sangepik ohne wirkliche Haltung schlich sich ein. Auf dem Gebiet des Romans ergoß sich in die Blätter und die Zeit alsbald eine breite Unterhaltungsliteratur, in der das Weibliche frauenzimmerlich und das Geschichtliche bildungsarchäologisch ward; mit der kernhaften Tüchtigkeit des realistischen Unterhaltungsromans hatte dies neue Schrifttum nichts gemein. Und auch die beiden berühmtesten Romandichter der siebziger Jahre, Friedrich Spielhagen und Felix Dahn, erreichten künstlerisch und in ihrer vaterländischen Bedeutung nicht die Höhe der Alexis und Freytag, der Keller und Raabe. Beide erschienen vor allem noch ganz von dem Jungdeutschtum beeinflußt, das die Realisten inzwischen längst überwunden hatten:

es steckte sowohl in den Zeitromanen Spielhagens wie in
Dahns geschichtlichen Romanen. Jener war demokratisch,
betont bürgerlich, ganz der Gegenwart zugewandt, dieser
groß-liberal, germanisch-national, in die Vergangenheit
der deutschen Stämme vertieft — aber beide kamen im
Grunde von Gutzkow her, bauten ihre weitgespannten
Erzählungen mit Feuer, aber nicht immer mit Anschaulich-
keit und stets mit einem großen Aufgebot von verwirrenden
Kreuzungen, von Verschwörungen und immer neu er-
regenden Zutaten auf und weckten so die Erinnerung an
die Sensationsromane Eugen Sues. Die Menschen des
realistischen Romans sprachen sich aus, ihre Schöpfer
strebten zu einer schlichten Sachlichkeit — die Menschen
des Zeitromans und des Dahnschen geschichtlichen Romans
wie der Epen von Robert Hamerling waren immer in
Ekstase; die Menschen des realistischen Romans waren
Fleisch von unserm Fleisch und Blut von unserm Blut
und wirkten so; die Menschen der neuen Kunst waren oft
von einem geheimnisvollen Hauch umwittert, der aber
nicht aus der Tiefe ihres Wesens, sondern aus der Berechnung einer übersteigerten Einbildungskraft kam. Und
dabei waren ihre Schöpfer doch ernsthafte, nach Ernst-
haftem ringende, groß empfindende Schriftsteller mit
starkem dichterischen Einschlag, während der feuilletonistische Troß um sie her nur so behende als möglich in
der Woge des modischen Lebens mitschwamm.

Mit zweifelsschweren Blicken sah Wilhelm Raabe in
dies Wesen hinein, das auch sein Werk, und gleich zuerst
den Schüdderump, auf lange hinaus verschüttete; man
hätte sich's doch in der neuen Zeit anders gedacht, schrieb
er dem alten Freunde Notter. Er hatte nun die Meisterschaft erreicht und schuf, in seinem innern Wesen durch
all das Andringende nicht berührt, weiter, seiner selbst
sicher, seines Volkes trotz allem gewiß, als einer, der, wie

es so oft bei ihm heißt, Bescheid weiß und schließlich doch frei durchgeht. „Die Wunden der Helden waren noch nicht verharscht, die Tränen der Kinder, der Mütter, der Gattinnen, der Bräute und Schwestern noch nicht getrocknet, die Gräber der Gefallenen noch nicht übergrünt: aber in Deutschland ging's schon — so früh nach dem furchtbaren Kriege und schweren Siege — recht wunderlich her. Wie während oder nach einer großen Feuersbrunst in der Gasse ein Sirupsfaß platzt und der Pöbel und die Buben anfangen zu lecken, so war im deutschen Volke der Geldsack aufgegangen, und die Taler rollten auch in den Gassen, und nur zu viele Hände griffen auch dort danach. Es hatte fast den Anschein, als sollte dies der größte Gewinn sein, den das geeinigte Vaterland aus seinem großen Erfolge in der Weltgeschichte hervorholen könnte!"

So hat Raabe selbst nach zwanzig Jahren über die Zeit geurteilt, der er nun als erstes Werk im Deutschen Reich den um die Wende von 1870/71 geschriebenen, zwei Tage nach dem Frankfurter Frieden beendeten Dräumling mit der tönenden, warnenden Erinnerung an das Schillerfest von 1859 schenkte. Man muß tief hinabgraben, die Urgründe zu finden, aus denen seine Stellung zum Wesen des neuen deutschen Lebensabschnitts wuchs.

„Seine Gestalt ragt in der Tat unheimlich in dem Zeitalter von 1870 bis 1914 auf. Für Augenblicke fällt das Spießbürgerliche plötzlich von ihm ab, dann wird der Schlafrock zum König-Lear-Gewand, die langen weichen Hände an den langen Armen ballen sich zu knöchernen Fäusten, aus den Augen glüht ein unterirdisches Feuer, und ein bitterstes Wort bricht mit jähem Stoß zwischen den Zähnen hervor. Er ist nur selten so gesehen worden, aber es war in ihm."

Auch wenn man von dieser, wohlgemerkt, erst nach dem zweiten Versailles geschriebenen, Schilderung Wilhelm

Die großen Unzeitgemäßen

Stapels abzieht, was poetische Lizenz oder eindringliche Zuspitzung ist, bleibt genug Wahres an dem Bilde Wilhelm Raabes nach dem ersten Versailles. Ja, er tritt nun in die Reihe der großen Unzeitgemäßen ein, die, unbekannt und verkannt, von den Erfolgmenschen der allein seligmachenden Schneidigkeit, der Erwerbsgier und der sogenannten Realien in Leben, Lehre und Politik überschrien wurden. So verschieden sie unter sich waren, so einig erscheinen sie heute, da das Gewimmel um sie dahingesunken und ihre Gestalt entschleiert ist, in dem Kampfe gegen ihre deutsche Zeit. Da ist Eugen Dühring, der Forderer der mathematischen Schönheit, der Kämpfer für neue, wahrhaft realistische Ideale, ein scheinbarer Materialist, voll warmer Liebe zur Wirklichkeit, voll tiefsten Strebens nach der unbedingten Wahrhaftigkeit aus Verpflichtung gegen sich und gegen die Menschen überhaupt. Da ist Paul de Lagarde, der das Reich, wie es nun geworden war, als ungesättigt empfindet, der das neue deutsche Wesen zu Innerlichkeit und Religion zurück, der die Kirche von der Dogmatik zur Frömmigkeit führen will, der als Rufer in der Wüste — das waren sie alle — keine geldzählende, sondern eine reinen Willens zur Vollkommenheit strebende deutsche Menschheit heischt. Da ist Constantin Frantz, der Deutschland den von dem alten Kaisertum erstrebten, aber allgemach preisgegebenen Beruf eines christlichen Reichs der Mitte, Europa die Idee eines christlichen Völkerbundes wiedergeben will. Da ist schließlich Karl Christian Planck, der große schwäbische Denker seiner Zeit, der in dem Gewordenen nur ein nationales Zerrbild sieht, der die unmittelbare Macht des deutschen Naturells wieder aufruft, der statt des gesteigerten Kriegszustandes Deutschland organisch aus dem innern Mittelpunkt menschlicher Bestimmung zum Führer auch der kleineren Nationalitäten im verwobenen Kranze führen will; und hinter ihnen reckt sich schon, von Dühring beeinflußt, jünger als sie alle, der Hammer des letzten dieser Unzeitgemäßen, Friedrich Nietzsches, des Antiphilisters und Bannerträgers geistiger Ansprüche statt materieller nationaler Erfolge, empor. Nicht mit ihnen allen hätte sich Wilhelm Raabe verstanden. Von Dühring trennte ihn dessen Gegnerschaft gegen Griechentum, Judentum und Christentum, und Christian Planck, der ihm in Ulm so nahe saß, wäre bei einem Gespräch etwa ums Jahr 1866 trotz aller gemeinsamen Abneigung gegen das Aufprotzen des rein Verständig-Praktischen gewiß sein Widerpart gewesen, weil er die Aufgabe Preußens und die Politik Bismarcks vorher und nachher ganz anders sah als Raabe. Aber was hätte es für ein Bild gegeben, Raabe mit Lagarde in dem nahen Göttingen beieinander zu sehn! Sie hätten nicht über Luther zu reden brauchen, den Lagarde nahezu verabscheute und der für Raabe mit im Zentrum seines geschichtlichen Denkens stand. Sie hätten sich auch über Bismarck nicht verständigt, dessen Bild von nun an als Cimelium über Raabes Arbeitstisch hing und dem Lagarde doch nur mit Respekt und immer mit schärfster, liebender Kritik gegenüberstand. Aber in ihrem Eigensten, in der Förderung wirklicher, das heißt innerlich erarbeiteter Werte, in dem Kampfe gegen die Verflachung unserer humanistischen Bildung, in dem heißen Wunsche, daß Deutschland, nach Lagardes unvergeßlicher Prägung, wieder von sich voll werde wie ein Ei — da hätten der Epiker des Hungers nach dem Lichte, der grimme Erforscher des Tumurkielandes und der Verfasser der Deutschen Schriften einander gefunden. Und klingt es nicht ganz lagardisch, wenn Raabe in einem Brief nach Stuttgart das deutsche Volk das Volk der Surrogate nennt?

    Sie alle sind Schicksalsgenossen gewesen und geblieben. Heute steht ihr Werk wie neu aus der Tiefe gegraben unverhüllt da. Dührings idealer Realismus ist in Oswald Spenglers Geschichts-Morphologie spürbar, wenn er, schließlich auch er, statt des Christus den Cäsar wählt. Constantin Frantzens christliche Völkerbündung hat auf Friedrich Wilhelm Försters im großen Sinn katholische, jetzt freilich oft uns schmerzliche Wege gehende politische Ethik stark gewirkt. Paul de Lagarde ist allenthalben zu spüren, sein aus tiefer Verwurzelung stammendes volksorganisches Denken hat unter anderm auf Walther Rathenaus idealistische Formung von Staat und Gesellschaft, seine Darstellung und Überwindung der Mechanisierung eingewirkt, und Christian Plancks deutsches Menschenbild, in einem der Stammlande deutschen idealistischen Denkens gewachsen, kehrt in des Schwaben Leopold Ziegler großer Darstellung des deutschen Menschen verjüngt wieder. Alles das zu derselben Zeit, da Raabe, sein Volk neu gewinnend, unter uns umgeht.

Damals aber lebte er, wie hinter einem von den Händen unberufener Regisseure gezogenen Vorhang. Die alte Freundschaft mit dem Westermannschen Verlage ging trotz Adolf Glaser, der zu jener Zeit bald in Berlin, bald in Italien lebte, in die Brüche. Seit dem ganz erfolglos vorübergegangenen Schüdderump fand auf Jahre hinaus kein größeres Werk mehr bei Westermann seine Statt; selbst kleine Erzählungen sind zwischen 1870 und 1874 nicht von den Monatsheften gebracht worden und erst im Jahre 1880 wieder eine umfängliche Dichtung, die Alten Nester. Raabe mußte immer neue Verleger suchen. Die vier Erzählungen Deutscher Mondschein kamen bei Hallberger, Christoph Pechlin und Meister Autor bei Ernst Julius Günther in Leipzig heraus, Pfisters Mühle bei Friedrich Wilhelm Grunow, das Odfeld bei B. Elischer in Leipzig, bis dann endlich ein festes Verhältnis zu Otto Janke in Berlin entstand. Der hatte einst für das stattliche Entgelt von siebenhundertundfünfzig Talern den Hungerpastor erworben. Und es ist den Inhabern der Handlung, Otto und Gustav Janke, hoch anzurechnen, daß sie seit 1872 allmählich die Mehrzahl Raabischer Werke in ihren Buchverlag, zum Teil auch in ihre Deutsche Romanzeitung zogen — lange ohne klingenden Erfolg. Die Chronik kam endlich 1877, nach dreifachem Wechsel, im Gefolge des Horackers an die G. Grotesche Verlagsbuchhandlung in ihrer Entstehungsstadt.

Immer wieder fühlte der erfolglose Schriftsteller die Hand des Schicksals an der Gurgel. Wohl gediehen die Töchter, unter ihnen das Nesthäkchen, die am 19. Februar 1876 zur Welt gekommene Gertrud, an der Hand der Mutter, aber schwer genug war es bei dem bescheidenen Honorar eines nicht für den Tag schreibenden Dichters, auch nur das Lebensnotbürftigste regelmäßig herbeizuschaffen. Da erst bewährte sich die Lebensgefährtin in ihrer ganzen stillen Größe. Das durchschnittliche Jahreseinkommen ging über zweitausendfünfhundert Mark niemals hinaus, und Frau Raabe wußte damit nicht nur hauszuhalten, sondern gelegentlich selbst eine Ferienreise in den Harz, einmal gar nach Oberbayern zu bestreiten. Raabe selbst gönnte sich einmal die Fahrt nach Schleswig zu Jensen und machte in Husum Station, leider ohne Storm anzutreffen. Die Zinsen ihres eigenen bescheidenen Vermögens legte Frau Raabe, als einst die Sorge einer schweren Krankheit über das Haus gekommen war, für spätere Notfälle zurück. Und manchesmal erreichten die Honorare noch lange nicht den Durchschnittssatz, und Ehrengaben der Schillerstiftung, deren Verwaltungsrat sich der Bedeutung Raabes immer bewußt war, schützten vor äußerster Not. Frau Bertha aber hielt sich aufrecht, ihr Stolz war, daß ihr Mann der unabhängige, freie Schriftsteller bleiben solle; sie wußte, nur so konnte er schaffen, und verzichtete auf manches Behagen anderer Hausfrauen, immer in dem vollen Gefühl von der Größe seines Werks. Eines Sonntags kam die Familie an einem schönen Gartenhause vorbei, und unwillkürlich sagte die Frau: „Das muß doch schön sein, solch Besitztum zu haben." Raabe warf ein: „Das könntet ihr auch haben, wenn ich wollte, ich will aber nicht." Und sofort erklärte sie: „Du hast ganz Recht." Den Töchtern aber durfte die Jugendlust nicht verkümmert, die Möglichkeit zu wissenschaftlicher Ausbildung nicht genommen werden, und als die zeichnerische Anlage des Vaters bei Margarethe zu nachhaltiger Begabung durchschlug, wurden die Mittel zu ihrer Weiterbildung in München aufgebracht, in der Stadt, aus der ihrem Vater mit dem Maximiliansorden für Kunst und Wissenschaft die einzige äußere Anerkennung seiner fünfundvierzig Schriftstellerjahre zukam. Es war der Orden, den auch Hebbel und Keller, Heyse und Freytag trugen. Raabe hat die Tochter an der Isar besucht; nach Stuttgart aber wagte er sich nicht wieder. Als er auf dem wiederholten Wege zu Jensen 1880, diesmal nach Freiburg, in Bruchsal den stuttgarter Zug stehen sah, regte sich wohl eine heimwehhafte Sehnsucht; aber eine „kuriose Angst" vor der seit seinem Fortgang so veränderten Welt überwog.

Trotz dem Glück im Hause wäre wohl das Gefühl der Vereinsamung, ja der Vergessenheit, das in späten Jahren noch oft aus bitterer Erinnerung emporstieg („hundsföttisch hat mich das deutsche Volk behandelt"), in Raabe übermächtig geworden ohne den Kreis der Kleiderseller. Ludwig Hänselmann war es, der Raabe in diese Runde führte, und sie beide wurden dann so etwas wie die heimlichen Kaiser dieser allgemach schon von der Legende umsponnenen Vereinigung. Ihr Zusammenschluß reicht noch in Raabes wolfenbüttler Zeit zurück; zu Anfang der sechziger

Jahre gründete Doktor Karl Schiller, dessen Anregung vornehmlich Braunschweig Rietschels schönes Lessing-Denkmal verdankt, ein loses Kränzchen zur Sammlung heimatlicher Altertümer und Erinnerungen aller Art und nannte die bald erfolgreich spürende und arbeitende Gesellschaft mit gutem Humor Kleiderseller, das heißt Althändler (das niederdeutsche Seller ist dem englischen to sell verwandt). Aus der rasch wachsenden Schar spalteten sich allgemach Gruppen mit besonderen Neigungen ab, und so blieb schließlich zwar der Name, aber nicht mehr der Zweck. Die Kleiderseller waren eine kleine Männerrunde zu geistigem Austausch geworden, die sich im Wirtshaus zum Gieseler traf, und hier stieß Wilhelm Raabe zu ihr, bald als geistiger Vormann empfunden. Führte er auch nicht, wie einst der Leiter des Berliner Tunnels Fontanischen Angedenkens ein Eulenszepter und die Titulatur „Das angebetete Haupt" — etwas vom Eulenspiegel, der ja in Braunschweig manchen heute durch Tafel und Brunnen verewigten Streich verübt hat, saß den Kleidersellern im Nacken, und ihr eigentliches Haupt war der jeder, auch scherzhaften Anbetung tief abgeneigte Raabe wirklich.

Unter seinen Altersgenossen im Sellerkreise stand neben Steinweg-Steinway Bernhard Abeken, oder, wie er sich als Dichter nannte, Ernst Andold obenan. Auch von ihm ist wie von Hänselmann nur wenig lebendig geblieben; aber eine seiner Novellen, „Eine Nacht", hat doch Paul Heyse, und gewiß nicht nur aus der persönlichen Freundschaft zwischen beiden heraus, in den mit so scharfem Urteil zusammengestellten Deutschen Novellenschatz aufgenommen. Freilich war Abeken nicht nur Schriftsteller, sondern von Haus aus Jurist, jahrelang politischer Redakteur, nationalliberaler Reichstags- und braunschweigischer Landtagsabgeordneter, im Grunde aber eine jener

Naturen, denen alle Tätigkeit zunächst Stoff und Form für die eigene Weiterbildung gibt. So fand der Vielbeschäftigte immer Zeit, sich in den großen Literaturen der alten und modernen Völker heimisch zu machen und war bei den Kleiderfellern und draußen ein geistvoller und witziger Redner und Unterhalter. Und wie paßte erst der Kapitän Römer in den Kreis, eine echte Gerstäckergestalt, Tabakpflanzer in Niederländisch-Indien, chinesischer Zollbeamter im Opiumkrieg, dann wieder im Dienste eines arabischen Fürsten Geleitsmann für nach Mekka pilgernde Moslemzüge und auf englischen Schiffen Jäger hinter Sklavenhändlern zwischen den Küsten Afrikas und Amerikas. Neben ihm plauderten aus dem Engeren Heinrich Stegmann, Ingenieur und braunschweigischer Historiker, und der münsterische Architekt Rincklake.

Dazumal wirkte am Braunschweiger Hoftheater der frühere bayrische Offizier und nunmehrige Regisseur und künstlerische Leiter Karl Schultes. Raabe war in der Salzdahlumer Straße sein Haus- und Verkehrsgenoß, Sedan wurde 1870 durch gemeinsames Feuerwerk begangen, und oft hat Raabe mit dem zehn Jahre älteren, vielbefahrenen Bühnenkenner und fruchtbaren Bühnenschriftsteller in Haus und Garten beieinander gesessen. Er nahm ihn auch zu den Kleiderfellern, noch häufiger aber und mit besserem Erfolge zu den Bauern von Krähenfelde mit. Da saßen denn der Sperlingsbuer und der bayrische Hieselbuer neben dem Bäuterbuer Hänselmann und andern um den runden Tisch, aber die geistige Atmosphäre der Kleiderfeller war doch höher und Raabe gemäßer. Komplimente drechselte man in diesem Kreise nicht, sondern sagte sich ungescheut die Wahrheit, auch wenn sie einmal unbequem war. Gerade weil man in den philiströsen Formen eines Stammtischs zusammenkam, war man allem, was der Philister schätzt, allen Maßstäben, mit denen er mißt, grundinnerlich abhold. Hier konnte man mitten im Messer- und Gabelgeklirr des Lebens, unter echten Herren und Freunden einen befreienden Atemzug tun, und welch ein befreiendes Lachen der Ehrenmänner grüßte den, der doch einmal dem modernen „Betrieb" willentlich oder halb gezogen anheimgefallen war. Alle diese Männer wollten im kleinen und großen frei durchgehn, und wo ihnen das die Not des Lebens im Alltag versagte, wenigstens hier in unverstellter Menschlichkeit einen Hauch der Freiheit genießen, einer Menschlichkeit, die nun freilich mit allen Humoren gesegnet war. „Ein Mann wetzet den andern", stand unsichtbar über ihren Köpfen, und während der Geheime Rat Götz, Dr. Theophile Stein oder der junge Baron Poppen wohl schaudernd entflohen wären, hätten der Obrist von Bullau, der Polizeischreiber Fiebiger und Doktor August Sonntag sich wohl ganz am Platze gefunden. Aber auch der alte Bismarck und der alte Menzel hätten sich rasch in dem Ihrigen gefühlt. Was dies Wesen dem in Stuttgart durch Ansprache, wie der Süddeutsche es nennt, so verwöhnt gewesenen Raabe, dem Schriftsteller, der lange Jahre wie ins Leere schrieb, bedeutete, erkennt man voll aus dem „Gedenkzettel in Sedez", den er am 13. September 1881 bei der — einzigen — Feier seines fünfzigsten Geburtstags am Sellertisch verlas:

„Liebe Herren und Freunde! Sie haben mir eine große Ehre angetan und eine große Freude gemacht. Ich nehme beides an, aber für uns alle heute abend.

Eines weiß ich, daß ich immerdar seit mehr denn zehn Jahren mit jedem Körper- und Seelenteil zu dem eisernen Bestande dieses unseres wunderbaren Kleidersellertisches gehört habe und unbewegt über gute und böse Perioden, über Ebbe und Flut mit der unerschütterlichen Gewißheit: Wir bleiben! hingesehen habe.

Ob wir heute zu zwanzig oder dreißig zu Tische sitzen oder morgen zu drei — es ist gleichgültig: Wir sind da. Wir haben in Uns alles, was es möglich macht, dann und wann (in unserm besondern Falle wenigstens alle Woche einmal!) einen gesunden Atemzug zu tun. Und rundum sind Nägel genug an der Wand vorhanden, um jedwede Kappe dran aufzuhängen.

Es hat wohl schon mancher die seinige genommen mit dem besten Willen wegzugehen und wegzubleiben; aber möglich gemacht hat er's nicht. Er ist wiedergekommen, und wir haben nicht einmal danach hingesehen, wenn er seine Kappe von neuem aufhing.

So muß es sein unter auserwählten Männern und wahren Menschen!

Meine lieben Herren und Freunde; wir können uns nicht anders wollen, als wir sind; und entbehren können wir einander gar nicht. So wollen wir bleiben, wie wir sein müssen: bescheiden und frech, still und großschnauzig, kurz, so bunt wie möglich.

Unter uns hat keiner vor dem andern etwas voraus. Was gelten uns Jahre? Kennen wir nicht! wir sind alle Eines Alters! — Schöne, höfliche, löbliche Eigenschaften? Wir wissen alle, wo uns der alte Adam zu enge ist und stellenweise aus den Nähten geht! — Was gehen uns Amt und Würden an? Wir sind alle des nämlichen Ranges und wissen uns allesamt mit demselben buntscheckigen Fell überzogen! — Geld tut es gar nicht unter uns! — Wir sind die Leute, die frei durchgehen durch die Philisterwelt, und holen wir einmal einen von uns besonders heraus (wie heute abend), um unser Mütchen an ihm zu kühlen und das an ihm zu feiern, was man draußen im Philisterium ein Jubiläum nennt, so geschieht das auch immer sub specie aeternitatis, nämlich der Äternität der treuen, unverwüstlichen Genossenschaft der Kleiderselber zu Braunschweig. Wir begehen nur Gesamtfeste, und der einzelne Trödelhändler hat sich einfach ruhig gefallen zu lassen, was man zufällig mit i h m vornimmt!

In diesem Sinne einzig und allein lasse auch ich mir ruhig gefallen, was man heute abend mit mir anfängt; denn in diesem Sinne wird die Kleidersellerei blühen und immerdar gedeihen. Unter allen Umständen und irdischen Zufälligkeiten: wie heute, wo der Kreis voll geschlossen ist, so wenn morgen einer allein am Tische sitzt, auf den Zweiten wartet und von dem endlich auch noch hereinsickernden Dritten das melancholische Wort hört: ‚Also das sind nun die Trümmer von dieser schönen Welt!' —

Liebe Freunde, an d e m Abend, in d e r Mitternacht, wann Einer von uns wirklich allein sitzenbleibt, s i c h a l s E i n z e l n e r f ü h l e n d, und ihm der Trunk im Glase absteht —, dann sieht es schlimm aus in dieser alten Stadt Braunschweig. Es steht schlecht um die Kneipe darin!

Und hätte sie, die Stadt, ihre jetzige Bevölkerung verdoppelt und verzehnfacht, sie wäre doch ein ödes Nest. Ohim und Zihim möchten sie vollauf bevölkern und in ihr tanzen; aber sie wäre kein Aufenthalt mehr für einen anständigen, wirklichen Menschen. Es wäre ein Trödel wohl geblieben, aber die, welche immer mit dem Trödel Bescheid wußten, wären nicht mehr vorhanden. Abgestanden wäre alles mit dem letzten Rest in dem letzten Glase des letzten Kleidersellers.

So, liebe Freunde, in dem Sinne, daß unter uns allewege jeder das Ganze darstellt und die Gesamtheit den Einzelnen, lebe der Kleiderseller in saecula saeculorum — hoch!"

In dieser Zeit aber erfuhr der Kreis zugleich mit der Verlegung seiner Zusammenkünfte eine heilsame Verjüngung, und für manchen Abgeschiedenen und Verzogenen kam vollauf Ersatz. Im Winter 1881 hängte der siebenundzwanzigjährige, aus Braunlage im Oberharz stammende Lehrer am Gymnasium Martino-Katharineum Wilhelm Brandes zum erstenmal zaghaft genug seine Kappe neben die der bemoosten Häupter am Tische. Er war schon damals nicht nur ein grundgelehrter Geschichtskenner und glänzender klassischer Philolog, sondern vor allem ein ästhetisch geschulter und feinfühlig nachspürender, unablässig an sich arbeitender Kenner des deutschen Schrifttums. Von einer Lehrkanzel an der Technischen Hochschule und durch stilistisch wohl gefeilte, tief eindringende Aufsätze und Kritiken betätigte er dies Verständnis. Er war auch ein Dichter von Rang, der wuchtige, echt vom Schein der Geschichte durchleuchtete Balladen schuf. Dem Dichter Raabe gehörte sein Herz und durch ihn das vieler Hörer und Schüler schon lange — nun durfte er auch dem Menschen nahetreten und, an ihm wachsend, zu einem Mitgefühl und Mitgenuß seiner Kunst vordringen, wie sie wenigen neben ihm beschieden gewesen sind. Hatte noch Bernhard Abeken Raabes Fünfzigsten durch ein launiges Lied verherrlicht, so ward jetzt Wilhelm Brandes, der Barde Brandanus, der eigentliche Liedersänger des Kreises. Wie hat es Raabe amüsiert, und wie mußte er doch die verhüllt mitschwingende Wesenserkenntnis heraushören, wenn Brandes des Dichters angestammte Sofaecke bei den Kleiderseilern besang:

> Stets thront er hier, bald graue Sphynx,
> Auf Rätseleiern brütend,
> Bald als Prophete rechts und links
> Mit Paradoxen wütend;
>
> Mal weckt ein schnöder Oberton
> Empörung und Entzücken,
> Mal rinnt ein andrer Herzentfloh
> Uns rieselnd übern Rücken.

Solche Verse ertönten nun schon im neuen Heim des Kreises, im Grünen Jäger, ein Stündchen östlich der Stadt zwischen Kloster Ribbagshausen und der Buchhorst. Neben den Donnerstagnachmittagen, an denen man hier tagte, traten die Sonnabende in der Stadt in den Hintergrund, und Hin- und Rückweg unter schattigem Laubdach und sengender Sonne, bei stäubendem Regen und klingendem Frost boten ihren eignen Genuß. Auch Raabe, von Stuttgart her die gemeinsamen Gänge durch die Natur gewohnt, ward ein andrer, ward lebhafter und gesprächiger draußen im Grünen, ob die Unterhaltung nun über alte und neue Geschichte, ob sie um die großen Gegenstände nationaler Politik und geistiger Freiheit ging. Nach Brandes trat der junge Rechtsanwalt Louis Engelbrecht in den Kreis, auch er von früh an Raabe ganz zu eigen, selbst ein hochstrebender Dramatiker von ergreifendem Idealismus, ob auch ohne fest zimmernde Hand, und ein Lyriker von vaterländisch-pathetischem Ton. Wie zart diese oft derben Männer problematische Naturen zu behandeln wußten, davon ist die Mitgliedschaft Ulrich Kirchenpauers ein schönes Beispiel. Ein Sohn des berühmten hamburger Staatsmanns, war er, halbwegs durch den Kronprinzen Friedrich Wilhelm, den späteren Kaiser Friedrich, veranlaßt, vom Kaufmann Offizier geworden, und nun drückte den vielseitig, aber leider auf keinem Felde durchschlagend begabten Bezirksadjutanten der bunte Rock wund. Die Kleiderseller haben diese ungewöhnliche Erscheinung in ihrer Mischung von Romantik und moderner Nervosität gern und mit Liebe unter sich gesehen und den Grundvornehmen bald als einen ihrer Besten erkannt.

Hier, auf dem Grünen Jäger, ward auch vorgelesen. Raabe freilich ließ sich nicht hören, und niemand wagte das zu verlangen, aber Hänselmann und Stegmann, Brandes und Engelbrecht unterwarfen neue Schöpfungen der schärfsten freundschaftlichen Kritik; Karl Mollenhauer, ein etwas jüngerer Amtsgenosse von Brandes, der Biograph Justus Mösers, trug seine novellistischen Skizzen vor, und niemand hielt mit seinem Urteil hinter dem Berge, wenn nicht Schweigen oder eine merkwürdige Querfrage auch einmal als Urteil genügen mochten. Das entscheidende Wort aber lag wie selbstverständlich bei dem, der es in seiner knappen Art, wie nebenbei, immer den eigentlichen Punkt berührend, abgab, bei Wilhelm Raabe.

Und immer wieder, wenn das Leben oder der Beruf den einen oder den andern entführte, wie Kirchenpauer in seine hamburger Heimat, Mollenhauer nach Blankenburg, kam nun neuer Zuwachs. Der junge, auch theologisch fein gebildete Philologe, Hochschuldozent und Mädchenlehrer Hans Martin Schultz, sein Kollege Konrad Koch, der junge Jurist Hans Reidemeister, der Philologe Ernst Bergmann, sie alle erschienen zuallererst um Raabes willen.

Dessen von ihm selbst oft über Gebühr gering geschätztes Zeichentalent war schon den Krähenfeldern zugute gekommen; er hatte ihr Wappen entworfen: ein Zaunpfahl im Schilde, von Adam und Eva in paradiesischer Tracht gehalten. Nun kam die alte Gabe auch bei den Kleidersellern, ihnen und Raabe zur Lust, neu zu Ehren. Da hat er in Groß-Folio den Auszug der Freunde zum Grünen Jäger dargestellt, auf dem Damme zwischen Klosterteich und Wabebach; voran, hinter einem laternetragenden, aufrecht schreitenden Kater, der kleine Hänselmann und der lange Raabe, das Plaid über der Schulter;

> Den einen zieht die Lebenslust
> Zur Welt an sämtlichen Organen,
> Der andre schnüffelt zielbewußt
> Nach den Gefilden hoher Ahnen.

Hinter ihnen Brandes mit Rincklake, dann im Stechschritt

Leutnant Kirchenpauer und danach die beiden Rechtsanwälte Abeken und Engelbrecht; hoch in der Luft fährt in einer Arche Theodor Steinway, der gütige Spender eines Omnibus für die Rückfahrt bei allzu später Stunde in allzu schlechtem Wetter, wovon übrigens Raabe nie Gebrauch gemacht hat. Und nun wimmelt es in der glänzend durchgeführten Zeichnung von allerlei Symbolen: Germania sieht durch die Lesebrille erstaunt auf den Zug, und aus weißer Geisterhand grüßt von dem Waldrande her das echte Licht der Herzenswärme über alle Kobolde hin. Vergeblich hat in einem, dem reizvollen Blatte kongenialen Gedicht der Barde Brandanus die ganze Fülle der Anspielungen auszuschöpfen versucht und sich schließlich rhythmisch getröstet:

> „Holla", brummt mancher werte Gast,
> „Wohin verirrt sich der Phantast!
> Der Anfang ging wie Baumöl ein,
> Doch auf das feuchtfidele Frühstück
> Setzt er ein Abendmahl der Mystik —
> Der Barde scheint konfus zu sein!"
> Gemach, ihr Herrn, mit eurer Huld —
> Dann trägt der Meister selbst die Schuld!
> Ich, Verseschmied und Liedersinger,
> Bin nur ein armer Thyrsosschwinger:
> Er aber, seines Gottes voll,
> Ein wahrer Bacche jeder Zoll.
> Was er gewollt, ich kann's nur ahnen,
> Mir deucht, ich blieb in seinen Bahnen,
> Und ging ich fehl — er selber nur
> Mag weisen auf die rechte Spur.
> Ich gab, so gut ich's geben kann —
> Ihr lieben Brüder, nehmt es an!

Raabe hatte das Haus in der Salzdahlumer Straße nach mehr als zehn Jahren verlassen und war nicht weit davon in die Wolfenbüttler Straße, dicht an einem großen Konzertgarten, gezogen. Die abendliche Musik, die vormittäglichen Proben während der Operettenspielzeit und das Rollen der Kegelkugeln auf der Bahn störten ihn nicht und konnten ihm den Genuß der schattigen Bäume, den Blick ins Grüne vom Schreibtisch her nicht verleiden. Aber immer wiederkehrende Krankheit im Familienkreise ließ ihn in dieser Wohnung zu keinem rechten Behagen kommen, und so kehrte er nach kurzer Zeit in die Salzdahlumer Straße zurück und zog in das Eckhaus an der Leisewitzgasse, der ersten Wohnung gerade gegenüber. Hier folgten gesunde und glückliche Jahre bis zum Johannistage von 1892. Gertrud, die jüngste geliebte Tochter, ward, eben sechzehnjährig, am Morgen des 24. Juni von einer rasch verlaufenden Krankheit entführt. In diesen schmerzdurchwühlten Wochen floß Raabe nach langen Jahren wieder ein Vers, der letzte des Lebens, in die Feder, ein Gedicht, randvoll von Abschiedsstimmung, durchzittert vom Krampf, mit dem sich das Herz des Vaters von der irdischen Erscheinung der Tochter löst, und doch in seiner Knappheit wiederum so ganz raabisch, daß das Letzte sich erst im lange schwingenden Nachgefühl offenbart:

Die Tür war zu. Verschlossen war die Tür.
Jenseits ihr Spielplatz. Jenseits alle hellen Wege
Für ihre kleinen Füße.
Jenseits der Garten und der Frühling; —
Diesseits der Tür die Dämmerung und das Fieber,
Die Dämmerung, die zur Nacht wird, und der Weg,
Der langsam, langsam abwärts führt —
Wohin? Wohin?!
Und an die Tür kam's dreimal.
Dreimal drückte ein kleiner Mund sich an das harte Holz.
Dreimal erklang's — hell,
Helle und noch heller:
Adieu!
Adieu! . . .
Adieu! . . . . .
So trennten sich die Wege.

XI. Die Heimkehr nach Braunschweig

Der Städtische Friedhof in Braunschweig ward der Abgeschiedenen letzter Erdenplatz, und an dessen Bäumen vorüber führte der Weg zum Grünen Jäger. Ihn wie alle die Jahre zu wandern, aus dem häuslichen, lange ungestillten Kummer heraus, an dem frischen Grabe vorbei — das vermochte Raabe nicht über sich, und so blieb er dem Kreise fern und kam nach langen Monaten erst wieder zu den Vereinigungen in der Stadt. Den Kleiderseller aber ward die Lücke bald unerträglich, und da Wilhelm Brandes im nächsten Jahre Direktor des einst von Raabe besuchten wolfenbüttler Gymnasiums wurde, so einigte man sich schließlich auf eine neue Stätte, das Große Weghaus, genau in der Mitte zwischen den beiden Nachbarstädten. Wo einst Gotthold Ephraim Lessing sich von seiner wolfenbüttler Bibliothek her mit den braunschweiger Freunden zusammengefunden hatte, im selben Raume saßen nun, und wieder um Raabe, die Kleiderseller beisammen, freilich ohne Herbergsvater und Förster vom Grünen Jäger.

Ein seltsames Bild, das uns der Wilhelm Raabe dieser seiner Meisterzeit vom vierzigsten zum siebzigsten Jahre bietet. Sein Werk vollendet sich mehr und mehr und er überwächst an mächtigen Gliedern, da Hebbel zu früh dahingegangen und nun auch Gottfried Keller in andere Gefilde abberufen ist, alle, die neben ihm schaffen; aber, wie Friedrich Hebbels Werk, wie das Otto Ludwigs verschüttet liegt, so schwindet auch ihm der Widerhall. Gleich dem kaum fünfzigjährigen Goethe mochte der ebenso alte Raabe von den Seelen sagen, die die folgenden Gesänge nicht mehr hören:

> Und was sich sonst an meinem Lied erfreuet,
> Wenn es noch lebt, irrt in der Welt zerstreuet.

Wer, der auf dem Großen Klub neben ihm saß, wußte,

welchen Ranges der in den verschossenen, langen, schwarzen Rock gekleidete Nachbar war? Dem Kultusminister des kleinen Landes mußte dessen größter Sohn erst an seinem siebzigsten Geburtstage ausdrücklich vorgestellt werden, und als im Jahre 1882 in Braunschweig Schriftstellertag war, konnte ein heimisches Mitglied des Festausschusses sein Erstaunen nicht verbergen: „Nun seh einer unsern Raabe an! Verkehrt da zwischen den großen Leuten, ganz als wenn ...", und diese großen Männer waren Albert Träger, Paul Lindau, Friedrich Friedrich und Oskar Blumenthal!

Die bis 1866 gehende Literaturgeschichte Julian Schmidts nannte Raabe so wenig, wie ihn Friedrich Kreyßig in seinen 1870 erschienenen Vorlesungen über den neueren deutschen Roman erwähnte. Selbst Joseph Hillebrands Deutsche Nationalliteratur wußte noch 1875 von dem Schöpfer des Schüdderumps nichts, noch 1880 unterschlug ihn das weitverbreitete Sammelwerk von Friedrich Sehrwald und Julius Riffert. Und das war am Ende noch besser als die gleich verständnislose Mischung von Lob und Tadel in Rudolf Gottschalls vielgelesenem Buch, Max Kochs blasse Charakteristik oder die oberflächliche Titelaufzählung in den sogenannten Literaturgeschichten, die pädagogischer und ästhetischer Unverstand in unseren höheren Lehranstalten benutzte. Heinrich Kurz fühlte wohl Raabes Bedeutung, wußte aber nichts Rechtes mit dem schwer Einzuordnenden anzufangen.

Nachdrücklich und warm traten freilich die Bayreuther Blätter durch ihren Leiter Hans Paul von Wolzogen für Raabe ein, und Richard Wagner, Schopenhauers Jünger, las in Wahnfried aus dem Schüdderump vor. Leider konnte Raabe die Neigung nicht erwidern; Wagners Werk und Persönlichkeit blieben ihm, wie so vielen Künstlern seiner Generation, fremdartig.

Raabe hat das Los dieser Jahrzehnte nicht so leicht getragen, wie es damals und heute manchem scheinen möchte. Nicht daß er an seinem Werk und an seiner Berufung auch nur einen Augenblick gezweifelt hätte! Nicht daß ins Werk selbst etwas von manchmal aufsteigender Verbitterung hineingequollen wäre! Aber als er nach dreißig — dreißig — Jahren die Vorrede zur zweiten Auflage der Drei Federn niederschrieb, da wies er nicht nur, Fremden unverständlich, auf das unheimlich Tragische der das Buch ahnungsvoll schließenden Jahreszahl 1892 hin — 1892 war ja das Todesjahr seines Kindes geworden; er fügte auch hinzu: „Findet dies Buch jetzt noch Leser, so werden die sich ausmalen können, mit welchen süßsauren Gefühlen der Verfasser es in die Welt von heute hinausschickt." Und als er kurz vordem, nach einem vollen Vierteljahrhundert, eine zweite Auflage des Schüdderumps wagen durfte, konnte er sich nicht enthalten, sie also einzuleiten:

„Im Jahre 1869 wurde dieses Buch zum ersten Mal gelesen und von den meisten der Leser bei Seite geschoben.

Jetzt nach fünfundzwanzig Jahren gewährt es mir eine Genugtuung, es Mitlebenden noch einmal — zwar durchgesehen, aber nicht verschönert — anbieten zu dürfen.

In dem Zeitraum ist wieder manches, was gut, edel und lieb war, und manches, was sich für bedeutend, epochemachend, unverwüstlich hielt oder dafür gehalten wurde, auf den Schüdderump geraten; er aber rollt weiter durch die Welt.

Es läßt sich daran nichts ändern, Herrschaften. Diese Räder lassen sich nicht aufhalten."

Er wußte, was er war und blieb, der er war. Aber ohne die feste äußere und innere Stütze an Frau Bertha wäre ein Knick vielleicht nicht zu vermeiden gewesen. Dazu kam die Freude an den ihm gebliebenen Töchtern. Elisabeth brachte ihm im Jahre 1895 einen Sohn ins Haus, sie vermählte sich am 12. Januar mit dem Marinestabsarzt Paul Wasserfall, der auch dem Schwiegervater ein ehrfürchtig aufblickender und ehrlich teilnehmender jüngerer Freund wurde. Enkel wuchsen heran und lenkten Gedanken in die Zukunft, und der enge Kreis der braunschweiger Freunde und Jensens und Schönhardts Grüße aus dem Süden lehrten denn doch den Dichter, wie stark und mit wie wachsender Kraft sein Werk noch immer auf die Besten wirkte. Er durfte doch wohl hoffen, daß der Tag dem Edlen endlich komme.

12. Kapitel

Die Bücher vom neuen Reich

Wilhelm Raabe hatte niemals Zeitromane geschrieben. Alle seine Bücher waren vielmehr Lebensromane, insbesondere Dichtungen vom deutschen Leben, und stiegen, wie wir sahen, allmählich zum Weltanschauungsroman empor. Er verarbeitete schon von der Chronik an auch die Zeitströmungen, aber er gab sich ihnen nicht hin und fand seine Aufgabe nicht darin, sie oder das von ihnen gerade an die Oberfläche getragene Leben der Gegenwart, „des Zeitengeists gewaltig freches Toben", zu schildern oder in vorgeblich geschichtlichen Romanen Menschen der Vergangenheit aufzupfropfen. Auch das erklärt seinen Mißerfolg während der Zeit der großen Erfolge Spielhagens oder Hamerlings. Und auch dazu konnte er nach seiner Natur und seiner Auffassung von dichterischer Sendung nicht schreiten, der Zeit, die ihn befremdete oder empörte, in satirischem Hohlspiegel ihr Bildnis vorzuhalten. Er hatte in den Dichtungen seiner ersten fünfzehn Jahre seine Stellung zu den entscheidenden Schicksalsfragen der Menschheit und der Nation nie verschwiegen, aber die Antwort kam von Anbeginn aus einer Höhe, von der herab sie Geltung über den Tag und den Anlaß hinaus behalten wollte und behielt. In dem gleichen Betracht sind auch die in den siebziger Jahren geschriebenen Werke nicht außerhalb, aber oberhalb der Zeit geschaffen. Aus dem Mißverständnis dieses Standpunktes erwuchs die schiefe Beurteilung Raabes durch manche spätere Literarhistoriker, wie Richard M. Meyer, der Raabe wohl als Weltanschauungsdichter begriff, aber sein wirkliches Verhalten zu dem neuen Stufenjahr des deutschen Lebens völlig verkannte; er hielt innerste Enttäuschung auf ganz anderer Ebene für politisches Grämeln.

Gerade in ihrer Ausrichtung auf das neue deutsche Wesen schließen sich Raabes größere Werke der ersten siebziger Jahre wie zu symphonischem Aufbau zusammen. Der noch während des Krieges geschriebene Dräumling bildet das Allegro, der zwei Jahre jüngere Meister Autor das schwermütige Andante, der wiederum zwei Jahre spätere Horacker das Scherzo und der nochmals zwei Jahre nachher beendete Deutsche Adel das abschließende Presto.

Der Dräumling bringt die Erinnerung an das von Raabe mit übervollem Herzensanteil gefeierte Schillerfest von 1859 wieder empor. Gern hatte er damals Auerbachs Benennung Friedrich der Große von Schwaben für Schiller angenommen, „diesen großen Friedrich von Schwaben, dessen Krone nicht weniger funkelt, als die goldenen Reife aller jener andern großen schwäbischen Friedriche, welche einst auf dem deutschen Kaiserthron saßen". Solche Wertung unterstrich er in diesem Werk. In hymnischer Steigerung huldigt der Rektor Gustav Fischarth dem Dichter, wie Raabe ihm einst mit echtem Pathos zugejubelt hatte. Aber nicht darum zuerst war es ihm hier zu tun. Raabe verlegt das Schillerfest nach Paddenau am Dräumlingssumpf. Fischarth, seit kurzem glücklicher Vater von Drillingen, stellt zu Schillers Ehren den ganzen Ort auf den Kopf. Manches ist komisch-kleinstädtisch, und als der Zug in den Grünen Esel sich ordnet, möchte der Verfasser selbst wohl lieber, zur Feier des Tages, Schillers Werke lesen; wenn auf dem Marktplatz der Aufbau von gehobelten und marmorartig gestrichenen Tannenbrettern die Büste des hohen Sängers trägt, so schaut auch da, wie überall, kurz gesagt, das Philisterium heraus. Aber da ist zu wiederholen, was Raabe einst in Abu Telfan vom deutschen Philister gesprochen hat und — wieder einmal fühlt er sich mit einem guten Teil seines Wesens ganz zugehörig: „Das ist eben das Schöne. Der graue Himmel hat die blauen Blüten des deutschen Geistes nie gehindert, sich zu entfalten. Wir haben zu allen Zeiten unter unsern Tannen und Eichbäumen die Fähigkeit festgehalten, die Palme, die Olive, den Lorbeer und die Myrte zu würdigen. Und es zeige uns jemand einen Italiener, Franzosen oder Hispanier, der jemals ein wirkliches Verständnis für die Eiche und den Tannenbaum gezeigt hätte! Seien wir darum ganz unbefangen so stolz wie ein ganzer Sack voll Spanier!"

Das wird dem Kaufmann Georg Daniel Knackstert aus Hamburg vorgehalten, da er dem Jubiläum, das seine Vaterstadt „verrückt" gemacht hat, entflohen ist und nun ganz Paddenau ebenso verrückt findet. Ein Fest wird gefeiert, meint Fischarth, wie keine andere Nation der Erde es in gleicher Weise zu feiern imstande wäre; und was der Dräumling eigentlich bedeutet, das sagt der Rektor dem grämlich-steifleinenen Großhändler gleich darauf noch klarer: „Ein ganzes Volk stürzt sich heute in die lichte Wolke der Schönheit, ein ganzes, großes, edles Volk besinnt sich heute auf das, was es ist! es sieht mit glanzvollem Auge sich um in dem Erdensaal, und da es seinen Stuhl im Rate von andern besetzt findet, da es seinen Platz am Tische vergeblich sucht, da hebt es langsam die Hand und legt sie auf die Stirn — es besinnt sich, und dann lächelt es. — Ein Erstaunen, welches zum Schrecken wird, geht durch den Saal: Mein lieber Herr Knackstert, wer sind Sie, daß Sie es wagen, Ihre kleine Beschränktheit über dieses erhabene Sichbesinnen Ihres Volkes zu stellen? Die Nationen am Tische der Menschheit rücken verlegen flüsternd zusammen — es wird Platz, und wir werden Platz nehmen, auch ohne Sie zu fragen, mein verehrter Herr! Ich sage Ihnen, wir werden uns setzen, und wir haben einen gewaltigen Hunger nach dem Fasten von so manchem Jahrhundert. Ich versichere Sie, wir werden das Versäumte nachholen, auch Ihnen zum Trotz, mein Herr!"

Fischarth schwimmt mitten in diesem Treiben und gerät dabei in Gefahr, im Überschwang des städtischen Festredners und des unermüdlich produktiven Festdichters doch einmal den tieferen Sinn des Gedenktags aus den Augen zu verlieren. Darum wird ihm zunächst die fischblütige Nüchternheit dieses Großkrämers entgegengesetzt, an ihr entzündet sich sein doch tief heraufkommender Idealismus aufs neue. Daneben steht seine Frau, gleichfalls keine Paddenauerin, sondern eine kluge, helle, warme Berlinerin, die ihn ruhig gehn läßt und ihn im rechten Augenblick schon wieder in das Eigene stellt. Schließlich aber verhilft ihm der hereingeschneite Freund aus Düsseldorf, der Sumpfmaler Häseler, mitten in wieder überschäumender Erregung des Festtages hinterrücks zu einer gesegneten Stunde der Einkehr bei sich selbst und allem deutschen Segen dieser Feier. Offenbar im Bilde des gleichblütigen Freundes Hackländer geschaffen, bringt dieser Sohn eines germanischen Vaters und einer jüdischen Mutter dem Ganzen jenen Zuschuß von Champagner, den Bismarck von solchen Mischehen erwartete, und er, der die von Knackstert beabsichtigte Störung des Festes, nur den Eingeweihten verständlich, mit überlegenem Humor vor den verblüfften Paddenauern öffentlich aufdeckt, darf an Stelle des Nüchterlings die schöne, innerlich adlige Wulfhilde heimführen.

Daß dieses Fest so von ganz verschiedenen Blickpunkten

her gesehen wird — Wulfhildens Vater, ein grämlicher alter Prinzenerzieher, schaut zur Vervollständigung mürrisch von der Warte einer hochnäsigen Pseudobildung auf alles herab — das gibt der Zug für Zug humorgesättigten Erzählung die Fülle feiner Abwandlungen. Aber der tiefste Sinn des Buches ist doch der: dieser Rektor Fischarth, dessen breites Lachen man nur einmal zu hören braucht, um dem Manne Freund zu werden, ist in all seiner weitschichtigen Dichterei, in all seiner kleinstädtischen Festfreude, in der Liebe und dem Ernst, die dahinterstehn, bestes deutsches Gewächs. So sah ein gut Teil der Männer aus, die in den Jahren der Enge vor und nach 1848 den deutschen Gedanken durchhielten, und so die Frauen, und von ihnen, dem pathetischen Fischarth, dem unpathetischen Häseler und der schönen Wulfhilde konnte dann der Dichter, als er nach einundzwanzig Jahren die zweite Auflage brachte, sagen, daß ohne diese Festgenossen Schillers von 1859 die Einigung des zerteilten deutschen Volkes sicherlich nicht so rasch zustande gekommen wäre.

Schwermütig, ahnungsreich, in langsamem Takt gehen nach dem sprühenden Tempo des Dräumlings Meister Autor oder die Geschichten vom versunkenen Garten an uns vorüber. Sie werden einem am Rande stehenden Teilnehmer der Geschicke in die Feder gelegt. Der Meister Autor Kunemund ist die Mittelgestalt. Er hütet mit einem Freunde und Kameraden aus dem Freiheitskriege die Jugend von dessen früh mutterlos gewordener Tochter, wie einst Wachholder die von Marie Ralff; nur verläuft diese Kindheit nicht in der Großstadt, sondern in einem Dorfe des Elmgebirges. Ein Bruder Kunemunds kommt reich aus Amerika zurück und hinterläßt bei seinem Tode dem jungen Mädchen das Stadthaus mit dem Garten und seinem Mohren; Gertrud bezieht mit den beiden Alten den Besitz. Aber Haus und Garten verschwinden, weil eine neue Straße hinübergeführt wird, und Gertrud heiratet aus dem Hause einer reichen Aristokratin heraus nicht den Matrosen, den Jugendgespielen, sondern einen Mann aus der Welt. Der Meister Autor aber sitzt wieder hinter seiner Schnitzbank im Walde, nahe bei Kneitlingen, dem Geburtsort Till Eulenspiegels.

Eine Stimmung ausgesprochener Resignation liegt über dem ganzen seltsamen Werk, liegt über dem der neuen Zeit zum Opfer fallenden Garten und über dem Cyriakushof, auf dem der arme, später durch einen Eisenbahnunfall getötete Matrose bei seiner alten Muhme die schiffsfreie Zeit verbringt. Nicht nach denen, die eigentlich darin handeln, ist das Buch benannt, sondern nach dem, der mit seiner Lebensweisheit dahintersteht, der den Ruf des Unglücks wie durch elektrischen Schlag über die Ferne weg vernimmt und das Versinken der Gärten mitansehn muß — der Meister Autor Kunemund. Er kann, das weiß er, die neue Zeit nicht aufhalten: „Was mich angeht, so verdenke ich es niemand, wenn er seinen Garten bestellt, wie es ihm am nützlichsten scheint. Außerdem aber meine ich, daß, da über eines jeglichen Felder, Ansichten, Taten und Werke die Fußsohlen, Pferdehufe und Wagenräder der Nachkommenschaft doch endlich einmal weggehen, es gar keine Kunst ist, das Leben leicht und vergnügt und die Erde wie sie ist zu nehmen." Er hält, ein geringerer Heinrich Ulex, denen, die mit der Welt mitlaufen müssen oder zu müssen glauben, in seiner Einsamkeit eine Stätte jenes Bleibenden offen, das von allem Wandel unabhängig ist.

    Wie hoch die Welt sich bäumet
    Wie laut auf breiter Spur
     Das Leben schäumet,
     Uns alle träumet
     Der Weltgeist nur —

so mag er etwa mit Friedrich Theodor Vischer sprechen; und dem Erzähler, dem Baron von Schmidt aus der neuen, alles rascher umtreibenden Zeit geht es seltsam mit dem Meister Autor: oft erscheinen ihm seine Natur und sein Tun als etwas ganz Gewöhnliches und Einfältiges, aber schließlich behält das Behagen die Oberhand, die Gedanken schweifen mit Wohlgefühl in des Alten Einsamkeit hinüber, wo die versunkenen Gärten weiterleben; und die Kinder der Welt sprechen: „Dem Manne geht es immer gut! Dem Manne kann es nie schlecht gehn!"

Nun folgt mit allen Registern spielenden Übermuts Horacker. Horacker, der ausgerissene Fürsorgezögling, der selbst angsthafte Waldgebirgsschreck der ganzen Gegend, und die um seinetwillen entlaufene Magd treten trotz der ergreifenden Schilderung der jungen Menschenkinder hinter die übrigen Erlebnisse dieses sommerlichen Feriennachmittags zurück. Da ist der Wald mit seinem Rauschen, seinen geheimnisvollen Tiefen und den Sonnenkringeln auf dem Blätterboden; da ist die Kleinstadt mit ihrer Gesellschaft und ihrem Gymnasium und das Dorf mit Pastor, Schulze und einer gegen den geistlichen Hirten um altes Herkommen aufsässigen Bauernschar; und da steht, menschlich warm, gesellschaftlich unbefangen, tief innerlich gutherzig und im rechten Augenblick bäuerlicher Unverschämtheit gegenüber mit dem Humor und dem Mund auf dem rechten Fleck der letzte Konrektor Eckerbusch, als ob er sofort am Kleidersellertische Platz nehmen wollte, geschaffen noch in später Erinnerung an Raabes verehrten holzmindener Rektor Billerbeck. Und neben ihm die Prozeleusmatika, seine oft über den Gatten verzweifelte, in Wirklichkeit mit ihm herzeinige, jederzeit zum rechten Zugriff und Worte bereite Frau, die Freundin der minder humorbegabten, aber ebenso herzhaft zufassenden Pastorin von Gansewinckel, und um sie herum eine ganze niederländische Fülle kleiner Charakterköpfe bis zu den alten Dorfweibern hinab. Im Jahre 1867 spielt die Geschichte. Schon tönt in der Gestalt des jungen Oberlehrers Neubauer die neue Parole der Schneidigkeit hinein:

Stramm, stramm, stramm;
Alles über einen Kamm —

und sie wird von allen diesen alten Burschen, Pfarrer und Konrektor und Staatsanwalt, wie vom Dichter selbst, abgetan. Wie die sich zu guter Stunde in der Gartenlaube wieder zusammenfinden, das ist ein Stück bestes Deutschland gleich dem Rektor Fischarth zu Paddenau. Aus der breiten Zustandsschilderung klingt ein Behagen, das sich nicht am Oberflächlichen genug tut, sondern mit einer tiefen Menschenliebe Hand in Hand geht. Bis zu den letzten Wirkungen hat Raabe hier den humoristischen Stoff ausgenutzt, bei den parodistischen Kunststücken von Konrektor und Zeichenlehrer sogar in den Erinnerungsschatz von Pendennis mit seinen englischen Klubscherzen gegriffen, wie die Versicherung „Bismillah" in Abu Telfan noch Thackeraysche Überlieferung war. Warnend klingt es aus diesem Bilde deutschen Lebens heraus, daß der helle Schlag von 1870 nicht in das Leere, das Klanglose hinein erschollen sei, sondern in den Ausschwung alter feierlicher Glocken. „Wie viele sind ihrer, die auf den Nachklang und Widerhall horchen unter dem scharfen Schlag der vorhandenen Stunde?"

Und hell klingt es 1870 in dem symphonischen Schlußsatz mit der weit hinausweisenden Aufschrift: Deutscher Adel. Der, um den die Frauen daheim sorgen, steht im Felde, und er und seine Mutter, die prachtvolle, humorbegabte Frau Professor Schenck, „zwei von den guten Naturen der armen Erde", finden sich nach seiner Verwundung im Süden Deutschlands wieder zusammen. Sie gehen durch großes und kleines Wirrsal frei durch und mit ihnen Natalie, die Tochter des verkommenen Erfinders, des jungen Ulrich Braut, allesamt deutscher Adel, wie ihn Raabe versteht, ohne Hochmut, mit der Fähigkeit, dem Schicksal ins Gesicht zu sehn, den Tod nicht zu ernst zu nehmen und doch mit Respekt zu behandeln.

Die Geschichte verläuft nicht in der räumlichen Geschlossenheit des Horackers und nicht in ihrer völligen zeitlichen und stimmungsmäßigen Einheit. Sie bringt auch viel Nebenwerk, selbst die humoristisch gefärbte Klage über den Tod von Alexander Dumas und Charles Dickens, deren gleichzeitigen Fortgang mit dem Anbruch neuer Zeit Raabe so symbolisch empfand wie Ferdinand Kürnberger. Aber gerade indem Raabe uns quer durch ganz Deutschland reisen läßt, berlinisches und schwäbisches Wesen beleuchtet und den Entscheidungskrieg als Hintergrund mit hineinzieht, schließt der Deutsche Adel Wesen und Bedeutung dieser Bücher vom neuen Reiche ab. Auch diese Dichtung sagt es klar: nicht Triumphgeschrei, Erfolgsucht, Mammonsdienst und Veräußerlichung werden das neue Deutschland weiter tragen, sondern die unvergänglichen Güter aus innerlich reicher Zeit. Aus Butzemanns Keller, wo handfestes patriotisches Berlinertum den Ton angibt und sich gegenseitig Bismarck und Moltke, Simson und Lasker tauft, tönt der Abgesang, wenn Butzemann, der Wirt mit der harten breiten Tatze, nach des haltlosen Erfinders Hingang sagt: „Schuld haben die beiden nicht; weder der Mensch noch sein Schicksal; — sie passen nur immer ganz genau aufeinander." Und die Frau Professorin kann nichts darauf erwidern als das eine: „Wir sind eine wunderliche Gesellschaft auf dieser Erde!"

Wie wunderlich diese Gesellschaft sein kann, stellt Raabe in der internationalen Liebesgeschichte Christoph Pechlin dar. Sie, Mitte 1871 begonnen, war sein Abschiedsgruß an das schöne und geliebte Schwabenland. Alles lebt hier noch einmal auf: Stuttgart in der Sommerhitze des Talkessels, die blaue Kette der Schwäbischen Alb, der öde Kannstatter Kursaal, die lieblichen Täler des Neckars und seiner Nebenflüsse, die jauchzende Lust der Weinkelter und das Geraufe der Bauern, und das „Jockele, Sperr!" der tübinger Studenten macht den Schluß. Aber freilich: wieviel listige Spitzen und vertrackte Humore hat er hineingegeben! Selbst eine versteckte Bosheit gegen Vischers Kritik der norddeutschen Sprechweise fehlt nicht. Pechlin, der breite Schwabe, ehemalige Theologe und Stiftler, ist natürlich auch aktives Mitglied des schwäbischen Dichterwaldes und führt immer eins der auf eigene Kosten gedruckten Exemplare seiner Lyrik im Rockschoß. Es sieht so aus, als habe ihn Raabe im Angesicht des trefflichen, aber nie voll gewürdigten Ludwig Seeger geschaffen, der Stiftler, demokratischer Zeitungsschreiber, Lyriker und Aristophanesübersetzer, wie Pechlin, war. Was in der grotesken Handlung vorgeht — im einzelnen bis zur Karikatur übertrieben und unwahrscheinlich genug — spielt neben der mit vollstem Behagen herausdestillierten Saftfülle der Hauptfigur gar keine Rolle. Viel wichtiger ist das Drum und Dran, etwa in dem Dorf Hohenstaufen oder auf der Burg; da steht Raabe, wie wir fühlen, als Landsmann und Partisan Heinrichs des Löwen im Grunde ohne Neigung für die Hohenstaufen, wie schon der Schüler Karl den Großen als Sachsenschlächter haßte. In den Kneipen — und es wird in diesem Buch sehr oft gekneipt — und im Bahnzug, im Weinberg und in der Hauptstadt ist Raabe gleichermaßen zu Hause und wirkt unwiderstehlich, wenn er an einem der Höhepunkte des Buches Pechlin als letztes, verfeinertes Glied einer seit Jahrhunderten in Schwaben blühenden Familie tun läßt, was noch nie einer seiner Vorfahren getan: er küßt einer Dame die

Hand. Es ist wie eine Parodie auf das Goethische Wort von der Reihe der Väter:

> Denn es erzeugt nicht gleich
> Ein Haus den Halbgott noch das Ungeheuer;
> Erst eine Reihe Böser oder Guter
> Bringt endlich das Entsetzen, bringt die Freude
> Der Welt hervor.

So völlig einer unbesorgten Laune Kind wie dies Buch ist die kleine, erst jetzt, 1873, im Rahmen der Sammlung Deutscher Mondschein erscheinende berliner Skizze: Theklas Erbschaft. Sie stammt noch aus dem Jahre 1865 und bedeutet ebenso wie die Titelnovelle des Bandes wenig. Um so stärker in der Herausarbeitung komischer Motive dem Pechlin verwandt ist die Geschichte Wunnigel vom Jahre 1876. Die Mittelgestalt dieses Werks, ein ausgesprochener Nordostdeutscher, der Regierungsrat Wunnigel aus Königsberg, erleidet das Geschick, dem Pechlin eben noch entgeht, von einer koketten Ausländerin geheiratet zu werden. Die Entdeckung des lange gehüteten Geheimnisses stürzte mit voller Wucht auf ihn herab. Wie diese namenlose Überraschung in dem Leben des alten Egoisten vorbereitet wird, wie sie auf Tochter und Schwiegersohn und auf den Leser selbst herniederdonnert, ist ein Stück meisterlicher, Zug für Zug zielsicher vorbereiteter erzählerischer Wirkung. Und mit feiner Abschattung ist neben das eine, lieblose und unliebenswürdige Original das andere, liebenswürdige, der Rottmeister Brüggemann gestellt und bei ihm, dem vergnüglichen Weltweisen, stirbt Wunnigel denn auch.

Daß Raabe auch einmal seine Leser übermütig an der Nase führen kann, zeigt das Schlußbild der Krähenfelder Geschichten, die er, den liebwerten Bauern vom Krähenfelde zu Ehren, 1879 zusammenband, Vom alten Proteus. Vergeblich arbeiten Symbolsuche und der Glaube, daß

Neue Novellenbände

immer etwas hinter den Dingen stecken müsse, an dieser tollen Posse herum. Wir sollen uns genügen lassen, eine Mischung von Laune, Satire und Ironie lachend und kopfschüttelnd zu genießen und die tiefere Bedeutung in einem herausleuchtenden, echten Raabewort finden: „Unsere tägliche Selbsttäuschung gib uns heute!"

Zwei Krähenfelder Geschichten aber krönen diese siebengliedrige Sammlung.

Eulenpfingsten, ein rasch ablaufendes Vorsommerabendstück, erfüllt im engsten Rahmen wieder einmal das alte Gesetz des entwicklungsgeschichtlichen Parallelismus. Unter Ärger und Verdruß über ein Nichts, über den hochseligen Fürsten eines längst von der Karte gestrichenen deutschen Duodezstaates, finden sich drei einstige Lebensgenossen wieder zusammen, von Amerika und der Schweiz bei dem dritten in Frankfurt zueinandergeweht. Zank und Mißverständnis greifen auf ein junges Paar über, aber im allgemeinen Wiedersehen versöhnen auch die sich unterm Hallen der Pfingstglocken. Hier ist alles, auch die Erinnerung an die Zeiten politischer Verfolgung, rein humoristisch ausgestaltet. Durch die Verlegung der einstigen Geschehnisse aus den großen und harten preußischen Verhältnissen in die halb lächerlichen eines ohnmächtigen Kleinstaats schafft sich Raabe die Möglichkeit, sie mit leichterer Hand darzustellen und zu überwinden. Er läßt zwei seiner Gestalten vom Nachmittage bis in die Dunkelheit durch und um Frankfurt laufen und bringt es ganz wie nebenbei fertig, nicht nur die Stadt lebendig zu machen, sondern auch ihre großen Mitbürger. Der Preußische Gesandte in der Eschenheimer Gasse, Otto von Bismarck, lugt ebenso durch die Blätter wie der Struwwelpeter-Hoffmann; Arthur Schopenhauer tritt, in Gang, Haltung und Sprache deutlich gezeichnet, auf. Vor allem aber wandern wir auf Goethes jugendlichen Pfaden; Dichtung und Wahrheit und Wanderers Sturmlied sind dem einen der durch Liebe und Ärger beschwingten Wanderer tröstlich gegenwärtig, und gerade aus dieser Erinnerung ringt sich sein Wort empor: „Es ist doch der höchste Genuß auf Erden, deutsch zu verstehen."

Das gleiche Thema von den drei Jugendgenossen führt Raabe in der psychologisch tiefsten Krähenfelder Geschichte Frau Salome noch einmal durch. Freilich sehen wir hier nur zwei von ihnen, den Justizrat Scholten und den Bildhauer Querian; der dritte, der Theologe Schwanewede, tritt nicht auf, er ist sogar, ohne daß die andern es wissen, schon tot; aber dennoch leuchtet sein Bild ganz deutlich durch, das Bild des Mystikers, des Verehrers von Jakob Böhme, gegenüber dem des Voltairelesers und Menschenkenners Scholten. Zwischen die Männer tritt Frau Salome, die Baronin Veitor, mit der nun Raabe den Kreis seiner jüdischen Menschenbilder beschließt. Scholten hat in ihr etwas vom Jchor, vom Blute der Götter gewittert, hat selbst mit dem Gedanken gespielt, aus ihr und Schwanewede ein Paar zu machen. Jetzt fällt ihr das Schicksal der Tochter des irrsinnigen Bildhauers auf die Arme. So unsicher, so verwirrt, so an ein unerfüllbares Ideal hingegeben Querian durch die Welt schreitet, bis er in den Flammen seiner von ihm angezündeten Werkstatt umkommt, so sicher finden Scholten und Salome ihren Weg. Sie sind beide, nach Heines von ihr angeführtem Wort, aus Affrontenburg und wissen Bescheid um die Menschheit um sie her, sie sind gewiesen worden und können wieder weisen. Durch den Tropfen Jchor, der sie einander verwandt macht, verbindet auch sie jener, bei Raabe immer wieder bedeutungsvoll hervortretende, freimaurisch zu nennende Zug. Aber nicht zu dem Paten Scholten, sondern zu Frau Salome flüchtet Querians Tochter, die halb wild aufgewachsene Eilike, und wir fühlen, daß sie bei ihr in guten Händen sein wird. Scholten bleibt doch immer wieder, trotz hilfreicher Menschlichkeit, in der Skepsis stecken und entbehrt darum Schwanewede; ihm fehlt das Verständnis für das Große, Suchende, in die Ewigkeit Langende in Querian und für das davon Ererbte in Eilike — Salome hat das alles. Sie ist gleich Rahel Varnhagen „mit feinerer Witterung begabt als die grobe Menge" — und selbst als der Voltairefreund Scholten. Der lacht, trotz der heischenden Warnung, über Querians Titanen mit dem toten Kinde, Salome überhaucht der Schauer der Größe. Sie wird, eine jüdische Frauengestalt, verwandt Henriette Herz, der Freundin Schleiermachers, verwandt wohl auch einer lebensvollen Frau in Raabes Freundeskreise, die tieferen Kräfte in Eilike wachsen lassen — Raabe deutet das am Anfang mit einem Goethischen Gleichnis von der Schlange an: Salome, selbst noch keine Künstlerin, kann nicht aus dem Futteral herauskommen, Eilike wird das, wenn sie denn die Gaben der Kunst wirklich hat, unter ihrer Hand gelingen.

Von den vier zwischen 1869 und 1874 entstandenen geschichtlichen Erzählungen führen zwei noch einmal in das siebzehnte, das wildeste und trübste deutsche Jahrhundert zurück, beide nicht in den Dreißigjährigen Krieg, sondern in den Ausklang der säkularen Kämpfe. Höxter und Corvey (zum Krähenfeldkreis gehörig) beginnt mit einem bedeutungsvollen Auftakt: die Fähre über Raabes heimatlichen Strom befördert ein seltsames Kleeblatt vom Burgfelde zur Stadt, einen Benediktinermönch aus altem Rittergeschlecht, ein greises Judenweib und den Pfarrherrn der Lutherischen Kiliankirche zu Höxter. Die drei Alten fahren friedlich zusammen über, aber in den Köpfen der andern gärt es noch, und das ganze Elend der verwahrlosten Zeit flammt wieder auf. Lutherische und Papisten stürmen gegen einander, bis sie, von der Raublust des Fährmanns gestachelt, gemeinsam gegen die Juden ziehn. Der katholische Geistliche und der Neffe des evangelischen wehren ihnen. Wie ein Symbol der Nichtigkeit aller irdischen Kämpfe wirkt der Tod der von keinem Druck dieses schweren Lebens überwundenen, innerlich aufrechten alten Jüdin, und es scheint so, als ob nun doch auf ewig friedlosem Boden einmal alle eine Zeitlang ihr Päckchen in Frieden nebeneinander tragen werden.

Nach dem etwas zerflatternden Vielerlei dieser Geschichte, bei der der letzte Ausblick nicht mit voller Freiheit herauskommt, ist die zweite, in die gleiche Zeit versetzte, Der Marsch nach Hause, um so stärker zusammengehalten. Wohl steht auch hier furchtbares Geschehen im Mittelpunkt: der Rückzug des schwedischen Heeres nach der Schlacht bei Fehrbellin mit allem Graus eines solchen Vorgangs; aber er ist nur der Nachklang einer nun zum Versinken bestimmten Zeit. Der alte Schwede, der ihn mit ansieht, hat den Marsch nach Hause angetreten, weil den einst buchstäblich von den Weibern Gefangengenommenen und am blauen Bodensee zum Kinderwärter und Hirten Degradierten noch einmal wie mit Hifthornklang ein verwehter Ruf aus dem Säkulum des großen Krieges getroffen hat. Dem ist er nachgezogen, und gerade der volle Eindruck der immer wiederkehrenden Raserei Bellonas führt den Graukopf an Herd und Wiege bei der rundlichen schwäbischen Wirtin zurück. In einem Zuge und mit vergoldendem Humor ist dies vorgetragen, ebenso wie in einem Zuge, aber mit einer Mischung von bäuerlich-behaglichem Wesen und allen Schauern wilder Zeit Die Innerste erzählt wird. Das Rauschen des Gebirgsflusses um das Mühlrad, sein schier menschliches oder tierhaftes Schreien in der Eiszeit geben dieser Geschichte aus dem Siebenjährigen Kriege nachhallende Wucht.

Aber auch in dieser historischen Erzählungen nimmt

Raabe noch einmal das Thema vom Deutschen Reiche auf. Dem Umfang nach ist die Novelle Des Reiches Krone (mit dem Marsch nach Hause dem Deutschen Mondschein eingefügt) die kleinste unter ihren gleichzeitigen Geschwistern; in ihrem Vollgehalt, in ihrer Bedeutung für Raabes innerstes Wesen und nach der Schwere ihres Kerns ist sie die Krone aller seiner geschichtlichen Erzählungen geworden, ein in den Frühsommerwochen von 1870, noch eben vor Ausbruch des Krieges geschöpftes Patengeschenk an das neue Reich. Um zwei Kronen geht es: um das alte Kleinod des Heiligen Deutschen Reiches, das im fünfzehnten Jahrhundert aus Böhmen und Ungarn wieder nach Nürnberg zurückgebracht wird, und um die Krone des ewigen Reichs. Die erste wird im tapfern Kampfe wiedergewonnen und vom Karlstein heimgeführt; die andere, höhere wird von zweien errungen: der Sondersieche, der furchtlose Ritter, der aussätzig aus dem Kriege wiederkehrt, erhält sie von der Reinheit eines weiblichen Herzens: die Braut, Nürnbergs schönstes Mädchen, neigt sich ihm ohne Scheu, fällt ihm vor allem Volke an die versehrte Brust, und so, in Weltüberwindung, erwirbt sie mit ihm die wahre Krone und wird nach des Geliebten Tode der Sondersiechen Mutter. Der dritte Gefährte aber aus der entschwundenen, blühenden, verheißungsvollen Jugend erzählt all das, was er miterlebt hat, er trägt es aus nachzitterndem Herzen als ein alter Mann vor, der das Leben nicht schmäht, in dem er dies hat anschauen und mit durchhalten dürfen.

Wenn irgend etwas, so ist Des Reiches Krone bezeichnend dafür, wieviel und wie wenig für Raabe eine geschichtliche Quelle bedeutet. Die Einzelheiten für das Nürnberg des fünfzehnten Jahrhunderts stammen nach Fehses Nachweis aus einem Werke des Johannes ab Indagine; für die Schilderung der Burg Karlstein diente, wie Brandes dargetan hat, eine Arbeit von Hartmanns

Schwager Siegfried Kapper in der Freya als Grundlage. Beide Quellen hat Raabe sorgsam gelesen und sachlich genutzt; aber beide blieben ihm nur Anschauungsmaterial. Einmal mußte er alles in den mit vollem künstlerischen Bedacht gewählten Stil des Erzählers, des greisen Überlebenden umgießen, der im Jahre 1453 von den lange Abgeschiedenen berichtet; dann aber kam es ihm ja auf etwas ganz anderes an. Es galt Raabe über den geschichtlichen Gehalt hinaus in ein Nationales und ein Jenseitiges hinüberzudeuten, wovon seine Quellen nichts wußten. Die Gestalten, die Träger seiner Handlung, waren freie Erfindungen seiner Phantasie. Die ganze Süße eines Jugendfrühlings, die volle Tragik eines ganz anders vollendeten Schicksals, die heilige Weltüberwindung eines Frauenherzens, die Schwermut des einsamen alten Erzählers — das alles war sein und nur sein Werk. Und aus seinem Innersten floß der Ausblick auf das Schicksal seines Volkes: „Des deutschen Reiches Krone liegt noch in Nürnberg, — wer wird sie wieder zu Ehren bringen in der Welt?" und floß das Bild einer Frau, die den Namen einer Siechenmutter mitten im Elend wie einen Kranz aufgehoben und wie eine Krone bis an ihren Tod getragen hat.

Raabes Stil, in den Drei Federn zuerst streng zusammengeschlossen, war in diesen seinen Meisterjahren immer wieder einmal läßlicher geworden und ist nie zu der Goldklarheit Gottfried Kellers, zu dem schlackenlosen Aufbau Adalbert Stifters oder Paul Heyses gediehen. Selten fugte er Satz und Absatz mit bis ins letzte bewußtem Innenton zusammen, während er im Gesamtbau seiner Werke das schon in den Leuten aus dem Walde gefundene und befolgte Gesetz des großen inneren Rhythmus, der wohl abgewogenen Verteilung der Höhepunkte, des Aufklangs der Leitmotive am schicksalweisenden Ort nie wieder verließ. In Des Reiches Krone war auch sein Stil im Bau von Satz und Gegensatz, von Rede und Gegenrede wie im Feuer geschmiedet. Nichts von der nun schon in Roman und „Sang" beliebt gewordenen altertümelnden Schnörkelei, aber die Sprache einer vergangenen Zeit in einem ganz durchbluteten Ton von persönlichem Gehalt. So und nur so, das fühlen wir deutlich, konnte und mußte diese Geschichte vorgetragen werden. Raabe mochte selbst fühlen, daß dieses an menschlichem Gehalt und dichterischer Vollkraft gleich reiche Werk nicht mehr zu übertreffen war — er hat seit 1874 die Feder zur Novelle nicht wieder angesetzt.

13. Kapitel

Lebensdarstellung von hoher Warte

Der entwicklungsgeschichtliche Parallelismus, die Darstellung nebeneinander begonnener, auseinander geführter, schließlich wieder zueinander geleiteter Lebensläufe war in der Chronik zuerst an den Tag getreten; sie ist uns als Gesetz für den Innenbau und die aus diesem quellende äußere Architektur von Raabes epischem Schaffen immer wieder begegnet, deutlich beherrschend in den Waldleuten und im Hungerpastor, vom eigentlichen Thema überdeckt im Meister Autor, mit ihm unlösbar verbunden in Eulenpfingsten und Frau Salome. Nahe den fünfziger Jahren begann Raabe, nun mit weiterem Aufriß als je seit dem Schüdderump, noch einmal das immer wieder lockende Problem zu gestalten, und im Jahre 1880 erschienen die Alten Nester. Das Werk führt den Untertitel Zwei Bücher Lebensgeschichten, es wird von dem einen der fünf zusammen aufgewachsenen Jugendgenossen erzählt, dem, der am wenigsten ein Mann des derben Zugriffs und seiner ganzen Anlage nach am meisten ein Mann der Feder ist. Die fünf Menschen sind an der Weser, in Raabes Heimat groß geworden, nicht zufällig gerade da, wo auch die Heimat Münchhausens liegt. Hier bekennt Raabe nämlich mit Nachdruck den Dank, den er und dies ganze Erzählergeschlecht Karl Immermann schuldeten; es schlägt in Raabes Stellung zur Zeit und auch zur Literatur der siebziger Jahre mitten hinein, wenn es da heißt: „Fräulein

Emmerentia von Schnuck-Puckelig ist eine Wahrheit geblieben; aber die Tochter vom Oberhofe ist zu einem schönen Phantasiebilde geworden: der treue Eckart — diesmal Karl Leberecht Immermann genannt — hat wieder einmal vergeblich am Wege gestanden und warnend die Hand erhoben." Was in Immermanns noch heute unausgeschöpftem und damals kaum erkanntem großen Münchhausenroman Darstellung niedergehender Oberschichten war, fand in den Zeitverhältnissen nach der Reichsgründung seine Parallele; aber das im Oberhof so lebendig gemalte Gegenbild deutschen Lebens aus dem Mittelpunkt heraus hatte im Lärm der neuen Tage keine Statt. Um diesen Wesenskern aber, aus dem menschliches Schicksal sprießt, ist es Raabe in seinen zwei Büchern Lebensgeschichten zu tun. Wir haben hier gleich im Anfang des Romans den bei ihm so seltenen Fall einer Gestaltung nach lebendem Modell, und nichts bezeichnender, als daß Raabe in der Mutter des Erzählers, die auch die andern mit erzieht, die eigene, vor wenigen Jahren dahingegangene Mutter mit allen Zügen ihrer echten Weiblichkeit und Mütterlichkeit, ihrer Fähigkeit, auch das Schwere, das Auseinanderstrebende zum Kranze zu einen, nachbildet.

Mit vollem Gelingen wird Individuelles zum Typischen gestaltet. Da ist der Vetter Just Everstein aus der bürgerlichen oder vielmehr bäuerlichen Nebenlinie des adligen Hauses. Dem gelten äußerer Glanz, Adel, gesellschaftlicher Schliff nichts, aber ein mißlenkter Bildungsdrang und jugendliche Phantastik haben ihn von der Scholle gehoben; und jetzt entfaltet sich in herzhafter Arbeit und zähem Durchsetzen die andere, die Oberhofnatur seines Wesens. Mittellos in die Fremde gezogen, denkt er gar nicht daran, sich und sein Deutschtum aufzugeben. In der nordamerikanischen Siedlung Neu-Minden kommen die

Leute auf eine halbe Tagereise weit zum Buchstabierspiel bei ihm zusammen; er hält das Deutschtum drüben durch und wird der Bringer der Bildung, er macht nicht nur den Boden, sondern auch die Köpfe urbar, „in dem Lande, wo jedes Kind, sowie es das Licht der Welt erblickt hat, sofort sich auf das Praktische legt und mit seinen Eltern über seine ersten natürlichen Geschäfte zu handeln anfängt". Just Everstein erarbeitet sich jenseits des großen Wassers wieder den alten, deutschen, angestammten Steinhof und wird auf ihm Meister. Mit ihm aber kommt sein Gegenstück. Dem humoristisch Derben verbindet sich der Stürmer, der heiße Kopf, eine immer wiederkehrende deutsche Gestalt, Ewald Sixtus, der nun schon einen ganz modernen Beruf, den des Ingenieurs, hat. In ihm zeichnet Raabe einen Mann, dazu angetan, die Welt auch im größeren Maßstabe als Just Everstein zu erobern, den Bürger eines weiteren Deutschlands; aber auch er ist nicht wurzellos, ist mit tausend Banden an die Heimat gekettet. Aus den Quadern des alten Feudalsitzes wird eine Brücke, auch hier soll es keine „verfallenen Schlösser und keine Basalte" mehr geben; aber die aus der Fremde Heimgezogenen werden mit den Frauen, denen schon die Knabenherzen gehörten, auf dem Boden alter Nester neues deutsches Leben zimmern, ohne schwächliche Resignation, ohne Einräumung an modischem Tand, ohne den scheinwichtigen Krimskrams einer nationlosen Zivilisation.

Mit dem Hauche vollen Lebens und einer für immer festgehaltenen Jugenderinnerung kommt das Weserland hier zum Ausdruck; was in der Chronik nur eben angedeutet war, Kinder- und Jugendleben in Haus und Hof, an Fluß und Fähre, hinter Hecken und Obstbäumen, auf Erntewagen und Gebirgspfaden, das alles findet in den Alten Nestern seine bis ins kleinste durchgeführte Darstellung.

Im Hintergrunde steht Berlin, die große, menschenvolle Stadt, in der sich doch Jugendgenossen wieder zusammenfinden und von der die Pfade schließlich zu den alten Nestern zurück und zum Aufbau der neuen nach vorwärts gehn. Über den fünf Jugendgenossen wacht — auch da tritt das zuerst in der Chronik waltende epische Parallelgesetz wieder in Kraft — eine Dreiheit harmonischer, reifer Menschen: die Mutter des Erzählers, der Vater Förster, die alte Jule Grote, eine der nach außen spröden, nach innen lichten Alt-Mädchengestalten Raabes, die uns schon bedeutender in Juliane Poppen bei den Leuten aus dem Walde, absonderlicher in der Base Schlotterbeck des Hungerpastors begegnet sind. Im Horn von Wanza, das gleich nach den Alten Nestern begonnen und beendet ward, steht eine Frauengestalt im Mittelpunkte, die sich die Harmonie in einem schweren Leben, an der Seite eines viel älteren, wüsten Mannes erst erringen muß. Nun aber ist sie, die Rittmeisterin Sophie Grünhage, ein firner Mensch geworden. Sie hat ihr Herz in beide Hände genommen und sich nicht nur zur Herrin ihres Hauses, sondern auch zu einer Art Beherrscherin des Gemeinwesens gemacht. Vom kleinsten Zuge her wird uns diese humoristische Prachtgestalt der Frau zu Wanza an der Wipper entfaltet. Nichts an ihr ist bewußt originalische Gebärde und alles doch originelle Aussprache eines ganzen Menschen. Über dem scharfen Blick für die Wirklichkeit hat sie so wenig die Liebe zur Menschheit verloren, wie jeder echte Humorist. Und darum lernen die Jungen wiederum von ihr das Leben; lehrend steht ein anderes Original neben ihr, der Nachtwächter Marten, ein Verwandter des Polizeischreibers Fritz Fiebiger. Und zu den beiden gehört lebensnah die blinde Thekla Overhaus, in der Raabe die blinde Eugenie aus dem Frühling auf einer höheren Stufe gereifter, jedes eignen

Begehrens lediger Weisheit noch einmal wiederbringt und vollendet.

In dem großen Aufstieg seit der Chronik hatte Raabes Humor von Jahr zu Jahr Erweiterung und Vertiefung erfahren. Jean Paul spricht einmal, in der Vorschule der Ästhetik, von dem Kindskopf, der in jedes Menschen Haupt wie in einem Hutfutteral aufbewahrt sei und der sich zuweilen nackt ins Freie erhebe und im Alter oft allein auf dem Menschen mit dem Haarsilber stehe. Er hat damit dichterisch die ewige Jugendlichkeit des Humoristen ausgedrückt, der wir bei Raabe gelegentlich auch noch in späten Werken begegnen. In den frühen handelt es sich bei ihm noch vielfach um Komik, Groteske, unbesorgte Laune. Noch steht diese unverschmolzen neben dem Kern der Handlung, aber er erreicht mit ihr schon beträchtliche Wirkungen, wenn auch nicht immer gerade in Hervorhebung des eigentlichen Sinnes der Dinge. In dies drollige Register gehört etwa jene Ansprache, die der ausgewiesene Zeitungsschreiber Dr. Wimmer in der Chronik dem Polizeibeamten Stulpnase hält — auch die beiden Namen schlagen ins Gebiet grob unterstreichender Zeichnung —: „Ich habe in Jena studiert, Herr Polizeikommissarius. Das ist eine allgemeine historische Tatsache, aber es knüpft sich Bemerkenswertes daran. Damals gab es dort einen raffiniert groben Philister, Deppe genannt, der alle Augenblicke eine sehr drastische Redensart herausdonnerte, übrigens aber der Gott aller der wilden Völkerschaften: Vandalen, Hunnen, Alanen, Visi-, Möso- und Ostrogoten usw. usw. war. Verehrtester Herr Kommissarius, der deutsche Student, viel zu zartfühlend, viel zu sehr von Albertis Komplimentierbuch angekränkelt, konnte unmöglich d i e s e Redensart adoptieren. Ebensowenig aber konnte er auch den Effekt derselben auf Pedelle, Manichäer und dergleichen Gesindel entbehren. Was tat er? — Er deckte Rosen auf den Molch und sagte: Deppe! — Deppe überall! Deppe konnte jeder Rector magnificus, Deppe jeder Professor, Deppe jede Professorentochter sagen. Also, Herr Polizeikommissarius, D e p p e! — n' Morgen, meine Herren! Ich muß packen!"

Wachholders Art der Lebensüberwindung ist nicht humoristisch: wohl hat er Sinn für Scherz und Laune, aber seine Empfindung für das Übel der Welt ist nicht tief genug; die eigenen herben Erlebnisse werden ihm noch nicht in dem Maße allgemeine Erfahrungen, wie es Friedrich Theodor Vischer vorschwebt, wenn er sagt: „In diese unmittelbare Lust muß die herbere Erfahrung der allgemeinen sittlichen Unreinheit und des allgemeinen Übels, der sich auch das lustige Subjekt nicht entziehen kann, als Quelle inneren Kampfes einbrechen." Dem, der dies erfuhr, geht die Naivität der Laune verloren oder sie wird von dem erlebten tieferen Widerspruch getrübt. Der Betroffene fühlt die in der Idee liegende Möglichkeit der Befreiung, aber er kann sich aus dem Widerspruch noch nicht ganz lösen, es bleibt etwas wie Ärger oder, höher gesprochen, eine ungelöste Dissonanz zurück. Das wäre der Fall des Polizeischreibers Fritz Fiebiger, dem sich der Widerspruch der Welt aufs tiefste aufdrängt: „Mein Junge; vor allen Dingen laß dich niemals verblüffen. — Jeder macht Wind auf eigene Art, je größer der Blasebalg, desto stärker der Wind, desto ohrenbetäubender das Schnarren und Schnauben. Halte den Hut fest, es wird mehr als einer seine Kraft dransetzen, ihn dir vom Kopfe zu pusten. Wenn der Deckel aber einmal in der Luft fliegt, so mache dich nicht zum Gespött der Gassen und renne toll und blind hinter ihm her; sondern gehe ihm fein langsam nach und lache selbst; oft wird ein anderer ihn auffangen und ihn dir entgegentragen; du kommst dann mit einem Dank davon. — Es bläst, greift und streicht jeder sein Lieblingsstück auf seinem Lieblingsinstrument; im Grunde ist's ein heilloses Konzert; aber die Gewohnheit bewirkt, daß wir es recht gut ertragen, ja es öfters für die echte wirkliche Sphärenmusik halten. Blase dein Stückchen, mein Sohn; aber wolle deinen Takt nicht der ganzen übrigen Menschheit aufdrängen. Ich habe mehr als einmal mit Heiterkeit gesehen, wie bei solcher Gelegenheit die Instrumente zu Waffen in den Händen der Virtuosen und Dilettanten wurden und wie eine blutige Schlacht entstand. Bedenke, Robert Wolf, daß du doch nur eine ganz kleine klägliche Pfeife bläsest, und daß solch ein dicker Brummbaß zu einer gewaltigen Keule wird, wenn der erboste Spieler ihn umkehrt und ihn auf den Köpfen der Orchestergenossen tanzen läßt. — Ich habe manches Haus gesehen, über dessen Tür stand: salve hospes; aber auf gut deutsch hieß das nur: der Eintritt ist verboten, wer hereinkommt, wird hinausgeworfen. Merke dir das, Robert Wolf, und bitte dir, ehe du dem „salve‘ traust, von dem Türhüter eine Übersetzung des „hospes‘ aus. — Zum Schluß knöpfe deine Ohren so weit als möglich auf und vernimm, daß der Mensch viel schneller und früher alt wird, als er gewöhnlich für möglich halten will. Eines schönen Morgens wirst du erwachen und das klägliche Faktum dir nicht mehr verleugnen können. Sorge, daß du dich dann mit gutem Gewissen in den Großvaterstuhl setzen kannst. Ich habe gesprochen."

Dieser Satiriker von Haus aus, Fritz Fiebiger, gelangt schließlich doch zur Überwindung; dazu aber verhilft ihm erst die ganz in der Kraft der Idee wurzelnde abgeklärte Weisheit des Sternsehers Heinrich Ulex. Die menschenkundige, oft ironisch geäußerte, in bittern Lebenserfahrungen eingeerntete humoristische Lebensauffassung der Dritten im Bunde, des Freifräuleins Juliane von Poppen, würde ohne Ulex genau so wenig zum freien Humor aufsteigen wie Fritz Fiebigers Weltansicht. Noch einmal rufen wir Friedrich Theodor Vischers tief schürfende Begriffsbestimmung auf: „Eine sittliche Welt versinken sehen, wie der männliche Geist des Aristophanes, Undank, Ungerechtigkeit, Schwäche der Gesetze, Bestechung, Ränke walten sehen mit dem Feuerauge Shakespeares und doch auch den Humor über diese Weltübel erweitern, dies ist das Höchste, das Schwerste." Die Innigkeit der inneren Liebeswelt erweitert sich zur Gewalt des von dem allgemeinen Pathos für diese objektive Welt erfüllten Geistes. Das ist der Fall des raabischen Humors in seiner höchsten Ausbildung. In Abu Telfan hat er vor dem Auge seiner Kerngestalten Leonhard, Claudine, Täubrich eine sittliche Welt versinken, Undank, Ungerechtigkeit, Schwäche der Gesetze, Bestechung, Ränke walten lassen. Die feurige Kritik eines enttäuschten Herzens, die in Tränen tränenlos gewordene Weisheit eines schwer geprüften Alters, die halb närrische, zwischen Licht und Dunkelheit schwankende Vergeßlichkeit eines kleinen Phantasten hatten in jenen drei Handlungsträgern über die Übel der Welt hinweggefunden und sahen sich auf einer zu mindest bei dem ersten, Leonhard, durch humoristische Lebensanschauung gewonnenen Höhe.

Diese Anschauung, zu der der Vetter Wassertreter sein Wort mitspricht, ward freilich noch im Feuer einer tief glühenden Ironie mitgehärtet. Wohl war diese Ironie, mochte sie den deutschen Scheinsouverän oder den deutschen Philister treffen, das Kind eines heißen Herzens, das sich mit zugehörig fühlte — sie blieb doch Ironie und holte ihre künstlerischen Wirkungen aus der Satire. Nur bei Frau Claudine, der jeder Ironie baren, gelingt die Erweiterung der Seele über die Weltübel schon ganz, ihr ist der Widerspruch kein Widerspruch mehr; aber freilich entzieht sie sich dem tätigen

Leben und hält denen, die es äußerlich überwältigt, eine Ruhstatt offen. Die aristotelische megalopsychia, die auf Selbsterkenntnis gegründete Selbstbehauptung, ist ihr geglückt — Raabe aber will diese höchste Stufe in rein humoristischer Ausgestaltung auch noch in die Mitte des tätigen Lebens stellen. Das tut er im Vetter Just der Alten Nester. War Raabe vielfach als ein Lobredner der Vergangenheit erschienen, eine bei Humoristen sehr häufige Ausdrucksform der Weltkritik, so verband er nun Vergangenheit und Gegenwart; seine letzten humoristischen Lebensbezwinger wie Just und in gewissem Abstand Ewald Sixtus lassen das Alte stürzen und vergehen, indem sie seinen besten und einzig wirklichen Gehalt innerlich in das Neue hinüberretten.

Genau von diesem Ansatzpunkt her und unter dem Symbol des nicht mehr zeitgemäßen Nachtwächterhorns von Wanza ist Sophie Grünhage als humoristische Menschengestalt auf einer neuen Gipfelhöhe geschaffen. Der Welt gegenüber frei, durchaus im Messer- und Gabelgeklirr des Lebens daheim, geht sie durch dies Leben mit einem von Raabe so oft wiederholten Worte frei durch. Von dem Augenblick der spitzig-überlegenen Begrüßung des zugereisten Neffen bis zu der sich ganz wie von selbst einstellenden Entschleierung ihres durch Selbstzucht wirksamen und menschlich warmen Charakters offenbaren sich an ihr alle Spielarten des Humors, von der Drastik bis zu jenem von Harald Höffding als großer Humor bezeichneten Ernst des selbstsicher gewordenen Gemüts. Und auch um sie herum errichtet Raabe ein Gebäude, das alle Stufen des Humors umfaßt: vom derben Spaß und studentischen Bierulk bis zur eben noch schwebenden, den Grat zwischen Weinen und Lachen haltenden humoristischen Aussprache. Die häßliche und grausige Vergangenheit — und nichts ist bei Raabe grausiger, als was der Mensch dem Menschen tut — wird nicht übertüncht und nicht romantisiert; aber von der Warte eines tapfer emporgelebten Daseins und eines unter Schmerzen gewonnenen Humors geschaut, müssen schließlich alle Dinge denen, die sie noch einmal erleben, zum Besten dienen.

Auf dieser Höhe der Lebensgestaltung darf nun der Dichter unangefochten weilen, auf ihr schreitet er zu dem nächsten Werk, Fabian und Sebastian, vor.

Die beiden Brüder, nach denen dies Buch heißt, sind in sichtlichem Hinblick auf die beiden Brüder Carker in Dickens Dombey und Sohn geschaffen, aber bei weitem vertieft und nicht auf so einfache Formeln des Gegensatzes gebracht. Fabian ist nicht nur der lächerliche, vergeßliche, meist in einer andern Welt lebende, unpraktische Künstler, der nicht zum ganzen Kunstwerk gedieh; sondern, wie er mit sicherm Herzen der Tochter des in der Ferne gestorbenen Bruders eine neue Heimat gibt, bewährt er sich schließlich auch an der Spitze des ihm zugefallenen Geschäfts. Sebastian ist nicht der harte Schurke, nicht der gewöhnliche draufgängerische Lebemann mit dem Wahlspruche: nach mir die Sündflut; er ist vielmehr nach den Worten einer feinen Kennerin „wie ein zugedeckter, verschütteter Brunnen. Das Wasser kann nicht überfließen, weil es überall vom Ichzweck gehemmt wird. Er liebt und verführt die schöne Marianne Erdener, wirft sie weg und läßt sie ihr Kind töten, aber er fühlt sich nicht frei von Schuld. Der allgemeine schlechte Kerl würde darüber hinwegkommen. Sebastian möchte es auch gern, aber er kann nicht. Sein Egoismus ist nicht stark genug, die in seiner Seele lebende, schmerzhaft durchdringende Gotteskraft zu ertöten. Trotz Diners und Gesellschaften, der Lust gut zu essen und sich zu amüsieren, kurz all den Freuden, die neben der Arbeit seinen Tag ausfüllen, steht die sittliche Forderung vor ihm: Du bist einst Rechenschaft schuldig. Darum hat ihn sein Weg wieder und wieder in dunkler Nacht vor das Zuchthaus geführt, in dem Marianne ihre Sünde büßt, darum kann er den Anblick des alten Schäfers von Schielau, ihres Vaters, nicht ertragen, und darum gehen seiner tödlichen Erkrankung schwere Wochen bitterster Selbstqual voraus. In luziferischer Sehnsucht ruft er in seinen Sterbestunden nach seinem Kinde, das ihm die Gewißheit der göttlichen Vergebung bringen soll. In Gestalt seiner Nichte erscheint es ihm. Er hat sich Konstanze im Leben immer fern gehalten, er haßt in ihr den toten Bruder und fürchtet in ihr die Ruhestörerin. Jetzt bringt sie ihm, von ihm unablässig gerufen, das letzte Erdenglück, einen leichten Tod. Weil er sich in seiner Art strebend, mit sich kämpfend, bemüht hat, darf sie ihn erlösen. Da er fast schon allem Irdischen entrückt ist, fällt seine Ichsucht von ihm ab, und er wird, ganz wie sein Bruder Fabian sein Leben lang, von der Freude des Schenkens erst im Tode erfüllt. Ein Schächer am Kreuz, der Vergebung finden wird." Konstanze aber, die Vertreterin der zwischen beiden Brüdern wachsenden Jugend, tritt, zweimal geheimnisvoll gerufen, zur rechten Stunde „für das Leben" ein und macht einem Sterbenden das Scheiden leicht, einem Verzweifelnden das Dasein wieder erträgbar. Auch sie geht, von der Genialität des Herzens getrieben, frei durch.

14. Kapitel

Problemdichtung

Der Kranz von sieben Geschichten, den Raabe in den sieben Jahren von 1881 bis 1888 wand, fügt sich wiederum wie von selbst zueinander. Keine von ihnen erreicht den Umfang der großen Romane, insbesondere der Alten Nester, jede geht doch nach Form und Gehalt über den Kreis der Novelle hinaus und gibt ein Weltbild, jede zeigt ihren Dichter vornehmlich von einer ganz bestimmten Seite seines Wesens, und in jeder schafft er ein Original, das nicht immer das letzte Wort hat, aber für den Charakter der Erzählung besonders bezeichnend ist.

Nur noch einmal in diesen letzten Jahren des bismärckischen Reichs, im Odfeld, führt er in ferne Vergangenheit zurück und erzählt aus dem Siebenjährigen Kriege. Wundervoll wird das Ganze durch einen Zug von Raben eingestimmt, der sich am wolkenschweren trüben Abend auf das, dem Kinde Raabe schon so wohlvertraute Odfeld niederläßt — Vortakt zu all der Drangsal und blutigen Not, die sich alsbald um die Klosterschule von Amelungsborn zusammenballt. Nicht aber die unruhige Jugend der Lehranstalt, aus der einer zum Tode im Kampf eilt, steht im Vordergrunde des Buchs, sondern ein altes festes Herz in unscheinbarer Gestalt, ein wirklicher Humorist mit weltüberwindender Seele, der die andern und sich über Druck und Drang des Tages hinaushebt. Nie ist der Magister Noah Buchius, an den sich schließlich auch seine Verächter klammern, größer als in dem Augenblick, wo er seinem braunschweigischen Herzog an der Spitze des Kriegsheers begegnet und ihm, der von jedem eine Bitte erwartet, nichts sagt als dieses: „Der liebe Gott segne Sie auf Ihren schweren, blutigen Wegen, gnädigster, lieber Herr Herzog Ferdinand, und reiten Sie nur ruhig weiter! Wir werden ja auch schon sehen, wie wir mit Gottes Hilfe durchkommen. Wir werden durchkommen, gut oder schlecht, Durchlaucht; aber der alte Magister Buchius von Amelungsborn, der Sie mit seinen Unbequemlichkeiten auf Ihrem schweren Wege unnötig aufhielte und molestierte, der würde sich darüber die bittersten Vorwürfe und Reprochen machen." Und nur er findet letztlich wie für die arme verscheuchte Menschheit, so für seinen Stubengenossen, den lahmen Raben, das lösende Wort: „Ich weiß nicht, von wannen du gekommen bist, ich weiß nicht, wohin du gehst; aber gehe denn — in Gottes Namen — auch nach dem Odfelde. Im Namen Gottes, des Herrn Himmels und der Erden, fliege zu, fliege hin und richte ferner aus, wozu du mit uns andern in die Angst der Welt hineingerufen worden bist." Dennoch wächst auch über Buchius die Landschaft, das Odfeld selbst, farbegebend und stimmungschaffend, hinaus, mit voller Absicht als „Held" aufgefaßt und festgehalten. Was in der Sperlingsgasse begonnen hatte, in der Innersten und im Dräumling mit Glück fortgeführt war: das landschaftlich-geschichtliche Milieu als wirkende Macht — hier im Odfeld war es vollendet.

Zu einer zweiten Jugenderinnerung von stark nachwirkender Kraft lenkt Im alten Eisen zurück. Wie im Odfeld an das Omen des Raben und des Rabenschwarms, so knüpft sich hier an das Symbol eines Degens der ganze Ablauf der Geschichte. Dieser Degen hat bei Jdstedt und Bau in den vergeblichen Befreiungskämpfen um Schleswig-Holstein mitgefochten, die des Primaners Raabe Herz mit zuckendem Anteil erfüllten. Geheimnisvoll führt auf den wirren Pfaden der Großstadt, deren berliner Gassenvolk hier mit echtem Dialekt gegeben ist, die Jugend alte, reife, scheinbar mit ihren Lebensaufgaben längst fertige Menschen wieder zusammen. In Raabes ganzem Werk gibt es wenige so aufwühlende Bilder wie das des tapfern Knaben, der mit dem Degen des Großvaters in der von den Nachbarn ob der Ansteckungsgefahr gemiedenen kahlen Wohnung, mitten in dem ungeheuren Berlin, neben dem kleinen Schwesterchen der toten Mutter die Leichenwache hält; und selten hat Raabe unter den Alten drei Menschen mit solcher bis in jeden Zug abschattierter Feinheit gegeneinander gestellt wie die Lumpenhändlerin und frühere Theaterdirektorin Wendeline Cruse, den einstigen allerweltsgereisten Schmied, Schauspieler und Freiheitskämpfer Peter Uhusen und den Ästhetiker Hofrat Albin Brokenkorb, den dekadenten lübischen Senatorssohn, der nicht nur dem Namenklang nach aus der Familie Buddenbrook stammen könnte.

Man möchte versucht sein, die drei unmittelbar nacheinander geschriebenen und erschienenen Erzählungen Prinzessin Fisch, Villa Schönow und Pfisters Mühle noch zu den Büchern vom neuen Reich zu rechnen; denn in ihnen ist ein Bezug auf Art und Unart der Zeit unverkennbar. Überall treten Menschen auf, von denen der Raabische Aphorismus gilt: „Für wie viele Leute ist die Schlacht bei Königgrätz nur geschlagen worden, um das Zehn-Pfennig-Porto für Briefe einzuführen!" und auch das andere Wort klingt wohl durch: „Der Horizont des Geschlechtes, das nach 1870 gekommen ist, ist n i c h t weiter geworden." Aber alle drei Bücher sind doch nicht dahin ausgerichtet und gelten im Grunde überzeitlichen Problemen von zum Teil höchst verfeinerter, ja knifflicher

Ausgestaltung. In der Prinzessin Fisch ist nicht die in ein thüringer Nest hineinschlagende Gründerzeit das kennzeichnende Motiv, sondern die Verstrickung eines von alten Eltern spät geborenen und früh in dieser Welt zurückgelassenen jungen Menschen. Eine doppelte Verstrickung: in den mit allen echten Werten spielenden, am Truggold hangenden Materialismus des plötzlich aus Amerika heimgekehrten älteren Bruders und in die Prinzessin Fisch, das fremdartige, viel ältere Weib, das sich ein biederer Schwabe aus Mexiko mitgebracht hat. Diese innerlich kalte, kreolisch träge Frau könnte dem Jüngling ohne ihr Zutun die innere und äußere Existenz kosten. Aber ihm hilft das weise Original, der Bruseberger, der Buchbinder, der mit seiner Meisterin und einem warmherzigen Lehrer über dieser Jugend wacht, ähnlich den drei Alten aus dem Walde. Wohl verschließt dem jungen Theodor die Flucht des Bruders mit der Prinzessin Fisch auf lange die Heimat; aber wir fühlen, dies alles wird den zu früh aus sinnlicher und geistiger „Tumbheit" Geschreckten nur fester und freier machen; einst wird er, anders denn der Bruder, als ein gereifter, männlicher, bewußter Mann in die Heimat und zu der dort für ihn wachsenden, auf ihn wartenden Liebe seiner Knabenjahre zurückkehren.

Wenn in der Prinzessin Fisch alles, auch der Bruseberger, in verhaltsamen Tönen mit sparsamer Drastik lebt, so ist die Villa Schönow mit einer der lautesten und redseligsten Gestalten Raabes, dem Hofschieferdeckermeister und Landwehrsergeanten Wilhelm Schönow, ausgestattet. Seine Ergänzung bildet die nicht minder berlinische Professorstochter Julia Kiebitz, eine nicht schön anzusehende alte Jungfer, die aber, wie ihr Hauswirt Wilhelm Schönow, das Herz, und, echt berlinisch, den Mund auf dem rechten Flecke hat. Den beiden fällt das zu, was so oft bei Raabe ältere und alte Menschen tun müssen: sie nehmen das Schicksal von zwei jungen auf sich und tragen es in die Zukunft hinein, immer noch helläugig, ohne Pessimismus, obwohl Schönow in seiner Ehe nicht glücklich und Julia Kiebitz ehelos ist. Beide, der Handwerksmeister und das Fräulein, werden uns ganz allmählich entwickelt — sie erscheinen zuerst seltsam, ja, der Mann geradezu unangenehm, aufdringlich, überlaut, unzart, bis wir langsam in den Kern der Natur eingeführt werden und unter der Rauhborstigkeit und zum Teil absichtlichen Gewöhnlichkeit das Mannestum und die innere Schwerkraft Schönows erkennen. Er hat jenen höchsten Ernst humoristischer Gestalten, wie sie Raabe überhaupt liebt: sie geben sich nie feierlich, wirken aber eben deshalb so eindringlich, wenn es „ums Ganze geht". Sie dürfen dann verlangen, auch von dem versessenen Kleinstädter, was sie von sich selbst fordern: daß man, „in einem speziellen jejebenen Fall einmal jroß und nicht bloß an seine anjeborene Privatrantüne oder, wie jesagt, sein innigstes Portemonnä denkt".

So sagt Schönow, und er vollbringt sein Meisterstück, als er in echter Kameradschaft einem armen Feldzugsfreunde in den Tod hineinhilft. Der liegt, zehn Jahre nach dem Kriege, an einer im Gefecht erhaltenen Wunde darnieder; er phantasiert im Fieber, er sieht sich wieder in der Schlacht, die andern vorne am Feinde. „Kamerad Schönow, die verfluchte Brücke und der Verhau!" Da ruft Schönow, während der Sterbende seinen Arm gepackt hat: „Hurra, heran det brandenburgische Siebente Nummer sechzig! det janze Spiel — Musike, Musike! Trommeln und Pfeifen — uf mit de Bajonette! da sind wir schon, Kamerad; — det janze Vaterland hinter uns! Nur bloß een bißten an die Rippen kitzeln, und alles läuft, Kamerad Unteroffizier Amelung! Für Eltern, nachjelassene Ehefrauen, Kinder, Brüder, Schwestern und sonstige Blutsverwandtschaft sorgen unbedingt die juten Bekannten und det sonstije Vaterland! Hurra — Hurra — lassen Sie meinen Arm los, Hamelmann! Halt feste, Kamerad Amelung! ... Da sind wir drüben! Hurra!" Der Mann tut sich in seiner äußeren Kaltschnäuzigkeit auf so menschliches Tun nichts zugute, wir fühlen das Quellen solcher Lebensbezwingung aus eigenen, überwundenen Schmerzen.

Der Humor, der zum Siege trug, ist Schönows Eigentum, er eignet in minder lauter, nicht minder herzensfester Art seiner Freundin Julia Kiebitz. Die ist wirklich nicht hübsch, gelblich, alt, hager und mager; aber auch sie weiß der fordernden Stunde die rechte Antwort; wie sie einst, selbst noch ein heranwachsendes Mädchen, den jungen Schönow unterrichtet und erzogen hat, freiwillig und ohne Auftrag, so nimmt sie nun, in ihres Lebens Spätzeit, noch einmal ein verlassenes Kind mütterlich an ihr Herz. Darum darf es dann von der, die vielen nur drollig erscheinen wird, heißen: „In diesem Augenblick gab es in der großen Stadt, alle hunderttausend Kinder eingerechnet, nichts für das Märchen, die Welt jenseits der Alltagserscheinung mehr Stimmungsfähiges, als wie das alte, wundervolle, von der Mama in der Wiege verlassene, vom Papa zu einer kompletten Närrin prädestinierte und vom gütigen Schicksal zu Schönows bester Freundin, Gönnerin und Schutzbefohlenen gemachte Mädchen."

In Pfisters Mühle erzählt wieder einmal nicht der Dichter selbst, sondern einer, der das Vergangene erlebt hat und dem sich das Gegenwärtige, die Auswirkung des Gewesenen zwischen die Blätter schiebt. Die Mühle klappert nicht mehr, sie dient nur noch, eben vor dem Abbruch, dem Sohne des Müllers und Schreiber des Buchs, dem nach Berlin verschlagenen Gymnasiallehrer und seiner jungen Frau als Ferienaufenthalt. Die ganze

Süße und Wehmut des Einst ruft er sich im Nachsinnen und Nachzeichnen noch einmal zurück. Unter den Menschen, die für Ebert Pfister wieder leibhaft unter den Bäumen des Mühlgartens wandeln, ist auch der Dichter Felix Lippoldes; an ihm erst vollendet Raabe die einst in den Kindern von Finkenrode tastend ergriffene Gestalt des am Leben scheiternden Halbkünstlers — immer wieder läßt Raabe ein einmal angerührtes Problem nicht ruhen, bis er es ganz zwingt. Auf Detmold, Leipzig, Braunschweig, das heißt auf Grabbe, Ernst Ortlepp, Ludwig Wolfram und Griepenkerl weist er diesmal ausdrücklich hin, indem er seinen Lippoldes dem „ruhelosen, unglückseligen Zwischenreichsvolk" zugesellt. Immer noch blitzt es, zwischen langen Strecken trostloser, nur wie von faulem Holze leuchtender Dämmerung, mit echtem Strahl aus dieser zerfallenden Natur; und Raabe wiederholt im Hinblick auf das selbstgeschaffene Bild zustimmend das Wort der Annette Droste, diese verlorengehenden Tragöden seien dann und wann viel mehr wert als — viele andere.

Auch Ewald Sixtus aus den Alten Nestern findet in Pfisters Mühle sein Gegenbild. Der humoristische, schlagfertige Doktor, der des armen Künstlers Tochter heimführt, geht mit beiden Füßen in das technische Leben der Neuzeit, dessen Gerüche und Abflüsse das Mühlwasser trüb und stinkend gemacht haben; aber der geschäftskundige Chemiker nimmt seinen Homer und die Mühlenaxt des Vaters Pfister mit, und der Alte meint dazu: „Dann wird es wohl der liebe Gott für die nächsten Jahre und Zeiten so für das Beste halten." Für die nächsten Zeiten! Die im Gange der wirtschaftlichen Entwicklung liegende Entfaltung der Technik wird nicht grämlich von dem bekämpft, der gesagt hat: „Das Deutsche Reich ist mit der ersten Eisenbahn zwischen Nürnberg und Fürth gegründet worden." Aber der technische Fortschritt der Zivilisation ist kein Ziel an sich, ist ganz gewiß kein in die Ewigkeit weisendes Ziel, er ist vergängliches irdisches Hilfsmittel, dem man nicht ungestraft ganz verfällt. Aus so weitem Sehwinkel werden die Achtlosigkeit und Roheit, mit der vielerorts über unersetzbares Erbgut hinweggeschritten wird, als Ergebnisse der geistigen Mechanisierung immer wieder in ihrer ganzen Hohlheit und Gefährlichkeit gekennzeichnet.

Das leichteste und heiterste unter den sieben Büchern ist die Oster-, Pfingst-, Weihnachts- und Neujahrsgeschichte Der Lar. Alle Originale, die als Haupt- oder Nebengestalten die andern Werke dieser Raabischen Schaffensepoche bevölkern, übertrifft in der Rundheit der Darstellung und in der Eigenart des Wesens der Tierarzt Schnarrwergk dieser Erzählung. Der Name schon ist mit verblüffender Wortmalerei gewählt. Rostig, verspatt, mißtönig, mit nur halb deutbaren Knurrlauten redend, tritt er vor uns hin, und Zug für Zug, Stück für Stück fällt das alles ab, und es ersteht wiederum einer, der die Jugend das Leben lehrt; der seltsame, schuhuartige, gefürchtete Borstenmensch entpuppt sich als ein der Tiefe nicht entbehrender, einsamer alter Mann von echtem Gehalt, von liebenswerter Lebensweisheit. Und diese Entschleierung geht ganz wie von selbst vor sich, ohne Gewaltsamkeit, ohne Übersteigerung. Der Pithekus aber, der ausgestopfte Menschenaffe, guckt sinnbildlich zu; dessen Glasaugen hat Schnarrwergk den Augen seines eignen geliebten Lebensführers nachgebildet, und so steht da „die Kreatur, die ihren Schmerz aussteht und stirbt und es nicht mit Worten sagen kann, wie ihr dabei zumute ist", mit Menschenaugen innerhalb menschlichen Geschehens, nicht „ein Gelächter und eine schmerzliche Scham", sondern eine Mahnung an die Vergänglichkeit irdischer Dinge und an Schmerzen, die deshalb nicht weniger wehe tun, weil sie nicht bekannt werden können.

Das Motiv einer in eben erwachende Sinne lodernd hineinfallenden Liebesentzündung hatte den Hebelansatz der Prinzessin Fisch gebildet, die Rettung junger, am Rande des Abgrunds stehender Menschen aus innerer und äußerer Not durchklang Villa Schönow und Im Alten Eisen. Das Erwachen einer menschenwarmen Natur aus scheinbarer Verkalkung hatte dem Laren die Farbe gegeben, die Bewährung gerade eines Belächelten und Übersehenen durch Liebe und humoristisches Weltgefühl das Odfeld als Oberstimme durchtönt; in Pfisters Mühle waren zwei Ideengänge ineinander verschlungen: das Versinken eines Künstlers, der nur den Fluch der Kunst besitzt, die Sänftigung dieses Sturzes durch die Frauenhand einer liebenden Tochter und der Zusammenprall des alten und des neuen Zeitalters an einer besonders zu solcher Begegnung geschickten Stelle. Im Alten Eisen aber schwang vernehmlich das Problem aller Probleme mit: „Des Menschen Sohn, der da durch die Blätter (der Evangelien) geht, nimmt einen mit sich auf seinem Wege, man mag wollen oder nicht"; und dann sagt der Schmied und Feuerwerker, der Schauspieler und Soldat, der vom Leben abgerissene, hin und her gespülte und schließlich doch behauste Peter Uhusen: „Mir tritt der Mann aus dem sonnigen Nazara am deutlichsten in die Erscheinung, wenn hierzulande die Tage kurz und die Nächte lang sind, die Dachrinnen gießen oder der Schnee fällt." In den Unruhigen Gästen wird nun dies höchste Problem zum Richtung gebenden Leitseil. Zwei Sphären religiösen Erlebens stellt Raabe in den Geschwistern Hahnemeyer nebeneinander: Prudens, den asketischen Gebirgspfarrer, dem von Christi Lehre wohl die Buße, aber noch nicht die Gnade, wohl die Sünde, aber noch nicht die Erlösung aufgegangen ist, und Phöbe, die Schulschwester des Idiotenheims Schmerzhausen, die mit Recht den Namen der Botin Pauli aus dem Römerbrief trägt, die zarteste und dabei festeste, rundeste und feinste, zugleich auch die bedeutendste unter allen Mädchengestalten, die Wilhelm Raabe je geschaffen hat. Mit leichtem Tritt, als ob sich die Gräser vor ihr neigten, geht sie durchs Gebirge, geht sie in das gemiedene Typhushaus. Auch der Bruder ist furchtlos, er setzt ohne Angst und Ekel die Schnapsflasche an den Mund, aus der eben am Strohlager seines toten Weibes im verpesteten Hause der verrufene Rätel getrunken hat — eine Szene von hoher Genialität. Aber sein innerlich in Selbstqual unfrei gebliebenes Wesen flößt wohl Respekt ein, es zwingt nicht. Erst dann gibt der Wilde sein Weib zum Begraben an geweihter Stätte her, als Phöbes der Gnade gewisse Jugend den Grabplatz neben der Frau für sich gewählt hat. Der aus dem Säkulum, der Welt als ein unruhiger Gast zu dem Studienfreund Prudens heraufgekommene, leicht einhergeschrittene Freund, der fein empfindende, geistvolle Universitätslehrer, wird von dieser aus schlichtestem Gewande strahlenden Glorie erfaßt, und auch er sichert sich das letzte Bett neben der Toten. Aber wo Phöbe auf Heilandsspuren traumsicher wandelt, wird der Gast, der doch halb nur gespielt, den des Jenseits gewissen Ernst nicht durcherlebt hat, versehrt, ihn ergreift das Nervenfieber, und lange noch wird er doppelte Spuren mit sich tragen: sein Körper die Nachwehen der schweren Krankheit, seine Seele den Anhauch einer überirdischen Gnade, die voll zu erfassen ihm nicht gegeben, von der auch nur gerührt zu werden schon Gottesgeschenk war.

In einer der stilistisch vollendetsten Krähenfelder Geschichten, Zum wilden Mann, hatte Raabe, wider seine Art, die Handlung nicht zum inneren Abschluß geführt. Der Apotheker, dem der einstige Freund und Geldgeber nach einem Menschenalter, wider jedes Recht, das Vermögen aus der Tasche zieht und der das, seiner Anlage gemäß, widerstandslos duldet, bleibt verarmt zurück. Ganz einläßlich war das mit allem Drum und Dran der Gebirgsapotheke und mit dramatisch geschürzter Spannung erzählt worden; aber die innere Lösung war für den Leser wie für Kristeller und seine tief gedrückte, ja erboste Schwester ausgeblieben. Phöbe bringt auch diese Deutung, ohne ein Wort, nur durch ihr von innen erhelltes Wesen. Jetzt erst, da die Schwester des Apothekers mit ihr am Krankenbette des Professors sitzt, lernt sie, die Alte, das Leben von ihr, der Jungen. „Du hast mich", sagt sie ihr, „in die Schule genommen. Du brauchtest nur eine Viertelstunde bei mir zu sitzen auf der Bank unterm Fenster im Abendlichte, daß ich mich an die Stirn klopfen konnte und sagen: Es war doch so einfach, Dorette!...

Mein liebes Herzenskind, durch dich weiß ich nun, die Welt hat einen Kern, sie hat einen süßen Kern, nur aber die Zunge, oder was sonst zu der gehört, hat nichts damit zu tun, darauf schmeckt man ihn nicht."

Phöbe Hahnemeyer aber ist zuletzt, über all die unruhigen Gäste des Erdenlebens hinaus, im Geiste bei ihren Kindern in Schmerzhausen, „und eben lächelt sie und spricht leise: Daß mir keines den Reigen stört; sonst muß ich böse werden!"

Die überwindende Reinheit rechten Christentums verleiht den Sieg und schreitet sicher durch das Leben. „Das gibt man sich nicht, das wird einem gegeben", sagt dazu der wunderliche Kommunist Spörenwagen, der zwischen beiden Welten, der des Säkulums und der des Römerbriefs, mitten inne steht.

Dreißig Jahre waren verflossen, seit Raabe in der Chronik das Kind der Tänzerin auf den Weihnachtsmarkt geführt hatte, zwanzig seit im Hungerpastor Hans Unwirrsch mit den Fischern von Grunzenow unter das Licht von Bethlehem getreten war, sechzehn seit in Des Reiches Krone die weltüberwindende Liebe das echte Kleinod, den wahren Stein, nach dem die Weisen suchen, gewann. Jetzt, da er den Sechzigern entgegenschritt, hatte Wilhelm Raabe aus dem immer neuen Leben mit dem Manne von Nazara, in einem Werk, wo alles, Mensch und Natur, mit dem feinsten und zartesten Kontur gezeichnet war, auch auf diesem Pfade die letzte Höhe erreicht. Wohl fand er oben das Kreuz, aber nicht wie der dezidierte Nichtchrist Theodor Storm als ein Bild der Unversöhnlichkeit, sondern als das Sinnbild jener Gotteskraft, die der Entsender der biblischen Phöbe preist und aufrichtet gegen die Weisheit der Weisen und der Verständigen Verstand.

15. Kapitel

Letzte Höhenwanderung

Bewußt hatte sich der junge, aus dem Buchhandel geflüchtete Raabe in Wolfenbüttel und Berlin zum Schriftsteller erzogen. Im inneren Vollbesitz des Erreichten sah er sich seit Abu Telfan und dem Schüdderump auf der Höhe der Meisterschaft und blickte von dort her mit einer uns unerhört dünkenden Nichtachtung auf die Schöpfungen seiner Anfangszeit, von der Chronik bis zum Hungerpastor, diesen eingeschlossen, zurück. Er nannte sie gern seine Kinderbücher, oder gar die Werke vor seiner Geburt. Jene eigentümliche Vorliebe vieler Künstler für ihre, ob auch unvollkommenen Erstlinge war ihm nicht eigen. Gern hieß er die Drei Federn seine erste wirkliche Dichtung.

Wir haben das Recht, gerechter zu sein als der Meister. Stellen wir uns vor, er wäre nach dem Hungerpastor gestorben oder hätte nichts weiter geschrieben, so wäre immer noch eine auf lange lebendige kleine Reihe von Büchern übriggeblieben, die seinen Namen und einen Teil seines Wesens weitergetragen hätten. Insbesondere ist eine Zeit schwer zu denken, da nicht neben Freytags Soll und Haben, Alexis' Hosen des Herrn von Bredow und Reuters Stromtid der Hungerpastor als ein deutsches Hausbuch im eigentlichen Sinne lebendig sein sollte. Aber freilich mochte es den Schöpfer des Schüdderumps und der Unruhigen Gäste mit Recht ungeduldig machen, daß er vielen noch immer ausschließlich als der Dichter der Chronik und des Hungerpastors galt und so zum Schaden seiner inneren Wirkung der so beliebten und so verhängnisvollen literarischen Abstempelung verfiel, unter der auch andere tief gelitten haben.

Das Schicksal hatte ihm gewährt, ohne Pausen und Hemmungen schaffen zu dürfen. Selbsterkenntnis und Selbsterziehung hatten ihn vom Anbeginn seiner Laufbahn bis zum sechzigsten Lebensjahre aufwärts und immer aufwärts geführt.

> Immer höher muß ich steigen,
> Immer weiter muß ich schaun.

Mit der gleichen künstlerischen Bewußtheit, mit der er sich seit dem Jahre 1875 von der Novelle abgewandt hatte, schuf er im letzten Jahrzehnt seiner Dichterzeit fünf Abschiedswerke, fünf Romane, in denen alte Motive in der Abwandlung höchster Weisheit und tiefsten Kunstverstandes zu neuer Form geschlossen wurden.

Wir lernten seine Art des Durchschreitens einmal geschauter Zusammenhänge auf neuer Ebene kennen, wir sahen ihn mit verwandten Themen und Zielsetzungen auf immer höherer Stufe ringen. Es gehört zu seiner Eigenart, daß er mit seinen Gestalten wie mit lebendigen Wesen weiterlebte. Er ging mit ihnen um und mochte sie wie leibliche Kinder empfinden, die, obwohl von des Vaters Fleisch und Blut, doch ein eigenes und selbständiges Dasein führen müssen. Ein solcher innerer Vorgang hatte ihn genötigt, das Schicksal der Leute aus der Apotheke zum wilden Mann in den Unruhigen Gästen innerlich zu vollenden. Im Meister Autor und im Deutschen Adel hatte er auf Abu Telfan zurückverwiesen, in Villa Schönow lebte die Welt des Deutschen Adels zum Teil wieder auf; und mitten in die große Lebensdarstellung der Alten Nester war leibhaftig der zum Stadtrat in Finkenrode gewordene Bösenberg, nun in behaglicher Philisterei, hineingetreten.

Diese Menschen und Dinge waren ihm nicht abgetan und fremd. Wenn er einmal an den Rand eines Manuskriptes schrieb: „Hat es jemals einen Menschen gegeben, der berechtigt gewesen wäre, über das Leben eines andern abzuurteilen?", so galt dies, in seiner Tiefe verstanden, auch ihm selbst gegenüber seinen Gestalten. „Was ist unsereins, fragt er ein andermal, wenn er nicht wie Gott ist, wenn er nicht alle gelten läßt?" Gestalten, so schwarz in schwarz wie den Moses Freudenstein oder noch später den Friedrich von Glimmern (in Abu Telfan) hat er seither nicht mehr geschaffen. „Ein echter Dichter sagt Ich! Dieses heißt: Die Gebilde seiner Phantasie haben eine solche Wirklichkeit, daß sie die Gebilde des Tages ihm vollständig zurückdrängen oder sich subsumieren. — Nachher spricht die Nation von Vaterlandslosigkeit und dergleichen." Das ging fühlbar auf Goethe, aber ebenso fühlbar sprach er damit für sich selbst. So sah er sich in einem, um keinen Preis zu verlassenden Kreise eigner Geschöpfe und lebte mit ihnen weiter, indem sich schon neue herzudrängten. Auch ein anderes, ausdrücklich auf Goethe gemünztes Wort gilt trotz jener oft bezeugten Verachtung für die „Kinderbücher" für Raabe selbst: „Man wird wohl nicht den Faust und den Großkophta auf eine Stufe stellen; aber sie waren beide in demselben Geist da, und ohne den letzteren wäre der erstere auch nicht auf dem Papiere vorhanden." Indem Raabe in den fünf vollendeten Spätwerken bewußt die Schlußsteine einfügte, baute er ein Gesamtwerk fertig, aus dem die Grundblöcke nicht gelöst werden durften.

All diese Altersbücher haben eine außerordentliche Einfachheit miteinander gemein, alles ist auf die letzten Formen gebracht, kristallklar treten die Gestalten nebeneinander, mit höchster künstlerischer Reife wird der Faden festgehalten, an den der Dichter die Begebenheiten knüpft, immer wieder sind es wenige, voll heraustretende, uns rasch ganz vertraut werdende Menschen, deren Schicksal sich erfüllt.

Am Anfang und am Ende stehen Erzählungen von starkem Einschlag aus eigener Lebensgeschichte, der Ende 1888 begonnene, im Mai 1890 beendete Stopfkuchen, Gutmanns Reisen, vom Frühling 1890 bis zum Herbst 1891 verfaßt, und die 1895 angefangene und erst drei Jahre nach dem Beginn zu Ende geschriebene Erzählung Hastenbeck.

Die See- und Mordgeschichte Stopfkuchen hat Raabe selbst immer unter seinen Werken besonders hoch gestellt. Wie in Abu Telfan wird ein begangenes Verbrechen endlich aufgeklärt — aber es wird nicht mehr gerächt; der Täter ist tot, und nur um alten gespenstischen Bann vollends von der schon erlösten Stätte zu verscheuchen, wird die Wahrheit von einem längst Eingeweihten ans Licht gebracht. Heinrich Schaumann, genannt Stopfkuchen, hat den Hof auf der Roten Schanze erobert, hat den verbitterten Bauern, den man für einen Mörder hielt, wieder zu einem menschlich empfindenden Menschen, die verwilderte Tochter zu einer behaglichen und ruhigen Frau, zu seiner Frau, gemacht und das ihm gemäße Lebensideal gefunden. Er hat, ein der Universität entlaufener Student, vor der Roten Schanze und auf der Roten Schanze mehr gelernt, erlebt, gelehrt und geleistet als der Jugendfreund, der sich im Burenlande ein „Rittergut" gewonnen und ein neues deutsch-holländisches Geschlecht von Afrikandern gegründet hat. Und darin liegt, hinter leichtem Schleier, ein Stück Bekenntnis vom eignen Leben: während die Jugendfreunde im Lande und draußen zu sichtbaren Erfolgen aufstiegen, schwankte der Dichter von Beruf zu Beruf, oft wohl bespöttelt, über die Achsel angesehn, daß er nicht in Reih und Glied mitmarschierte, daß er den vielen

Prüfungen akademischer Laufbahnen auswich. Nun aber hat er seine Schanze, den Ort, um den er warb, erobert. „Wenn man bedenkt, was für wunderliche Geschichten in dieser Welt tagtäglich geschehen, so muß man sich sehr wundern, daß es immerfort Leute gegeben hat und noch gibt, welche sich abmühten und abmühen, selbst seltsame Abenteuer zu erfinden und sie ihren leichtgläubigen Nebenmenschen durch Schrift und Wort für Wahrheit aufzubinden. Die Leute, die solches tun, verfallen denn auch meistens — wenn sie ihr leichtfertig Handwerk nicht ins Große treiben und was man nennt große Dichter werden — der Mißachtung als Flausenmacher und Windbeutel, und alle Vernünftigen und Verständigen, die sich durch ein ehrlich Handwerk ernähren, als wie Prediger, Leinweber und Juristen, Bürstenbinder, Ärzte, Schneider, Schuster und dergleichen, blicken mit mitleidiger Geringschätzung auf sie herab, und das mit Recht!" Dieser Ausspruch aus dem Geheimnis, also aus dem Jahre 1860, entbehrt, im Lichte des Stopfkuchens gesehen, jeder Bitterkeit — jetzt durfte sich Raabe ruhig gestehn, daß er sein Handwerk ins Große getrieben hatte, und konnte auf seiner Schanze den Besuch all der andern abwarten, die schließlich zu ihm kommen mußten, zu ihm, der des Zieles gewiß durch alle die Jahre gegangen war.

Wieder steht im Stopfkuchen eine humoristische Gestalt von höchstem Rang im Mittelpunkt: Heinrich Schaumann, der gefräßige Junge, den seine weichen Füße nie weit getragen haben und der sich mit zäher Tatkraft an die eine Sehnsucht: die Rote Schanze geklammert hat. Er nimmt die Gelegenheit des Besuchs aus dem fernen Afrika und des Todes jenes lange gesuchten Mörders beim Schopfe und erzählt nun endlich, was er weiß, aber wie erzählt er es! Nicht in drei Worten, ganz knapp sondern auf dem ihm allein eigentümlichen Wege, so lang sam, wie sein Gang zwischen den Hecken der Schanze ist, so ruhig, wie er seine vorgeschichtlichen Tiere (darunter das Faultier) im Umkreis des Gehöftes ausgräbt, betrachtet und erläutert. Er muß so genommen werden, wie er ist, und trotz ihrer atemlosen Erregung fügen die Frau und der Freund sich in seine Art, die auch das Schrecklichste als ein Menschliches darzustellen weiß. Das heißt: es wird nichts verzerrt, nichts verkleinert, nichts verniedlicht — das kann der reife Raabe überhaupt nicht; aber es wird alles mit Menschenliebe angefaßt und zu allem jener Abstand gewonnen, der den bloßen Haß und den unbedachten Zorn ausschließt. Diese Humoristen alle verstehn das Leben, weil sie es in bittern Erfahrungen erlernt haben; sie wissen um seine Schwere, aber sie wissen, daß ein rechtes Herz nicht umzubringen ist; und so darf ein gehöriges Stück goldener Schöpferlaune auch noch um die Geschichte von Kienbaums Mord spielen, wie sie denn endlich und, sehr bezeichnenderweise, am Stammtisch, zu Ende gesprochen wird, damit ohne weiteres Zutun Schaumanns nun die ganze Stadt Bescheid wisse und das Andenken des einst verleumdeten Unschuldigen völlig gereinigt sei.

In einem von Moritz Lazarus in seinen Lebenserinnerungen aufgezeichneten Gespräch hat Raabe gegenüber der von dem Philosophen unter des Dichters Zustimmung betonten loseren Komposition des Hungerpastors mit Nachdruck auf Stopfkuchen verwiesen, und in der Tat ist der Aufbau dieser Erzählung von bewundernswerter Einheitlichkeit und Straffheit. Der Bericht über Stopfkuchen und die Aufdeckung der Mordtat wird dem Freunde aus dem Burenlande in die Feder gelegt; er schreibt ihn an Bord des nach Afrika zurückkehrenden Dampfers, der, wohlgemerkt, mit jenem unablässigen Verbindungsgefühl zum eignen Werk, Leonhard Hagebucher heißt. Man glaubt das Rollen der langen Wogen mitzufühlen, während der Schreiber die Sätze formt, und Raabe gibt ihm durch die Muße auf der durch Wochen gedehnten Fahrt Zeit, so zu erzählen, wie es der Erinnerung an Heinrich Schaumann gemäß ist. Der Schreiber hat dieses ungesuchte und unerwartete Erlebnis, mit dem seine ganze Jugend selbst noch einmal emporstieg, am Schluß des Heimataufenthalts gehabt; alles steht ganz frisch vor seinen Augen, er hat den Klang von Stopfkuchens Stimme noch voll im Ohr, und darum kann er mit solcher Treue nachzeichnen. Und er berichtet nun mit wunderbarer Schlüssigkeit und dabei mit der Einfachheit und dem klaren Blick eines Mannes, der sich zu See und Land viel umhergetrieben hat und dem von all den bunten Bildern am Tafelberge und am Oranjefluß nichts solch lebenswierigen Eindruck gemacht hat wie diese Geschichte von Kienbaums Mörder und der Roten Schanze. Auch noch im Nachgenuß vermag er nichts zu übereilen, aber auch nicht ins Unzugehörige abzuspringen. Die neugierige Teilnahme der andern Fahrgäste an der unverständlichen Schreiberei und die Wind- und Wetterdata der Seereise erhöhen, wohl abgemessen, nur die volle künstlerische Sachlichkeit und Zielsicherheit.

Gutmanns Reisen sind fast unmittelbar nach Bismarcks Abgang begonnen worden. Im Vorgefühl eines neu heraufkommenden Zeitalters empfand sich der Dichter noch einmal in die Zeit der nationalen Kämpfe zurückversetzt, an denen er selber als Mitglied des Nationalvereins teilgenommen hatte. Er führt Vater und Sohn Gutmann in dieselbe Reithalle zu Koburg, darin er einst lauschend gesessen, und schuf einen Zeitroman ohnegleichen in seinem Werk und ohne Seitenstück in der deutschen Literatur. Allen Schöpfern des deutschen Zeitromans, und zumal seinen bedeutendsten Trägern, Gutzkow, Spielhagen, Wilbrandt, mochten sie an Temperament und Zielsetzung noch so verschieden sein, war eins gemeinsam: sie stellten immer wieder Gestalten der Zeitgeschichte in den Mittelpunkt ihrer Bücher. Deutlich blicken Radowitz und Prokesch-Osten, Lassalle und Friedrich Wilhelm IV., Makart und Nietzsche durch die Verkleidung, und ihre Verschmelzung mit erfundenen Figuren machte die Dichter unfrei. Zur historischen Romandarstellung im wirklichen Sinne waren die geschilderten Begebenheiten ja noch nicht geschichtlich genug geworden, und so entstanden immer wieder fesselnde Schöpfungen, aber die Stilmischung versagte ihnen ein langes Leben.

Raabe ging einen ganz anderen Weg. Er nahm die geschichtlichen Gestalten seiner Zeit wie sie waren, deutelte nicht an ihnen herum, ließ dem Leser nicht das neugierige Vergnügen, hinter klug gewähltem Decknamen auf die Wirklichkeit zu raten, sondern setzte Bennigsen als Bennigsen auf den Präsidentenstuhl und ließ Miquel und Metz und Schulze-Delitzsch wirklich nach den stenographischen Niederschriften reden. Damit hätte er in gefährliche Nähe von Meding-Samarow und Gödsche-Retcliffe geraten können, der sich in seinen Klitterungen ausdrücklich auf Parlamentsakten zu berufen pflegte. Aber Raabe war auf ganz anderes aus. Er lud zu Füßen der nationalen Führer deutsches Volk aus Norden und Süden mit der schwarzrotgoldenen Schleife im Knopfloch. „Kleine Krämer, Kleinstädter, Kleinstaatler, sind wir jetzt am Werke, das neue Deutsche Reich zu gründen", sagt da der ehemalige Reiseonkel und nunmehrige gesetzte Kaufmann Gutmann zu seinem Sohn, aber „wenn so was nicht mit Nachdruck, Heiterkeit und Jugenddummheit geschehen kann, so — hättest du mich lieber zu Hause lassen sollen!" Da fällt der Junge dem Alten auf der Zwiebelmarktgasse zu Koburg um den Hals: „Und dieses deutsche Volk glauben sie unterkriegen zu können!"

So sind wir gleich im Bilde und brauchen nicht erst vom Dichter selbst an den Dräumling erinnert zu werden, wo auch in aller Heiterkeit der Ernst des deutschen Lebens durchkommt, der allen diesen Menschen auf den Schultern liegt. Während die älteren Herren mit Bennigsen und Miquel über die Einigung der deutschen Stämme beraten, tun der junge Gutmann und die Tochter des Majors Blume aus Wunsiedel draußen in der grünen Pracht der Gärten das ihre, Nord und Süd zu verbinden und dem deutschen Volk auch ferner Blühen und Gedeihen zu sichern. Aber selbst in dieser erregten Werbestunde weiß es der junge Mensch, der nicht aus Preußen, sondern gleich der Braut „aus dem Hause des deutschen Michels" ist: „Und sehen Sie, deshalb sind wir jetzt nach Koburg gekommen und verplempern die älteren Herren sorgenvoll den wonnigen Morgen dort in der herzoglichen Reitbahn hinter den Bäumen und überlegen, wie sie mit gesetzlichen Mitteln aus den wehrlosen fünf Fingern auch einen derben Knaul mit eisernen Knöcheln machen können, der sich im Notfall jedem unverschämten Lümmel im Norden, Süden, Osten und Westen mit Nachdruck auf die Nase legen und Blut herausziehen kann. Ja, ja, Blut, Blut, Blut, liebes Fräulein!"

Gutmanns Reisen sind ein hohes Lied vom Philister aus dem Hause des deutschen Michels. Raabe weiß, daß sich das Volk aus unzähligen solcher Existenzen zusammensetzt, daß sein Schicksal darauf beruht, sie mit der Forderung der nationalen Stunde zu erfüllen, er weiß, wie Fontane, daß eine Regierung „nicht das Bessere, beziehungsweise das Beste zum Ausdruck zu bringen hat, sondern einzig und allein das, was die Besseren und Besten des Volkes zum Ausdruck gebracht zu sehen wünschen". Und wenn Raabe am Schlusse des Werkes auf zwei Seiten Königgrätz und Versailles, den alten Kaiser und Bismarck mit dem Nationalverein verbindet, so spricht auch daraus die Fontanische Anschauung: „Wenn später Bismarck so phänomenale Triumphe feiern konnte, so geschah es, sein Genie in Ehren, vor allem dadurch, daß er seine stupende Kraft in den Dienst der in der deutschen Volksseele lebendigen Idee stellte."

Diese Idee, die Idee der deutschen Einheit im innerlich und äußerlich freien Vaterland, redet aus allen, die in Koburg zusammenkommen. Wir lernen die Teilnehmer verschiedenen Berufs und Alters kennen: den Kaufmann, den Offizier, den Pfarrer, den Apotheker, den jungen Staatsbeamten, und mit ihnen sind deutlich die Geister der Vorzeit erschienen. Der alte Lützower Jäger bringt das Bild Körners, der Süddeutsche aus Wunsiedel, dessen Nichte sich nach eignem Herzensdrang und doch auch als Symbol einer über die Mainlinie zueinander greifenden Neigung dem Norddeutschen anverlobt, die Welt und Gestalt Jean Pauls mit heraus. Und Friedrich Rückert segnet im Garten zu Neuseß diesen Bund. Keins dieser Spätbücher strotzt so von literarischen Anklängen, von Lesage bis zu Johann Georg Fischer und Rudolf Lindau, wie Gutmanns Reisen, aber sie gehören in den vollen Akkord, mit dem hier deutsche Geschichte, deutsche Sehnsucht, deutsche Zukunft angeschlagen werden sollen; und beherrschend tönen die Lieder des alten Burschenschafters Binzer und Hoffmanns von Fallersleben hinein, dessen mächtiger Deutschlandsang damals noch nicht Nationallied sein durfte. Nicht nur die beiden Gutmanns und die junge Braut, sondern alle handelnden Gestalten sind von äußerster Lebendigkeit, haben ihre volle Rundung. Das gilt selbst von den beiden Müttern, obschon die eine nur am Anfang und am Ende, die andere nur in Briefen und Berichten auftritt; auch sie sehen wir deutlich in dem Gegen- und Miteinander. Bei Norddeutschen, Süddeutschen und

Österreichern kommt ein feiner landschaftlicher Hauch, ein vernehmliches Absetzen der Stammeseigenschaften gegeneinander zur Geltung, ohne daß wir das Gefühl einer einheitlichen, sich rasch verstehenden Volksgemeinschaft verlören.

So ist ein Buch entstanden, das in der deutschen Romandichtung seinesgleichen nicht hat und bis heute ohne Nachfolger geblieben ist. Immer fühlen wir: den Männern ist es „mit ihrem Dortsein zu Rat und Tat in des Vaterlandes blutiger Not und lächerlichem Jammer, bitterer, bitterster Ernst". Aber der mit allen Säften durchquellende Humor stimmt Handlung und Menschen so zeitlos ein, daß jede politische Tendenz aus dem Zeitlichen ins Überzeitliche gehoben wird. Aus dem Zeitroman ist ein Buch vom deutschen Menschen geworden.

Wie in Gutmanns Reisen der festgehaltenen Jugendgesinnung, so setzt Raabe in Hastenbeck seiner Jugendheimat, dem Weserlande, bewußt ein letztes Denkmal und führt zugleich weit hinter Gutmanns Reisen zurück, aus den Zeiten werdender Einheit in die Epoche zerrissener Kleinheit, da eben der große Friedrich sich aufrichtet, eine norddeutsche Großmacht zu schaffen. An Höxter und Corvey und an das Odfeld erinnert er ausdrücklich und könnte noch an ein anderes Werk aus dem Siebenjährigen Kriege, an die Innerste, mahnen. Um das friedliche Pfarrhaus von Boffzen, wo er selbst als Gast seines Schwagers Tappe viele schöne, geruhsame Ferienwochen verlebt hatte, tobt die Kriegsfuria. „Wie der Floh auf dem Bettlaken", heißt es mit einem derben, marketendermäßigen Bilde von den armen Menschen, die, zwischen Franzosen, Hannoveranern, Braunschweigern, Preußen hin und her gejagt, nicht wissen wo sie hin sollen, die „der Welt Viehheit" durchkämpfen müssen und schließlich auch durchkommen in rechtem Vertrauen aufeinander, in jener großen Herzensliebe, mit der einst Anneke Mey den Junker von Denow bis auf den Richtplatz begleitete. Auch hier ist im Grunde, verglichen mit früheren Romanen und Novellen Raabes, alles einfach. Dem Liebespaar mitten unter den Wirren einer wüsten Zeit sind wir ja oft bei ihm begegnet, im Heiligen Born wie in Unseres Herrgotts Kanzlei, in der Schwarzen Galeere, in Sankt Thomas — hier aber kommt das alles am reinsten und feinsten heraus. Hier wird unser menschlicher Anteil für die beiden am tiefsten erregt, und die Wirrnis der Zeit drängt sich am großartigsten zusammen, da die alte, blutige Förstersfrau, die Wackerhahnsche, als Brautmutter dabei steht, während der Pastor Störenfreden die gehetzten Brautleute, den Deserteur von der Konvention von Kloster Zeven und das angenommene Pfarrerskind, ohne Aufgebot und ohne konsistoriale Erlaubnis zusammengibt, während im Dorf betrunken die fahndenden Reitersknechte lauern. Wunderbar fein hat Raabe hier die Zeitstimmung gegeben, immer unter dem Anschein, einer wirklich überlieferten Erzählung möglichst genau zu folgen, in Wahrheit auf den Pfaden einer immer neu ausschreitenden Einbildungskraft. Wie vordem erspart er uns nichts vom Druck und Jammer und Schmutz der Zeit und der Umwelt, bildet gar keine Idealgestalten, erläßt keinem seine menschlichen Schwächen und gibt dem Ganzen durch die eigentliche Leiterin, eben die Wackerhahnsche, eine humoristische Gehaltenheit von manchmal dämonischer Größe; und nicht der Schüdderump, sondern Gottes Wunderwagen rollt in Hastenbeck durch die wirre Welt und rollt die auf ihm einherfahren zum Ziel.

Drei Paten hat Raabe zu seinem Werk gewählt. Der Pfarrer von Boffzen gewinnt aus dem Buch des Kabinettpredigers Gottfried Cober, darin Gottes Wunderwagen auf seiner Fahrt durch das All in hundert Predigten geschildert wird, die Dominante, den Herzton für die lastenden

Geschicke; der verwundete schwyzer Feldhauptmann hat Geßners eben ihren Flug in die deutsche und die Weltliteratur antretende Idyllen vom Schlachtfeld aufgehoben, und die zarte, gedämpft spielende Kunst dieser feinen kleinen Dichtungen gibt den Unterton. Groß aber, und nicht nur dieses geschichtliche Abschiedswerk Raabes ein- und ausläutend, steht auf dem Titelblatt als Leitwort der eherne Satz des Freiherrn vom und zum Stein: „Ich habe nur ein Vaterland, das heißt Deutschland". Die Wucht dieses Worts richtet sich wie bei seinem Schöpfer, so bei dem, der es weitergibt, nach außen und nach innen: nach außen gegen den Feind, der nach dem Gebot von Paris den deutschen Boden und den deutschen Menschen brandschatzt; nach innen gegen den Zwiespalt der Stämme, den Dünkel der Länder und Herrscher, gegen das verhaßte Haus Cumberland, dem der gute Herzog Karl und seine tapfern Söhne Karl Wilhelm Ferdinand und Leopold gegenübergestellt werden. Wie Gutmanns Reisen ist auch Hastenbeck eine schonungslose Absage an jeden, noch so „berechtigte" Eigentümlichkeiten vorschützenden Partikularismus. Mit dem Abt Jerusalem, dem Vater von Werthers Urbild, und dem Weimarischen Minister von Fritsch blickt auch das Deutschland Goethes schon verheißungsvoll in dieses, noch einmal den Jammer und die werdende Größe des Deutschlands von 1757 darstellende Werk.

Kloster Lugau, von 1891 bis 1893, unmittelbar nach Gutmanns Reisen geschaffen, führt ins bismärckische Deutschland, ohne jedoch in Haltung und Umwelt Selbstbiographisches durchblicken zu lassen. Das Kloster ist ein Frauenstift, dem hannöverschen Kloster Drübeck als Rahmen nachgebildet, und so ist dies Alterswerk dasjenige, in dem die Frau am stärksten den Ton angibt. Schon Frau Blandine Kleynkauer bedeutet mehr, wenn auch nicht im besten Sinne, als ihr Gatte, der Professor der Gottesgelahrtheit, an dem nun Raabe zum letztenmal seine Abneigung gegen die akademische Theologie darstellt; die tapfere Gräfin Laura mehr als der geistreiche und feine „Horatio", der Prinzenerzieher und Hofrat Herberger, und die kleine, zarte, hilflose Eva mehr als der widerwärtige Streber Egbert Skriver und doch auch mehr als der brave schwäbische Vetter Eberhard Meyer, dem sie schließlich zu eigen wird. Über sie alle aber ragt die alte Frau, die eigentliche Trägerin der Handlung, Euphrosyne Kleyntauer, die Tante Kennesiealle, eine Verwandte der Rittmeisterin Grünhage, ohne so tiefe Tragik in ihrer Vorgeschichte, aber mit der gleichen hellhörigen Menschenkenntnis und einem Menschenverstand, den man unter größeren Verhältnissen vielleicht als majestätisch bezeichnen könnte. So hat sie Herberger auf den rechten Weg gebracht, und jetzt schürzt sie nicht die Fäden des Spiels, aber sie ergreift die von unreinen, eigensüchtigen Händen geschürzten noch zur rechten Zeit, schlägt im wörtlichen Sinne das Gespinst an der rechten Stelle durch und knüpft es neu. Das kann sie, denn ihr ist aus der Einsamkeit der Hagestolze, wie bei Raabe immer wieder, nicht freudlose Resignation oder gar schielender Neid, sondern eine von der Sonne des Humors erwärmte Menschenliebe zugewachsen. Sie handelt nur, wo sie die Liebe an den Ehrgeiz und den Mammon, die Reinheit an die Berechnung verraten sieht. Sie spielt nicht Vorsehung, aber sie kennt sie alle, und darum lenkt sie schließlich mit zu dem Ziel, das nicht Kälte und Strebertum, sondern Herzenswärme und natürliche Güte als das rechte erkennen lassen.

So strahlen von ihr Festigkeit und Tapferkeit aus, und Raabes niemals verlorenes Vertrauen auf die kernhafte Tüchtigkeit des deutschen Volkes schwingt in den Schilderungen der schweren, von diesen Frauen zu bestehenden

Proben mit. Er hätte wohl manchmal, früher und jetzt, mit Goethe seufzen können:

> Ich habe des Deutschen Juni gesungen,
> Das hält nicht bis in Oktober.

Hier, in einem seiner Vermächtnisbücher, wies er auf die Juliprobe von 1870 zurück und brachte den vollen Einklang gesammelter nationaler Tatbereitschaft und Leidensfähigkeit zum Ausdruck. Laura und Eva müssen die schwer errungenen Anverlobten ins Feld ziehn lassen. Aber es wird unter all diesen Frauen nicht gejammert; und wie der Landwehrmann Schönow, der 1864 und 66 dabei war, nicht an sein „innigstes Portemonnä", sondern „jroß" denkt, so sitzen sie am Tage der Mobilmachung in der Klosterkirche, da die Männer alle ohne Zögern und Zaudern haben fortgehn müssen, „da alle und alles schwankt auf der Woge einer ungewissen Zukunft"; und die Frau Domina läßt ihre „tapfern Seelen" den ersten Vers aus Gustav Adolfs Feldlied singen:

> Verzage nicht, du Häuflein klein,
> Obschon die Feinde willens sein,
> Dich gänzlich zu verstören,
> Und suchen deinen Untergang,
> Davon dir recht wird angst und bang;
> Es wird nicht lange währen.

Auf diesen Gefühlsausdruck ist die nationale Seite von Kloster Lugau abgestimmt, und es ist ein Grundirrtum, Raabes politische Stimmung gegenüber dem neuen Reich daraus abzuleiten, daß er einen widerlichen Leisetreter und Erfolgjäger, der auch bei einem Abglitt immer wie die Katze auf die Füße fällt, als einen großen, allgemein gefeierten Mann von Rede und Tat — zu Hause am sichern Ofen darstellt. So wenig wie man aus dem eingebildeten Lehrer des Horackers, der eine Sechsundsechzigias „dichtet", auf Mißvergnügen Raabes an dieser großen Entscheidung schließen darf, so wenig darf man hier die wahre Absicht der Schilderung übersehen: das Echte und Bleibende wird nicht von den Strebern, Schönrednern und Versmachern geleistet, sondern von den sicheren Pflichtmenschen, den drei ausziehenden Kriegern und den ihr Samariteramt übenden Frauen daheim. „Der Bogen des Friedens, der durch die Tränen flimmerte, der steht wohl heute noch von jenen Jahren her über der Welt" — das ist bleibende Siebzig-Stimmung in Kloster Lugau, das und die „traumsichere Siegesgewißheit" der jungen Braut, die sich auch der alten Frau mitteilt.

Es kommt alles zu gutem Ende, und gerade die Abhebung der Sommersonnentage im blühenden Frieden des Klosters von den dunklen Gewittern, die sich in Ems und Paris zusammenziehn, gibt der Erzählung einen besondern Reiz. Wir leben alle unser Leben und kämpfen unsere Kämpfe zu jeder Zeit — aber, wie Leonhard Hagebucher es ausgesprochen hat: das Ganze lebt über uns und um uns. Der große Augenblick kommt, in dem wir Das und nur Das fühlen, und dann ist es mit dem Privatglück, Schönowisch gesprochen, zunächst einmal zu Ende. Dann haben wir alle unsern gewiesenen Platz; und wie sich die beiden jungen Liebenden in Gutmanns Reisen zusammenfinden, derweil die Väter die Einigung des Reiches beraten, wie sie das gute Recht haben, so zu tun, denn auch das erfordert die Zukunft des deutschen Volkes — so sehn wir mit doppeltem Anteil den jungen süddeutschen Bundesbruder unter preußischer Führung in den großen Kampf ziehn, da wir sein Liebesglück unter den Augen der Tante Kennesiealle haben miterleben dürfen.

Raabe liebt es, seinen Hauptgestalten durch Begleiter in dienender Rolle eine Folie zu geben — man mag dabei an das große Vorbild des Cervantes in Don Quijote und Sancho Pansa denken. Was bei den Trägern der Handlung in vollen Tönen herauskommt, wird hier häufig mit Halbtönen begleitet, zu der die Melodie tragenden Oberstimme gesellt sich eine unentbehrliche Unterstimme. Sehr häufig hebt er beide auch in der Bildung voneinander ab und gewinnt dadurch eine doppelte Ausrichtung. Er erweist die ergriffenen Probleme so als Dinge, die nicht nur in den Sphären hoher Kultur durchzuleben sind, sondern an denen das menschliche Herz schlechthin seinen Teil hat. So stand Täubrich Pascha neben Leonhard Hagebucher, so (in den Alten Nestern) Jule Grote neben der Mutter Langreuter, der Nachtwächter Marten neben Sophie Grünhage, der Diener Samse neben dem alten Pfister und der holzschnittmäßig gezeichnete Humorist Knövenagel neben seinem Herrn Fabian. Knövenagel lebt von seiner Bildungsstufe her das Leben seines Herrn mit, er haßt noch, wo dieser schon versteht, aber von den feinen Fingern des Herrn lernt er doch an der rechten Stelle behutsam mit zugreifen, er lernt von ihm, das Sein über den Schein stellen. Auch im Kloster Lugau gibt Raabe eine solche Gestalt der zweiten Reihe in dem Diener Mamert, dem Kriegskameraden des Hofrats; Mamert ist ein Humorist im Kleinen, ohne die leise, erst von der Liebe überwundene Blasiertheit seines Herrn (der doch noch irgendwie mit dem Hofrat Brokenkorb verwandt ist), und sofort ist er dem Rat wieder treu zur Seite, da das neue Kriegsgewitter losbricht.

Die reife Sicherheit, mit der Raabe im siebenten Jahrzehnt von Werk zu Werk schreitet, schien einer Steigerung nicht mehr fähig zu sein — da gab er als vorletztes Buch bei seinen Lebzeiten die Akten des Vogelsangs, von 1893 bis 1895 geschrieben, heraus — und wir finden ihn auf einem neuen Gipfel. Gewiß waltet auch hier das zuletzt im Alten Eisen befolgte Gesetz der biographischen Parallele. Drei Menschen sind in derselben Heimat aufgewachsen, zusammen durch die Kindheit gegangen, früh auseinander und dann immer wieder zusammengekommen, und der eine von ihnen, der Oberregierungsrat Karl Krumhardt, die künftige Exzellenz, schreibt nach des Freundes Heimgang die Akten des Gewesenen, just wie Wachholder, als Überlebender von dreien, seiner Neigung gemäß nicht Akten, sondern eine Chronik schrieb. Indem der hochgestiegene Beamte das Leben des nach jähem Aufglühen verloschenen Jugendgenossen darstellt, klärt er sich die eigene Jugend. Er spricht von ihm und von der, die ihm bestimmt war, sich ihm zur Unzeit entriß und ihn zu spät wieder traf, von der dritten in diesem Bunde der Heimatkinder. Sie sind in ein größeres Leben eingetreten als die Kinder von Ulfelden und die Kinder der Sperlingsgasse; über den Ozean, dann freilich gleichfalls nach Berlin hinein führen diese Geschicke; und wir merkens ihm wohl ab, daß auch der ruhig durch Fleiß und Stetigkeit emporgekommene Erzähler vom Besten seines Lebens viel dem anders gearteten, genialen Kameraden Velten Andres aus dem Vogelsang verdankt. Für den war nur ein Glück gewachsen, wie so oft für raabische Menschen, wie für den Heinrich Schaumann des Stopfkuchens; aber nicht in schrittweiser Annäherung, sondern in genialem Zugreifen, in siegesbewußtem, raschem Auftürmen hat Velten Andres es erreichen wollen und ist dann schließlich zusammengebrochen. Noch im Verglühen strömt von dieser Gestalt unendliches Licht; sie ist nicht von denen, die, wie jene unseligen Halbdichter, zuletzt nur noch dunkel Scham und Qual zwischen seltenen Sonnenblicken um sich verbreiten — sie ist von jenen Naturen eine, in denen der edle Kern niemals vergraben werden kann und von denen das Alter, verkörpert in der Gestalt einer rührenden Greisin, und eine von Schwermut überhauchte Jugend, dargestellt in einer feinen berliner Hugenottin, Bestes für ihr Leben mitnehmen. Velten Andres hat Helene Trotzendorf, das Kind des Vogelsangs geliebt, und diese Liebe hat ihm Ziel und Richtung des Lebens gegeben. Er ist darüber an der holden Leonie des Beaux vorübergegangen, wie er an allen Gütern des Lebens vorübergeglitten ist oder sie nur eben als notwendige Fracht zum Ziele mitgenommen hat. Dieser Mensch, dem die Natur alles zu hohem Emporstieg gab, Schönheit, Begabung, Mut, Willen, er setzt das mit unverrückbarer Leidenschaft an das Eine und weiß sich ohne Ziel, da Helene ihm in den vergoldeten Alltag entgleitet.

Hans Hoffmann hat in seiner, der Hamburger Kunstgesellschaft gehaltenen Festrede zu Raabes fünfundsiebzigstem Geburtstag und in seinem Buch über den älteren Freund die Akten Raabes Werther genannt, und Raabe hat Hartmann gegenüber diese Bezeichnung abgewehrt: der Roman sei nicht aus Wertherstimmung entstanden, er habe ihn nach dem Tode seiner Tochter Gertrud geschrieben und nicht eine Spur eignen Erlebnisses stecke darin.

So merkwürdig es klingt: Raabe hatte natürlich völlig Recht — aber Hans Hoffmann auch; denn der hatte ja nicht sagen wollen, daß Raabe das Werk aus einer Wertherstimmung schrieb, sondern daß der Dreiundsechzigjährige eine Dichtung schuf, deren glühende Liebesleidenschaft so stark war, wie die in dem ersten Roman des vierundzwanzig Jahre alten Goethe. Gewiß hatte Raabe die Liebe als bestimmende Macht schon vordem dargestellt, aber sie trat nicht so überwältigend als nota constitutiva hervor. Gerade bei so wegweisenden Werken wie Abu Telfan, dem Schüdderump, den Drei Federn, den Unruhigen Gästen, war sie überhaupt nicht ausschlaggebend gewesen. Leonhard Hagebucher, Antonie Häußler, Phöbe Hahnemeyer, auch Sophie Grünhage und ihre Zöglinge leben

und sterben um anderes. Hans Unwirrsch erkämpft ein
Liebesglück, aber er durchlebt es nicht mit verzehrender Gewalt.
Einsam steht Anneke Mey mit ihrer im Tode des
Geliebten das eigene Leben endenden Liebe unter den
Gestalten des jungen Raabe, und erst Ewald Sixtus aus
den Alten Nestern, der als Sieger nach Haus kommt und
die scheinbar schon verlorene Jugendgeliebte doch noch
erobert, ist in seiner Liebesenergie eine Vorstufe zu Velten
Andres. Aber freilich nur eine Vorstufe. Velten ist als
Gestalt, die alles um sich herum anzieht, als der Mensch,
der alles an alles setzt, größer, tiefer, tönereicher angelegt
als Ewald Sixtus. Nicht glückhaft wie dieser kehrt er
heim; aber er macht nicht unmännlich, wie der späte
Goethe seinen Werther nannte, seinem Leben ein Ende.
So wenig wie irgendein anderer Mensch des reifen Raabe
— und hätte nicht Antonie Häußler so den sichersten Ausgang
aus der Welt der Kanaille gefunden? — schreitet
Velten zum Selbstmord. Er steigert auch nicht wie Penthesilea,
deren Stimmung hier mit fühlbarer Schicksalsverwandtschaft
emporsteigt, das Gefühl in sich bis zur
Selbstvernichtung. Er wählt sich ein Lebensmotto aus
Goethes Frühzeit:

> Sei gefühllos!
> Ein leicht bewegtes Herz
> Ist ein elend Gut
> Auf der wankenden Erde.

Damit hat er nun sein Leben gegen das eigene heiße Herz
verbarrikadieren wollen. Wohl hat die innere Spannung
noch ausgereicht, der Mutter den Tod leicht zu machen;
dann aber ist's vorbei. Alles tut er von sich und liegt in
seiner kahlen Studentenbude, mit Schmökern aus seiner
Jugendzeit, bereitet, zu gehen. Das Herz kann nicht mehr
und will nicht mehr, und so stirbt er bei der neunzigjährigen
Studentenwitwe, während die verirrte Jugend-

genossin an seinem Bett ihm nur noch in seiner Todesstunde die Hand unters Herz legen kann. Zu früh hat das Schicksal heiße Menschen auseinandergerissen, die nicht mehr zueinander konnten, weil es innerlich nicht anging.

Raabe hat vielleicht keinen Vorgang geschildert, der in seiner ans Herz greifenden Drastik so aus dem Innersten heraus symbolisch aufgebaut wäre, wie die Verschleuderung des elterlichen Haushaltes durch den Sohn, dem mit der Mutter das Letzte auf Erden weggegangen ist. Alles gibt er fort; alles, bis auf die ausgehobenen Türen, trägt das Volk des Vogelsangs weg, und er, Velten Andres, steht mitten darunter. Da tritt eine Gestalt neben ihn, die einzige hier, die man mit der feinen Raabedeuterin Margarete Bönneken symbolisch nennen muß: Herr German Fell, der Affenmensch vom benachbarten Varieté-Theater. Der steigt „sozusagen aus dem Pavian oder Gorilla heraus" und spricht, wieder „Menschheit auf der entwölkten Stirn", zu Velten: „Ich habe ebenfalls einige Semester in Wittenberg studiert, ehe ich zu den Anthropoiden ging. Mein Herr, Ihr Ruf ist während der letzten Wochen auch zu uns, und also auch zu mir gedrungen; ich habe dann und wann mit Interesse ein Stündchen mit vor Ihrem Ofen gesessen. Siehe da, habe ich mir gesagt, auch einmal wieder einer, der aus seiner Haut steigt, während die übrigen nur daraus fahren möchten! Mein Herr, ich wünsche einen recht guten Abend, und nicht bloß für den heutigen Tag."

Velten Anders fragt, mit wem er eigentlich genauer die Ehre habe.

„Mit einem vom nächsten Ast, mein Herr. Vom nächsten Ast im Baum Yggdrasil. Man kann sich auf mehr als eine Art und Weise dran und drin verklettern, mein Herr. Mit unsern Personalbezüglichkeiten dürfen wir uns wohl gegenseitig verschonen. Auf bürgerlich festen Boden hilft wohl keiner dem anderen wieder. herunter; aber reichen wir uns wenigstens die Hände von Zweig zu Zweig. Mein Herr, ich danke Jhnen."

Nicht umsonst schließt das Werk da, wo die Chronik begann, in der berliner Dorotheenstraße, der Studentenheimat von Heyses Kindern der Welt, mit denen es stimmungsmäßig eine fühlbare Verwandtschaft hat. Aber wie hoch ist der Meister über sein Jugendwerk hinausgewachsen! Damals verschnürte er sich absichtlich in die Gestalt eines alten Erzählers, um von einem andern Blickpunkt her zu schreiben; jetzt war die Rahmenfügung nur das kunstreiche Mittel zur Zusammendrängung, und der Schreiber selbst schwächt an dem vollen Klang nichts ab, weil es für ihn nicht, wie für Wachholder, der Resignation braucht. Bei der Chronik fanden wir uns durch den stilistischen Aufbau, aber freilich nur durch diesen, an Goethes ersten Roman erinnert — in den Akten gab Goethe das Leitmotiv her, und aus Veltens verzweifeltem Brief nach Helenes Verheiratung tönen wiederum Goethische Verse:

> Hier ist der Abschluß! Alles ist getan
> Und nichts kann mehr geschehn! Das Land, das Meer,
> Das Reich, die Kirche, das Gericht, das Heer,
> Sie sind verschwunden. Alles ist nicht mehr!

Verse, deren sich auch Helene Trotzendorff selbst in schwerster Stunde wieder erinnert. Weit vordem, in Abu Telfan, hatte Raabe Goethen durch den Mund des Vetters Wassertreter zum Wegweiser aufgerufen. „Von diesem Steinhaufen bis zum Horizont und hinaus über den Horizont sagt alles mit Behaglichkeit: Blättern Sie weiter, auch über die nächste Seite scheint die Sonne! ... Vierzig Bände Weltruhms, zweiundachtzig Lebensjahre und nur vier Wochen ungetrübtes Glück oder besser eigentliches Behagen; — welch ein Trost für uns alle dieser alte Knabe in seiner Fürstengrube zu Weimar ist! Ob man ein großer Poet und Staatsminister oder ein kleiner Narr und Wegebauinspektor ist, bleibt sich am Ende verflucht gleich; — ein Vivat allen wackeren Gesellen zu Wasser und zu Lande, auf ebener Erde und auf den goldenen Wolken im blauen Äther, den guten, wackern Gesellen, die aushalten und sich nicht irren lassen und bei jeder Witterung den Tag preisen!" Wie sehr Raabe die Tragik auch in dem Leben eines so oft als glücklichster der Dichter gepriesenen Künstlers erfühlte, erhellt aus dieser Einstellung in jenem Werk erster, reifer Meisterschaft; dies kongeniale Verständnis tritt gerade in der Anrufung Goethes über dem eigentlich tragischen unter Raabes Spätwerken deutlich noch einmal hervor. Der scheinbare Olympier und der scheinbare Eigenbrödler, der Geheimrat mit dem Stern auf dem Überrock und der Kleiderseller aus Herbsts Ecke reichen sich als die beiden menschlichsten Dichter unserer Sprache und unseres Lebens über ein Jahrhundert hinweg die Hand.

16. Kapitel

Spätruhm und Abschied

Ein volles Menschenalter war seit der Aufrichtung des neuen Deutschen Reiches vergangen, und ebenso lange saß Wilhelm Raabe in Braunschweig. Rings um ihn war ein junges Geschlecht herangewachsen, und plötzlich erschien vieles gerade im deutschen Schrifttum verblichen und verschossen, auf den Schüdderump geraten, was noch eben weithin geglänzt hatte. Schon der Beginn der achtziger Jahre hatte die Vorboten eines literarischen Umschwungs gebracht, um die Wende der neunziger vollzog sich die Umwälzung unserer Literatur, eine völlige Abkehr von allem, was die siebziger Jahre an die Oberfläche gelassen hatten. Von den jungen Stürmern und Drängern, die auf der Bühne alsbald mit dem Naturalismus den Sieg errangen, ward mit der Scheinlyrik und der süßlichen Scheinepik, dem archäologischen und dem Gartenlaubenroman, dem französierenden Salondrama und dem epigonischen Jambenstück auch manches noch Lebendige und Große zu den Akten geworfen. Wie aber hätte je ein junges Geschlecht gerecht sein können! Hat doch einst Lessing in schnödester Weise Gottscheds Verdienste um die deutsche Bühne für ein Nichts geachtet und Goethe, der Student, wiederum Lessings Anblick mit Absicht gemieden. Ohne Übertreibung setzt sich Neues nicht durch, und die „treuen Hände der Zeit" sorgen schon dafür, daß alles wieder ins Rechte kommt. Genug, die Gottschall und Baumbach, Paul Lindau und Julius Wolff, Georg Ebers und Ernst Eckstein, Heinrich Kruse, Bodenstedt, Lubliner und wie die Lieblinge des Publikums alle hießen, verschwanden. Aber auch die echten Talente und wirklichen Künstler, die neben jenen Kleinen große Erfolge gehabt hatten, mußten denen, die lange im Schatten fochten, den Platz im Lichte räumen — mancher war darunter, der die Urständ nicht mehr erlebte. Joseph Viktor Scheffel trat hinter Willibald Alexis, Berthold Auerbach hinter Gottfried Keller, Friedrich Spielhagen hinter Theodor Fontane, Felix Dahn hinter Konrad Ferdinand Meyer, Emanuel Geibel hinter Eduard Mörike und Theodor Storm im allgemeinen Bewußtsein der Gebildeten zurück; und selbst Gustav Freytag, der große Schriftsteller mit der leisen Furcht vor den dämonischen Mächten des Lebens, mußte Wilhelm Raabe weichen, dem Dichter, der dieses Zagen nicht kannte und im Hinabstieg zum Schauer der letzten Tiefe das Erz für die Krone des Lebens gewann. Wohl stand er selbst der Kunst des Naturalismus und Impressionismus — außer der Detlevs von Liliencron — fremd und kühl gegenüber, soweit er sie überhaupt genoß; ihm fehlte, wie Gottfried Keller, zumal in den neuen Nordländern die Charis, die Sonnenwärme. Darum bleibt es doch wahr, daß erst der Durchgang durch die herbe naturalistische Dichtung uns wieder zu ihm geführt hat. Man kann sagen: wie das deutsche Volk durch Björnson und Ibsen aufs neue zu Hebbel und Ludwig kam, während gleichzeitig das Drama Gerhart Hauptmanns emporstieg, so fand es über Jacobsen, Zola, Dostojewski und Tolstoi weg zu Keller, zu Alexis, ja zu Gotthelf zurück und fand zu Wilhelm Raabe.

So wurden denn nicht zufällig, sondern im Gegenteil durchaus dem logischen Ablauf der Geschichte gemäß, Raabes Ruhm und Raabes Wesenheit jetzt aus demselben

Lager verkündigt, aus dem die junge deutsche Dichtung emporstieg. Von zwei Seiten her setzte diese sogenannte Raabe-Renaissance ein. Sie kam zunächst aus dem Kreise Adolf Sterns. Der hatte noch in jugendlich empfänglichen Jahren mit Friedrich Hebbel und Otto Ludwig verkehren dürfen und durch allen Wandel der Zeit sein ästhetisches und historisches Bekenntnis zu diesen beiden und den realistischen Dichtern der fünfziger und sechziger Jahre überhaupt festgehalten. In seinem großen, zuerst 1894 veröffentlichten Essay über Raabe lehnte er die Bezeichnung des Dichters als eines liebenswürdigen Manieristen schroff ab; ebensowenig wollte Stern von einer Beschränkung Raabes auf eine provinziell begrenzte erzählerische Haltung etwas wissen. Er erwies demgegenüber einläßlich die Fülle und Tiefe von Raabes Lebenswerk und des Dichters eigene Maßstäbe für das deutsche Leben und wandte schließlich mit großer Feinfühligkeit Goethes „goldenes" Wort von 1827 über Lorenz Sterne auf ihn an: „Er fällt mir ein, wenn von Irrtümern und Wahrheiten die Rede ist, die unter den Menschen hin und wider schwanken. Ein drittes Wort kann man im zarteren Sinne hinzufügen, nämlich Eigenheiten. Denn es gibt gewisse Phänomene der Menschheit, die man mit dieser Benennung am besten ausdrückt; sie sind irrtümlich nach außen, wahrhaft nach innen und recht betrachtet psychologisch höchst wichtig. Sie sind das, was das Individuum konstituiert; das Allgemeine wird dadurch spezifiziert, und in dem Allerwunderlichsten blickt immer noch etwas Verstand, Vernunft und Wohlwollen hindurch, das uns anzieht und fesselt."

Jüngere Literarhistoriker, die von Adolf Stern gelernt hatten, vor allem Adolf Bartels und Hermann Anders Krüger gingen denselben Weg; Bartels, der erste Darsteller des Silbernen Zeitalters unserer Dichtung, fand für die Großen, nun erst voll Erkannten, das vortrefflich umreißende Schlagwort Progonen; er unterstrich das Gemeindeutsche, ja Urdeutsche in Raabe und hob den Weltanschauungsdichter in ihm kräftig hervor. Gleichzeitig kamen nun aber auch aus der eigentlichen Schar der Jüngstdeutschen Schlag auf Schlag Zeugnis und Zeichen für das endliche Durchdringen des Dichters, dessen Hauptwerke Jahrzehnte hindurch wie Blei in den Fächern der leipziger Buchhandlungskommissionäre gelegen hatten. Zwei unter den führenden Kritikern des berliner Vereins „Durch", also der eigentlichen Schildhalter des Naturalismus, Eugen Wolff und Leo Berg, fanden wie von selbst den Weg zu Raabe. Wolff tat das kund, indem er vornehmlich das Ringen nach einer Weltanschauung und das Verhältnis dieser Weltanschauung zu einem vom Zeitlichen gereinigten Christentum darstellte, Berg, indem er über alle Raabischen Menschen hinaus den Dichter selbst als den köstlichsten Helden seiner sämtlichen Werke charakterisierte; glücklich hob er hervor, daß jemandem, der den ganzen Inhalt eines Raabe-Romans vergessen hätte, doch immer wieder die geistige und seelische Physiognomie des Buches gegenwärtig bleiben würde. „Er hat einen hineingestoßen in Gottes Wunderwagen ... und das ist schließlich das Wesentliche für alle Kunst und alle Poesie."

Auch die beiden darauf losstürmenden Fechter der „Kritischen Waffengänge", die Brüder Heinrich und Julius Hart, senkten vor Raabe den Degen. Kaum einen Dichter in der deutschen Literatur von heute gäbe es, der uns so deutlich und augenfällig die vollkommene Einheit von Mensch und Kunstwerk verkündige und nahebringe wie Raabe, — so meinte Julius, und der ältere Bruder pries nicht nur die Beseligung durch Raabes echte und reine Menschlichkeit; er unterstrich auch Raabes Gabe, bei genauer Schilderung der Wirklichkeit durch Herausholen der verborgenen Kräfte Sein statt Schein, Wunderbares statt des Alltäglichen zu geben. Carl Busse sprach begeistert von den Adlerschwingen des raabischen Humors, von der Läuterungskraft seiner Romane.

In seinem einflußreichen Führer zur guten Literatur „Über Lesen und Bildung" wies der grazer Literarhistoriker Anton Emanuel Schönbach, der sich schon früh mit dem Humor Raabes auseinandergesetzt hatte, mit immer steigendem Nachdruck auf Raabe hin, und Ferdinand Avenarius ließ es sich selbstverständlich angelegen sein, wie jeder echten und vollgehaltigen Kunst, so auch der dieses Großen in seinem „Kunstwart" die Wege zu ebnen. Schon meldete in Studien des Philosophen Moritz Lazarus über Gutmanns Reisen neben der Literaturgeschichte eine zweite Wissenschaft ihre Ansprüche auf Raabe an. War er einst mit Jugendwerken auch ins Ausland gedrungen, so ward nun die Beschäftigung mit seiner von den Fremden als repräsentativ deutsch empfundenen Dichtung draußen und besonders in Frankreich immer stärker. Und endlich brach Gotthold Klee auch in den literarhistorischen Unterrichtsbüchern für die höheren Schulen Raabe die Bahn.

Raabe selbst war über diesen Wandel der Dinge nicht überrascht. Wohl pflegte er zu sagen: „Nur für die Schriften meiner ersten Schaffensperiode habe ich Leser gefunden, für den Rest nur Liebhaber"; aber er fügte stolz hinzu: „Aber mit denen, wie ich meine, freilich das allervornehmste Publikum, was das deutsche Volk gegenwärtig aufzuweisen hat." Hätte er die Briefe von Dora Schlatter an Hermann Oeser noch lesen können, so würde er dort, recht zum Beweise seines Wortes, den Satz gefunden haben: „Wir lesen einen Raabe, dessen psychologischer Scharfblick alles übertrifft, was ich je las." Und Raabe sagte wohl mit großartiger Unbefangenheit: „Das Geschlecht, das nicht gewollt hat, ist dahingegangen, jetzt sind die daran, die müssen." Nur eben: Er erlebte in reichen Spätherbsttagen, was früher Dahingegangenen lange nach dem Tode erblüht. Nicht der wachsende Ruhm, sondern das überall keimende liebende Verständnis für seine Schriften ging ihm zu Herzen. Ob die Leser, die ihn als Freund empfanden, in den Wonneburgen der Walchen oder in einer westfälischen Bergmannshütte saßen, ob es schwer gelehrte Universitätsprofessoren oder einfache Landpfarrer, katholische Kapläne oder jüdische Schullehrer waren — seinem Menschen- und Dichtertum galt es gleich. Heute holte ihn die Großherzogin Elisabeth von Oldenburg zur Spazierfahrt durch Braunschweigs alte Gassen ab, morgen kam Hans Hoffmann ins stille Zimmer zu vertrauter Zwiesprach heraufgestiegen, übermorgen brachte die Post auf schlechtem Papier den unbeholfenen Gruß eines Arbeiters — Raabe fühlte menschliche Nähe und echte Wirkung. Jetzt zum erstenmal wagte sich jemand an Raabes ganzes Werk und versuchte es in breitem Aufriß zu würdigen. Der stargarder Oberlehrer Paul Gerber, seines Zeichens Mathematiker und Physiker, schloß ein jahrzehntelanges inneres Leben in Raabe durch ein umfangreiches Buch über den Dichter ab. Mit voller Absicht schrieb er von dem Standpunkt eines Darstellers, der aus dem großen, raabefremden Publikum erst Leser für den Dichter gewinnen will. Ohne in die letzten Tiefen einzudringen, aber mit hingebender Liebe und einer, sich bei der Breite der Zergliederungen freilich manchmal verflüchtigenden Wärme geht Gerber Raabes Dichtung bis zu den Akten des Vogelsangs durch, und ihm gebührt unter allen Umständen das Verdienst des Ersten, der nach dem Maße seiner Kraft mit Liebe und Verständnis Bresche in ein bis dahin nur schüchtern am Rande betretenes Forschungsgebiet bricht. Sehr bezeichnenderweise fand Gerbers Buch im Jahre 1897 nach manchem Fehlschlag seinen Verleger in demselben Wilhelm Friedrich, der die Gesellschaft, Michael Georg Conrads Zeitschrift für modernes Leben, und die Dichtungen Detlevs von Liliencron herausgab.

Der braunschweiger Raabekreis empfand die Freude über die Wandlung wohl stärker als der große Freund — überraschen konnte sie diese ihres Raabe gewissen Männer so wenig wie Frau Bertha und die Töchter. Die Kleiderseller und der artverwandte Künstlerkreis des Feuchten Pinsels, in dem die Architekten Gustav Bohnsack und Johannes Leitzen den Raabe genehmen Ton angaben, hatten hohe Zeit. Aus ihrer Mitte kam nun auch die zweite große ästhetische Würdigung Raabes, und kein anderer als Wilhelm Brandes konnte sie (im Jahre 1901) als Frucht langer liebevoller Studien ans Licht heben. Sieben Kapitel zum Verständnisse und zur Würdigung des Dichters brachte er bei; er hatte sie zuerst den engeren Landsleuten im Braunschweiger Magazin vorgelegt, nun gingen sie, erweitert, berichtigt, vervollständigt, in die Ferne. Er erzählte in knappsten Zügen Raabes Leben und gab in geschickter Gruppierung eine Übersicht über seine Werke, dann aber behandelte er, tief eindringend und sorgfältig wägend, Raabes humoristische Naturanlage und ihre im dichterischen Aufstieg immer freiere Entfaltung. Er gab einen raschen Überblick über Raabes Gestaltenwelt, den Ausdruck seiner gewaltigen Phantasie, stellte die besonderen Gemütskräfte des Dichters klar heraus und krönte die ästhetische Überschau mit einer feinen Auslegung von Raabes humoristischem Stil. Auch die Leidensgeschichte von Raabes Werken verschwieg er nicht und begrüßte den endlich erfolgten Umschwung als verheißungsvolles Vorzeichen der Zukunft. Der schaffensspröde Mann hatte damit nicht nur über Raabe manches bis dahin nicht gesagte Wort gesprochen, er hatte unserer

Literaturgeschichte ein kleines Meisterwerk eingefügt. Mit vollem Rechte hat Raabe selbst über Brandes' Schrift gesagt: „Daß sie von mir handelt kommt dabei für mich gar nicht in Betracht, dazu steckt zuviel in dieser trefflichen Monographie, was weit über die Persönlichkeit hinausgeht, die in ihr behandelt wird." Daneben tat die deutlich zu Unterrichtszwecken verfaßte ausführliche Schrift des petershagener Seminardirektors August Otto ihre Wirkung.

Raabes sechzigster Geburtstag war außerhalb der Familie und der Kleiderseller nur vom Feuchten Pinsel durch einen heitern Besuch bei dem Dichter in Maske und Gewand seiner Hauptgestalten begangen worden. Wie von selbst kam es, daß der siebzigste mit ganz anderem Nachdruck und Nachhall gefeiert werden sollte. Es bedurfte keiner großen Werbung, weit über Braunschweig hinausleuchtend das Licht auf den Scheffel zu stellen. Der Freundeskreis, Louis Engelbrecht an der Spitze, war in der Vorbereitung unermüdlich, und als am 8. September 1901, einem Sonntage noch dazu, die Sonne strahlend über den einst von Raabe verherrlichten Altstadt-Markt aufging, sah sie Fremde und Einheimische in ununterbrochenem Strom die Treppe zu dem geschichtsgeweihten gotischen Saale des Rathauses emporsteigen. Raabes Empfindung in dieser Stunde war nicht die des Triumphes, nicht einmal die reiner Zufriedenheit. „Eigentlich ist es doch ein capitis diminutio", sagte er noch im Vorzimmer halblaut zu Brandes; dann aber richtete er sich auf, und während sich alles erhob und der Chorführer Heinrich Schrader den Taktstock zu dem von ihm vertonten Hungerpastorlied ansetzte, betrat der Dichter mit den nächsten Freunden den gedrängt vollen Saal, gleich an der Tür von des nun auch schon schneeweißen Oberamtsrichters Heinrich Raabe brüderlicher Liebe mit Kuß und Umarmung empfangen. Er nahm seinen Platz zwischen dem

Kultusminister Trieps und dem göttinger Prorektor. Dann brachte Engelbrecht mit vor tiefer Bewegung schwankender Stimme den ersten Gruß, und nach ihm betrat Adolf Stern aus Dresden die Rednerkanzel. Nicht feierlich, ganz unpathetisch, mit der Erinnerung an den rotweinlüsternen Bürgermeister Seneka alias Dorsten zu Wanza an der Wipper begann er und führte immer weiter aufwärts zu dem Dichter, der, keiner Mode Freund, zwischen zu eng begrenzter Heimatkunst und falsch verstandenem Kosmopolitismus den geraden deutschen Weg aufwärts gegangen sei. Der Minister überreichte im Auftrage des Regenten, manchem braven Beamten zu kopfschüttelndem Erstaunen, das Kommandeurkreuz des Hausordens, die Hauptstadt Braunschweig wie die Geburtsstadt Eschershausen ihre Ehrenbürgerbriefe. Heller Jubel erscholl, als Gustav Roethe namens der philosophischen Fakultät der Georgia Augusta Wilhelm Raabe zum Ehrendoktor promovierte. Die Urkunde rühmt den Dichter, die ahnungsreiche Tiefe seines Denkens und Empfindens, seine Verbindung mit dem Mutterboden, seine Kraft vom Engen ins Weite aufzusteigen, Licht in das geheime und verborgene Dunkel menschlicher Dinge zu bringen. Und gleich danach verkündete Engelbrecht, daß Tübingen, gleichfalls unter dem Rektorat eines Germanisten, Hermann Fischer, Johann Georgs Sohn, Raabe die gleiche Auszeichnung erwiesen hatte. Da tauchten in der süddeutschen Laudatio noch einmal die acht Jahre am Neckar auf, da ward dem großen Dichter, dem Edelmenschen, dem treuen Vaterlandsfreunde, dem Kenner der Menschennatur und der Weltgeschichte, dem wahrhaftigen Humoristen gehuldigt, der siebzig Jahre in hoher Selbstbescheidung und Gelassenheit des Gemüts vollendet habe.

„Gruß dir auf deinen Wegen" hallte der Raabische Schlußgesang aus, und den Dichter, der nun vor dem

Laubengange des Rathauses mit den Seinen den Wagen bestieg, umrauschte der Jubel der Menge. Die jahrelang benutzte Wohnung am Windmühlenberg mit dem Blick auf die Oker hatte er vor kurzem verlassen und fuhr nun hinaus nach der Leonhardtstraße 29a, unmittelbar am Leonhardtsplatz. Dorthin ward ihm unter Blumen und Hunderten von Glückwünschen die von Verehrern angesammelte Ehrengabe gebracht, und am Nachmittage beim Festmahl im Wilhelmsgarten, wo Hans Hoffmann den Dichter, Wilhelm Brandes die Gefährtin seiner Meisterjahre pries, überreichten Julius Lohmeyer und der frankfurter Stadt-Bibliothekar Emil Sarnow die Grußspende der Männer von der Feder und dem Zeichenstift, Blatt an Blatt voller Danksagung, Hingebung. Da schrieb der stuttgarter Freund Schönhardt:

> Ach, es ist ein Geisterwehn,
> Kommen heut die Alten nicht,
> Die den Werdenden gesehn?
> Kaum noch Einer wohnt im Licht.

Aber er fügte aufrichtend hinzu

> Und die alte Liebe webt
> Leis um dich ihr Geisterband.

Adolf Wilbrandt pries das Sonntagskind, dem seines Volkes Seele auf Wiesen, Heiden, alten Nestern begegnet sei, Paul Heyse und Wilhelm Jensen sandten von München aus warme Liebesworte, und Ulrich von Wilamowitz-Möllendorf spitzte seine Huldigung in die, lange ästhetische Erwägungen kurz abschließenden Worte zu:

> Und dem Künstler, dessen Dichterauge
> So das Leben schaut, der das Geschaute
> Scharf, wie mit dem Dürerstifte zeichnet,
> Sei gehuldigt: denn er schafft hellenisch,
> Weil er deutsch, nicht klassizistisch schafft.

Der Dichter sagte hier so wenig wie im Rathaussaal ein Wort rednerischen Dankes; nur mit Blick und Händedruck grüßte er Geber und Gaben. Aber alsbald fischte er lächelnd aus der Riesenmappe die unbeholfene Kinderzeichnung einer Tochter des Delbrückschen Hauses: die Kröppelgasse aus dem Hungerpastor, mit unbefangen gereimten Versen überschrieben. Erst am andern Tage auf dem Grünen Jäger ward Raabe beredt. Da feierten die Kleiderseller und mit ihnen Hoffmann und Lohmeyer, Stern und Gerber, Heinrich Hart und Friedrich Düsel, der als Adolf Glasers Nachfolger bei der Hauptfeier die längst wieder aufgelebte Treue von Westermanns Monatsheften hervorgehoben hatte. Raabe sprach: er zog den Sebezzettel von 1881 hervor und wiederholte, was er damals gelesen hatte. Er durfte es wiederholen und durfte das stolze „Wir bleiben" mit vollem Nachdruck in diese späte Erntestunde hinausrufen. Die Festigung des deutschen Volksbewußtseins, die der von Hänselmann verfaßte braunschweiger Ehrenbürgerbrief als eine Frucht seiner Dichtungen hervorhob, sie hatte sich an diesem Feiertage rühmlich erwiesen. Alle Stände, alle literarischen Gruppen, alle deutschen Landschaften und viele Deutsche in der Zerstreuung, Menschen und Zeitungen aller Parteien, von den Hochkonservativen bis zu den Sozialdemokraten, alle religiösen Bekenntnisse, alle Bildungsstufen hatten sich einträchtig zu Wilhelm Raabe bekannt. Der Glanz dieser Stunden lag verklärend noch auf dem Alltag der friedlichen Mußezeit, die das Geschick ihm bescherte.

Schriftsteller a. D., das stand zwar nicht auf der Besuchskarte Wilhelm Raabes, aber er fühlte sich als solcher, seitdem er die Feder von Hastenbeck niedergelegt hatte. Die Zeit, die sonst dem Schreiben gegolten hatte, war nun frei, und vielen wird es heute scheinen, als ob der Raabe seiner letzten Lebensjahre bestimmt gewesen sei, als bleibendes Bild des Menschen von der Nachwelt festgehalten zu werden; wie es Theodor Fontane mit sprechen-

Aufnahme 1910
von Fr. Limmer
[Julius Zwißlers Verlag in Wolfenbüttel]

Verlag Ernst Hofmann & Co., Darmstadt

der Kürze von seinem Vater gesagt hat: „So, wie er zuletzt war, so war er eigentlich."

Nach langjähriger Gewohnheit stand Raabe spät auf und trat alsbald im Schlafrock ans Fenster. Der Blick von diesem Auslug (ihn bezeichnet jetzt eine Erztafel von Heinrich Siedentop) ging auf kein gegenüberliegendes Haus, sondern über den großen Sankt-Leonhardtsplatz hinweg. Ganz am Rande traf er auf im Sommer dichtbelaubte Bäume und Büsche. Da liegt der Magni-Kirchhof mit Lessings Sterblichem, da sind die Schillschen Soldaten begraben, die der französische Eroberer vor hundert Jahren niederschießen ließ. Inmitten aber, zwischen dem Auge des großen Dichters und Erinnerungen schwerer Vergangenheit tummelte sich die braunschweiger Jugend in ausgelassenem Spiel, dazwischen oft genug Raabes eigne Enkel, die Kinder der seit 1901 mit dem Oberlehrer Behrens vermählten Tochter Klara. Sie hatten auch ihr Recht in des Großvaters Arbeitsraum, auf dem zersessenen Sofa hinter dem runden Tisch, an dem er alle seine Werke geschrieben hatte, vor dem schmalen Bücherregal und neben den Körben mit neu zuströmender Literatur, von der nur weniges zu bleibendem Eigentum aufs Brett kam. Weit war der Weg für die Behrensschen Mädel nicht, denn sie wohnten im gleichen Hause über den Großeltern, und das Trappeln ihrer Füße war noch durch die Decke zu hören, wenn das Geplapper der Stimmen die Zimmer unten verlassen hatte. Nun las Raabe wieder fleißig wie einst, nicht mehr zur Vorbereitung, nur zur Wiederholung und zum Abschluß. Die alten Dichter, die alten Philosophen, die alten Historiker und auch die alten Lieblingserzähler wie Dumas wurden hervorgeholt, und dazwischen kamen von allen Enden des Landes und der Erde Brief auf Brief, Gruß auf Gruß, auch wohl manchmal zudringliche Anliegen. Überwiegend war in dieser Alterskorrespondenz doch Liebes, Gütiges, Freudiges, und den Boten folgten am Nachmittage die Menschen selbst. Da kam wieder und wieder, zuerst von Wernigerode, später von Weimar her, Hans Hoffmann, der helläugige, liebenswürdige, muntere Erzähler, der sein feines Verständnis für den großen Freund in diesen Jahren auch in einer knappen, aber bedeutungsschweren Monographie erwies; da kam der einsame, grüblerische Rudolf Huch aus Harzburg, von Berlin der feine, weiche, ein wenig scheue Wilhelm Speck, der Dichter des Meisterromans Zwei Seelen, von Hamburg Heinrich Spiero. Wie ein Jüngling, voll herzlicher Ehrerbietung und durch jedes gute Wort innerlich beglückt, erschien der Professor an der leipziger Thomasschule Robert Lange; er hatte längst Raabe sein Herz zu eigen gegeben, als junger Doktor immer wieder in den Blättern für literarische Unterhaltung auf die Spätwerke hingewiesen und verstand es, seinen Primanern in der Klasse und in seinem schönen Hause Raabe nahe zu bringen. Der hamburger Oberlehrer Karl Lorenz holte sich auch aus der Leonhardtgasse Anschauung und Aufrichtung für seinen Unterricht in der Realschule und dem Mädchengymnasium. Hermann Anders Krüger las nicht nur das Raabekolleg an der Technischen Hochschule Hannovers, er, selbst ein Erzähler im erfolgreichen Aufstieg, ging Raabes literarischen Anfängen fleißig nach und barg in mancher guten Stunde am runden Tisch vieles biographisch Wichtige.

Denn eine Selbstbiographie zu schreiben, wie es ihm so mancher nahelegte, entschloß sich Raabe nicht; „es steht ja alles in meinen Büchern", sagte er wohl abwehrend, und wenn er einmal ein paar Worte zur eigenen Lebensgeschichte herausließ, so waren sie zwar von schlagender Knappheit und bildhafter Prägnanz, aber sie boten mehr Anreiz zu neuer Frage, als zu wirklicher Befriedigung redlicher Wißbegier. Wer freilich gut zuhören und richtig fragen konnte, lockte manches heraus, niemand taktvoller und doch geschickter als in jahrelangem Umgang der Kleiderseller Fritz Hartmann, der Redakteur.

Am 4. März 1904 hatten die Freunde den siebzigsten Geburtstag Ludwig Hänselmanns noch froh begangen, achtzehn Tage später fanden die Beamten des Archivs den Fleißigen, die Feder in der Hand, über seiner Arbeit für immer entschlafen. Auch Steinway und Römer, Abeken und Stegmann waren dahin, aber Nachwuchs kam heran, zumal aus dem Kreise von Brandes' Berufsgenossen, so der Sprachforscher Franz Hahne, der Dramatiker Ludwig Löser, der Komponist Constantin Bauer. Von außerhalb nach Braunschweig berufen, erschien bei den Kleidersellern der Pastor August Stock, eine kernige Persönlichkeit voll tief erfaßten Christentums, aufgeschlossen für alles geistige Leben und dabei voll organisatorischer Anlagen. Noch immer war das Weghaus das regelmäßige monatliche Wanderziel, nur selten einmal dazwischen der Grüne Jäger. Allgemach aber bildete sich auch in Braunschweig selbst eine Ecke, die bald auch außerhalb der Stadt als Raabeecke bekannt ward, und wenn die Abendschatten sich senkten, verließ Raabe das Haus und ging, aufrechten Schrittes bis zuletzt, den nicht kurzen Weg durch die neue und dann durch die alte Stadt bis in die Herbstsche Weinstube, dicht am Bahnhof. Da nahm er auf der ihm vorbehaltenen Bank Platz und sah, von Blicken in diese oder jene Zeitung unterbrochen, in das zu Zeiten sehr lebhafte Treiben um ihn herum. Der Tisch stand so, daß er, den Rücken gegen die Wand, alles an sich vorbeipassieren lassen konnte. Und niemals blieb er allein. Der Sitz neben ihm war gewöhnlich einem alten originellen Herrn, dem früheren Weinhändler Otto Tellgmann vorbehalten, einem Manne von gesundem Mutterwitz und einfachen Lebensanschauungen, mit dem Raabe im Verhältnis wetterfester Kameradschaftlichkeit stand. Dazu kam der und jener aus dem Sellerkreise und nun, von Jahr zu Jahr wachsend, die Fülle der Gäste. Auch auf dem Weghaus hatten sie nicht ganz gefehlt. Hänselmann hatte befreundete Geschichtschreiber, Steinway Musiker, wie den genialen Alfred Reisenauer, mitgebracht, und einmal war sogar der alte Hermann Allmers von seinem Marschenhofe zu Rechtenfleth herabgestiegen. Später hatte Hermann Anders Krüger hier zuerst sein Kronprinzendrama vorgelesen, der hallische Schulmann Max Adler, ein feiner Ergründer raabischen Wesens, war eingekehrt. Jetzt aber ward jeder Freund und Gast, den Raabe daheim bei Kaffee und Zigarre empfing, mit zu Herbst genommen; so der moskauer Krankenhausdirektor Nikolaus William, der sein Festhalten am Deutschtum, wie das beste seiner inneren Entwicklung Raabe vor allem zu danken hatte, der tübinger Bibliothekar Karl Geiger, ein unermüdlicher Werber für Raabe im Süden und ein Vermittler zwischen ihm und der nun auch lichter gewordenen Reihe der schwäbischen Freunde. August Stock aber sorgte für immer neue Gäste am Herbstschen Tisch; zu wohltätigem Zweck veranstaltete er Vorlesungen und köderte die Dichter und Schriftsteller nicht vergebens mit Wilhelm Raabe. So hat denn Detlev von Liliencron einen Abend auf der Bank neben dem gesessen, dem er zum siebzigsten Geburtstage schrieb: „Ich habe ihn lieb"; die beiden im Kerne schlichten Männer und großen Dichter hatten, ohne viel Worte, Freude aneinander. So kamen Gustav Falke, Klara Viebig, Börries von Münchhausen, Ernst Zahn, Gabriele Reuter, Carl Spitteler, Gustav Frenssen, Carl Busse, Paul Keller, Otto Ernst und viele andere. Mit der Zeit entstand eine Art Sagenkreis um Raabe und die Herbstsche Ecke. Aber diese vieles übertreibende Legendenbildung konnte an der bleibenden Gestalt der Dinge nichts ändern. Hier saß ein greiser Dichter, immer noch aufrecht, helläugig, manchmal lange schweigsam, aber das treffende Wort im Köcher, einer, dem man immer noch nichts vormachen konnte, grundgütig gegen seine Freunde, die ihn alle weit über sich wußten, jedem Weihrauch abhold, wohl bewußt, was er war, aber niemals gesonnen, der Jugend ein „Komm, ältle du mit mir" zuzurufen.

Aus dem Freundeskreise heraus wurden das fünfzigjährige Jubiläum der Sperlingsgasse und Raabes fünfundsiebzigster Geburtstag heiter und herzlich gefeiert, der zweite Tag auch draußen, zumal in Berlin und Hamburg lebhaft begangen. Weimar sandte die Ehrenmitgliedschaft der Schillerstiftung, Hamburg die der Kunstgesellschaft. Der braunschweiger Regent Prinz Albrecht von Preußen hatte vor und nach dem siebzigsten Geburtstage von seinem großen Mitbürger keine Notiz genommen; um so mehr beeiferte sich sein Nachfolger, der Herzog Johann Albrecht zu Mecklenburg, der Bruder jener Großherzogin von Oldenburg, Raabe vor dem Lande auszuzeichnen. Die hingebende Arbeit langer Jahre hatte der aus Braunschweig stammende berliner Bildhauer Ernst Müller an die Darstellung Raabes gewandt, aber für die schöne, sprechende, lebensgroße Büste des Jahres 1904 keinen Käufer gefunden; auch in die berliner Nationalgalerie war Raabe der Eintritt, sei es im Gemälde, sei es im Standbild, verweigert worden. Herzog Johann Albrecht aber erstand insgeheim die Büste (deren Bronzeabguß jetzt auch die Magdeburger Sammlung ziert) und lud den Dichter eines Tages zu einer Besichtigung ins Museum. Er führte ihn, den er schon vordem zur Theestunde ins Schloß entboten hatte, die Treppe hinauf und machte mit dem Überraschten unmittelbar vor dem Kunstwerk halt. Er verlieh ihm auch als Erstem das neu gestiftete Ehrenzeichen für Kunst und Wissenschaft. Raabe dachte von Fürstengunst nicht hoch, aber die menschliche Wärme und die zarte, sinnige Art dieser Auszeichnungen taten ihm wohl. Eine Herzensfreude war ihm die Errichtung eines Raabeturmes — wiederum mit einem Flachbild von Ernst Müller — auf dem Großen Sohl im braunschweiger Lande. Der nienburger Gymnasialdirektor Hans Freytag hatte seine junge Schar zu diesem Liebeswerke angeeifert, und bewegt sagte Rabe, als man ihm die Kunde und das Bild brachte: „Wenn meine Mutter in Eschershausen mit mir auf dem Arm am Fenster stand, muß sie gerade auf diese Höhe gesehen haben."

Aber die alte Jugendheimat hat er in all diesen Spätjahren nicht allein, nicht mit Kindern und Enkeln mehr aufgesucht. Er reiste ungern und im Grunde nur noch, um die Tochter Elisabeth mit Mann und Söhnen in Wilhelmshaven, in Minden, in Rendsburg zu besuchen; auch wohl einmal nach Borkum oder ins Ostseebad Niendorf, wo er dann die Wasserfallschen Jungen um seinen Strandkorb spielen ließ. Dem Großen Klub blieb er treu, dem Theater und dem Konzertsaal fern. Niemals betrat er, außer bei Hochzeiten in der Familie, die Kirche, und selbst nahe geistliche Freunde wie Stock und der Kleiderseller Albert Warnecke haben ihn nie unter ihrer Kanzel gesehen. Man kann von ihm sagen, und er hätte es widerspruchslos gelten lassen: Er führte das Leben eines deutschen Philisters; aber man muß dann gleich hinzusetzen: Er gehörte zu dem Philistergeschlecht, von dem er in Abu Telfan so unvergeßlich gehandelt hat und das mit seinen Wurzeln in die Tiefe der deutschen Erde hinabreicht. Er ließ aber, die anders, weltläufiger, stilvoller lebten, gelten, und schaute über den Leonhardtsplatz und über das allerlei Volk, das, wissend oder nicht, an seinem Tisch bei Herbst vorüberglitt, mit dem sichern Gefühl des Mannes, der bleibt, des Künstlers, der sein Werk vollendet hat. Was weibliche Fürsorge seinem Leben zu geben und zuzusetzen hatte, dafür sorgte die liebe, stille Frau, die all ihr festes Hoffen auf das Durchdringen des Geliebten nun gekrönt sah, und die Tochter Margarethe, die zweite Künstlerin des Hauses, und ihm war wohl bereitet und Segen strömte von seiner Gestalt.

Im August 1909 saß Wilhelm Raabe zum letztenmal, wie er pflegte, am obern Ende des runden Tisches auf dem Weghause zwischen Wilhelm Brandes und Konrad Koch. Bald danach fuhr er nach Rendsburg und dort glitt er beim Gang durch ein dunkles Zimmer aus und brach das rechte Schlüsselbein. Die Verletzung heilte bald, aber sie beschäftigte Raabe bei seiner starken Nervenempfindlichkeit innerlich lebhaft. Über das asthmatische Leiden, das ihn lange quälte, war er mit Energie hinweggekommen, aber schon ehedem hatte jede Erkrankung leichterer Art — von schweren ist er verschont geblieben — ihn innerlich abgelenkt und seelisch mitgenommen. So war ihm dieser, an sich harmlose Fall wie ein Stempel unter die Bescheinigung des Greisenalters, und er sah, wenn er, den Arm in der Binde, am Tische saß, nicht mehr so nachdenklich mit verkniffenem Behagen in die Welt, wie ihn fast zwanzig Jahre vordem Hanns Fechner in zwei ausgezeichneten Bildern festgehalten hat. So spürte er auch die Wirkungen und Belästigungen eines Blasenleidens stärker als früher. Als ihm ein anderer Maler, Wilhelm Immenkamp, das Lichtbild eines im eben verflossenen Winter zu Raabes großer Zufriedenheit für das Vaterländische Museum gemalten Portraits sandte, schrieb er ihm zurück: „Da sehen Sie mich noch in meiner vollen Kraft, und jetzt bin ich körperlich fertig." Wie einen Vorboten eigenen Endes empfand er im Januar 1910 den Tod seiner geliebten, tief verständnisvollen einzigen Schwester Emilie. Es kostete Mühe und Überredung, ihn im Frühjahr wieder zu den gewohnten Ausgängen zu bringen. Er blieb fast immer zu Hause, vergrub sich eine Weile ganz in Schillers Werke, las überhaupt seine ältesten Bücher und daneben wieder die neuesten Zeitschriften. Die Freunde aus Braunschweig und Wolfenbüttel suchten ihn durch häufige Besuche über die Schwere der Tage hinwegzubringen, und die auswärtigen wurden im gemessenen Abstande mit dazu aufgeboten. Sie kamen und kamen gern von allen Enden, unter ihnen einer, mit dem er in früheren Jahren in fruchtbarem kritischem Austausch gestanden hatte, Edmund Straeter aus Magdeburg, aber sie fanden Raabe je später, je mehr von dem nun schärfer auftretenden Leiden gequält, müde auf das Sofa gestreckt. Gerade am 18. Oktober, als der Draht dem einstigen immaturen Studenten seine Ernennung zum medizinischen Ehrendoktor der jubilierenden Universität Berlin meldete, hatte er einen schweren Anfall quälender Schmerzen. Dennoch konnte in besserer Stunde ein gutes Wort, eine frohe Nachricht ihn wieder hochreißen, zu alter Lebendigkeit spornen. Ein Bild von Hugo Lederers hamburger Bismarck, den zu sehen er einst die Reise nach Schleswig-Holstein unterbrochen hatte, rief ihn zu lebhafter Bewunderung auf. Als ein auswärtiger Freund ihm berichtete, das hamburger Heine-Denkmal sei vom Senat genehmigt, schlug er, in seiner gewohnten Art weit ausholend, auf den Tisch und rief: „Das ist aber eine Freude." Die Stirn war nun hoch geworden, spärlich legte sich das schneeweiße Haar um Hinterhaupt und Schläfe, dünn war der Bart, bleich die Gesichtsfarbe, aber die merkwürdigen Augen konnten immer noch Feuer sprühen. Gegen Mitte November stand er nicht mehr vom Bette auf, seine Umgebung hatte den Eindruck: er fühlt das herannahende Ende und verfolgt das eigene Verlöschen. Er hatte noch am dreizehnten ein Wort des Dankes für seine Frau, ein warmes Wort der

Liebe für den, der ihm mit den Jahren der nächste Freund geworden war, Wilhelm Brandes. Als in der Nacht zum vierzehnten seine Tochter Elisabeth bei ihm wachte, sagte er plötzlich laut: „Ist er denn noch nicht tot?" und in dieser schier übermenschlichen Selbstbeobachtung wollte er nicht gestört sein und wehrte Nahrungsmittel und Handreichungen mit Bestimmtheit ab. Am 15. November 1910, an dem Tage, da er sechsundfünfzig Jahre früher die Chronik der Sperlingsgasse zu schreiben begann, ist er gegen Abend sanft für immer entschlummert.

Der Eindruck dieses Todes war überall tief und schwer, auch bei denen, die seinem Werke innerlich ferner standen. Hermann Oeser hat einmal davon gesprochen, daß jedes Volk in zwei Ausgaben vorhanden sei, auch das deutsche — jetzt empfand man, daß von der einen ein bestes Stück uns leiblich entrissen war. Es war für das ganze deutsche Volk gesprochen, als Wilhelm Brandes dem Geschiedenen in der Kapelle des braunschweiger Zentral-Friedhofes nachrief: „Dein Lebenswerk, du Deutschlands Gewissen, wird auch ferner durch unser zwanzigstes Jahrhundert gehen als eine jener unerschöpflichen Kräfte, die Gott seinen Völkern schickt zu einem Segen für Zeit und Ewigkeit."

17. Kapitel

Das letzte Buch

An Raabes siebzigstem Geburtstag war von einem Werk Altershausen die Rede, und sein Erscheinen ward alsbald angekündigt; aber dann wurde es wieder still, das Buch war wie verschollen, und viele zweifelten an seinem Vorhandensein. Nun, da Raabe dahingegangen war, fand es sich vor. Am 2. Februar 1899, ein halbes Jahr nach der Beendigung von Hastenbeck, hatte er mit der Komposition begonnen und sie bis in den Sommer 1901 fortgeführt, dann aber, trotz manchem Zudrängen von Freunden und Verlegern, die Feder nicht mehr aufgenommen. Er blieb dabei, Schriftsteller a. D. zu sein; „einen Faden, den man im Jahre 1901 hat fallen lassen, im Jahre 1908 wieder aufzunehmen, bietet unüberwindliche Schwierigkeiten. Altershausen muß Fragment bleiben und als solches wird es freilich einmal seinen Wert haben." Im Jahre 1911 bescherte uns Paul Wasserfalls Sorgfalt das Buch. Sein Keim steckt bereits in der ergreifenden Skizze Auf dem Altenteil von 1878, wie der Keim zum Laren in der übermütigen Bilderfolge Der gute Tag. Altershausen beginnt mit dem siebzigsten Geburtstag des berühmten Mannes der Residenzstadt, des weithin bekannten Arztes, Geheimrats, Professors Doktor Friedrich Feyerabend. Während der Festrede des Kultusministers befällt den Jubilar ein Gesicht aus der Vergangenheit: er sieht sich vor dem alten Rektor auf der

Schulbank und daneben Ludchen Bock, den vor sechzig Jahren in Altershausen zurückgelassenen Jugendfreund, der ihn gerade als „unrein" anzeigt. Diese Erscheinung läßt ihn nicht los, und plötzlich reist er in die Heimat. Da findet Feyerabend den einstigen Spielkameraden als den gehänselten Stadtsimpel; Ludchen ist mit weißen Haaren ein Kind auf der Verstandesstufe geblieben, auf der er einst einen schweren, sein Gehirn erschütternden Fall getan hat. Alle Herbheit und alle Süße eines Wiedersehens mit dem, was man zwei Menschenalter nicht erblickt hat, kostet der siebzigjährige Feyerabend nun aus. Es gibt eine Minute, da er wieder ein Kind neben dem Kinde, ja ein Idiot neben dem Idioten wird, und es könnte eine fürchterliche Ironie in diesem Wiedersehen des Weltberühmten mit dem Verblödeten liegen, wenn Wilhelm Raabe nicht, dem eigenen Gesetz getreu, früh von den Bahnen Heines und der Jungdeutschen abgebogen wäre. Hier laufen die Dinge ganz anders. Nicht ins alte romantische Land hat die Heimfahrt geführt, sondern nach Altershausen selbst, in die Vergangenheit, die mit dem Rathaus und Mordmanns Planke und allen alten Gerüchen noch so da ist, wie Altershausens Urbild Stadtoldendorf. Und wieder wie in den Alten Nestern weist der Weg zurück zu dem treuen Eckart Immermann, als Feyerabend im Halbschlummer am Fenster mit dem Blick aufs Elternhaus sein Traumerlebnis hat. Er marschiert als Nußknacker, also in einer tragenden Gestalt des Münchhausen, in die elterliche Weihnachtsstube hinein und findet sich plötzlich nicht mehr schön und neu, sondern arg verschlissen, als den Nußknacker vom letzten Jahre neben dem Nachfolger unter dem Kinderspielzeug. Dem aber steckt er selbst die Nuß in den hölzernen Mund und vernimmt den Jubelruf aller Puppen und Insassen der Arche Noah: „es wird weiter geknackt". Der alte Arzt, der das Leben bis in die Wonneburgen der Walchen und die Hütten der Ärmsten kennt, empfindet es ganz goethisch als ebenso merkwürdig wie beruhigend, daß der Menschheit Kern bleibt; er fühlt seinen Glauben an die Dauer im Wechsel bestätigt, nachdem ihm in Altershausen noch einmal durch die Seele gegangen ist, was die Menschheit Weltgeschichte nennt und was er von den Göttinger Sieben an, Raabes erstem fortwirkenden politischen Eindruck, mit ihr erlebt hat. Das schönste aber beschert Feyerabend der Maienborn vor der Stadt. Da findet er Minchen Ahrens wieder, eine Jugendgespielin, die den blöden Ludwig Bock bei sich aufgenommen hat und ihn mit rührender Hingebung behütet und verpflegt. „Kein Mensch weiß zu jeder Stunde, was er mit dem Erdengrundschlamm an versunkenen Kleinodien aus dem Brunnen heraufholen kann." Die beiden winden ihr ganzes Leben noch einmal empor, und in dem alten Garten des alten Mädchens spielt der weltberühmte Forscher mit dem idiotischen Schulkameraden Mühle — wie einst. Weib und Kind hat er vor einem Menschenalter verloren und, wie die junge Frau, aus heißem Herzen geschluchzt: „So schönes Wetter, und mein Kind nicht mehr dabei"; jetzt darf er murmeln: „So schönes Wetter, und ich noch dabei." Er sagt es und fühlt darüber hinaus wohl, was die Welt im Innersten zusammenhält, da er vor Minchen Ahrens' greisem Heldentum steht und alles, was er gelehrt hat, durch diese schlichte, tiefe Liebesfähigkeit überboten findet: „Aber wer konnte je in einem Lehr- und Hörsaal den Leuten auseinandersetzen, wie Mutter Natur bei der Arbeit ihr Kind weinen hört und singend die Wiege mit dem Fuße tritt?"

Zwei von Raabes Altersgenossen hatten das gleiche Thema des „Revenant" episch behandelt: Wilhelm Jensen in der Novelle „Späte Heimkehr" stimmungsvoll, aber doch herkömmlich, Rudolf Lindau in der Erzählung „Ein ganzes Leben" tief einführend, Schulzeit und einsame Ruhmeshöhe verbindend, voll an das letzte Gefühl rührender Resignation. Raabe, Lindaus Beginnen im Ursprung ganz nah, erweiterte im Fortgang das Bild durch Hineinstellung der beiden Gegenspieler und gab trotz dem fragmentarischen Abbruch dem Werk abschließende innere Rundung.

Ebenso wie zwischen der Chronik und den Akten des Vogelsangs, ja vielleicht noch deutlicher laufen Fäden zwischen Altershausen und dem Erstlingswerk hin und her. Hier wie dort wird die eigentliche Würze der Erzählung aus Jugenderinnerungen gewonnen, und auch in Altershausen führen die Lebensläufe mehrerer einst gemeinsam jung gewesener Heimatgenossen wieder zusammen. Hier wie dort spricht kein kränkelnder Lebensverzicht, sondern eine herzensfeste Resignation, die ihr Bescheiden aus dem Sieg der Liebe über die dunklen Mächte des Lebens schöpft: „Wenn ich wüßte alle Geheimnisse und alle Erkenntnis.. und hätte der Liebe nicht, so wäre ich nichts!", das Apostelwort ist ein Stück Grundtext für beide. Aber mehr als fünfzig Jahre lagen dazwischen, Raabes ganzes Leben, seine ganze Schöpferzeit. Die Menschen der Chronik lebten mit Napoleon III., in Altershausen wird dem Bismarck von Friedrichsruh das Recht zugesprochen, nach den größten Siegesschlachten im Menschenleben die Waffe zu behalten, mit der man einem Eselstritt zuvorkommt. Was dort, trotz der Altersmaske, bunt, abwechslungsreich, auf verschiedenen Ton gestimmt und in der Herausarbeitung flächenhaft war, ist hier, wo Raabe mit verhaltener Stimme spricht, einheitlich, knapp, ganz auf dies eine, große, wunderbare Abschiedserlebnis eines trotz allem reichen Lebens eingestimmt, das sich in einem äußerlich armen und trotz allem innerlich reichen Leben spiegelt.

Neben dieser letzten großen Gabe fand sich in Raabes Nachlaß nichts Unfertiges, halb Abgeschlossenes, Begonnenes. Er hatte reinen Tisch gemacht. Dennoch kamen noch zwei Werke der Jugend neu ans Licht. Paul Wasserfall gab den Frühling in der einst von Raabe verworfenen, aber nicht verbesserten Urfassung wieder heraus, und ein zweiter Blick in Raabes erste Schaffenszeit wurde durch eine Sammlung seiner Gedichte eröffnet. Emil Sarnow hatte die in den Erzählungen verstreuten Verse gesammelt, das Heft dem Dichter zum siebzigsten Geburtstage vorgelegt und die Erlaubnis zur Herausgabe erbeten. Raabe aber lehnte ab. Er hatte eine eigene Zusammenstellung vor, ist aber nicht dazu gekommen, seine Absicht durchzuführen. So fiel Wilhelm Brandes, der als der berufenste mit den nächsten Erben die literarische Nachlaßverwaltung antrat, die Aufgabe zu, die Gedichte gesammelt herauszugeben. Neben dem in die Romane und Novellen Eingesprengten konnte er aus Zeitschriften und Anthologien einiges hinzufügen und fand sogar noch ein paar handschriftliche Verse, darunter jenes erschütternde Gedicht nach dem Tode der jüngsten Tochter. Vieles andere hatte Raabe vernichtet und vergessen.

Nun trat auch die Raabeforschung in ein neues Stufenjahr. Manchmal zu weit ausgreifend und dem Dichter Quellen, Motive und Vorbilder unterschiebend, die ihm ganz fern lagen, hat sie doch für die ästhetische Durchdringung seines Lebenswerkes viel getan und für dessen literaturgeschichtliche Einstellung Bleibendes geleistet. Hermann Anders Krüger konnte bei seiner Darstellung des jungen Raabe noch vieles aus persönlichen Mitteilungen des alten nutzen, förderte die Stilerforschung der Jugendschriften und bot zum erstenmal eine Übersicht über die verstreute und verzettelte Raabeliteratur bis zum Tode des Dichters. Aus den germanistischen Seminaren ein-

Sonstiger literarischer Nachlaß

zelner Universitäten gingen seit Marie Speyers liebevoller Arbeit über Holunderblüte immer öfter Abhandlungen über Raabes Werk und Wesen hervor, von denen manches weit über die Höhenlage eines ersten wissenschaftlichen Probestückes hinausragte. Die nahe Beziehung, in die Raabe durch sein universelles Wissen und die Art seiner Dichtung zur deutschen Universität, die er nie absolviert hatte, getreten war, hat Richard Weißenfels bei der weithin hallenden Feier des neunzigsten Geburtstages an der geweihten Stätte im Altstadtratssaal zu Braunschweig lebendig umrissen.

Ganz wie von selbst fand sich die Gesellschaft der Freunde Wilhelm Raabes zusammen. Nach einem noch bei des Dichters Lebzeiten gefaßten und ihm vorgetragenen Plane, trat sie bald nach seinem Tode ins Leben. Keine gelehrte Gesellschaft — das hatte er selbst verbeten — sondern eine Vereinigung der Menschen, die zu Raabe ein besonderes Verhältnis besitzen und sich dadurch untereinander verbunden fühlen. Schon in dem Worte Freunde, das in diesem Zusammenhange bei keinem derartigen Verein richtunggebend wiederkehrt, liegt die besondere Artung dieses Kreises, dessen Kern und Keim bezeichnenderweise die Freunde vom Kleiderseller waren und sind; Louis Engelbrecht hat die Gesellschaft bis 1912 geleitet, und seitdem ist Wilhelm Brandes ihr Vorsitzender. Indem sie aber, über Deutschland, Österreich und weit in das Ausland verbreitet, Raabes Werk und Wesen neue Freunde zu schaffen suchte, wurde sie durch ihre Zeitschrift auch die unentbehrliche Sammelstelle der Forschung. Hier erschienen Briefe Raabes und Erinnerungen an ihn, hier konnte Brandes einzelne Entwürfe der Werke veröffentlichen, und hier sichtete Jahr um Jahr Hans Martin Schultz mit kritischem Blick die immer reicher zuströmende Menge von Büchern und Aufsätzen über den Meister.

Und wenn aus dem Kreise der Freunde seither mancher, wie Raabes Witwe, wie noch in voller Frauenkraft seine zweite Tochter Elisabeth, wie Konrad Koch, Robert Lange, Karl Geiger und die feine braunschweiger Dichterin Anna Klie von dieser Erde geschieden sind, so rankt sich nun schon ein jüngeres Geschlecht, begierig von ihm, der frei durchging, das Leben zu lernen, an die älteren.

In Hermann Klemm fand sich denn endlich auch der wagemutige Verleger, der die dringend notwendige Gesamt-Ausgabe von Raabes Werken schuf. Unter Oberleitung von Wilhelm Brandes hat der ganze Freundeskreis der Familie und dem Verleger bei seiner Schöpfung beigestanden, deren innerer und äußerer Erfolg gleich groß war. Die Vollendung fiel schon mitten in den Weltkrieg, und gerade in diesen Jahren wuchs Raabes Werk zu einer viel weiteren und vertieften Wirkung. Die Feldausgabe der Trilogie und viele andere Bände zogen an die entferntesten Fronten, seine Bücher gingen in den Lazaretten von Hand zu Hand, und deutlich wird spürbar, wie sich sein Eigenstes, was ihm allein gehört, überall in ganze Scharen verbreitet.

18. Kapitel

Der Dichter und das Werk

Wilhelm Raabes Sprachstil gleicht in seinen dichterischen Anfängen genau dem Aufbau seiner ersten Werke: auch da bindet er sich nicht an straffe Form, sondern läßt sich gern gehen und flicht was ihm in den Sinn kommt in den Ablauf des Satzes ein, wie ihm denn Nietzsches Wort „Hüte dich vor der Periode" im Grunde niemals Gültigkeit gewonnen hat. Man fühlt in einem Satze gleich diesem aus der Sperlingsgasse ordentlich, wie er einen nachträglichen Einfall unbesorgt noch anhing: „Klavier, Harfe, Guitarre, die drei Marterinstrumente der Sperlingsgasse, nahmen sie glücklicherweise mit, sowie auch den edlen Kater Eros, und den ebenso edlen schiefbeinigen Teckelhund Anteros — Geschenke eines neuen und doch schon antediluvianischen Abälards und Egmonts." Das unschön nachklappernde sowie hat ihn offenbar nicht gestört und ist in späteren Auflagen unverändert geblieben.

Nun wird der Stil ja seit den Drei Federn straffer und knapper, die Sätze werden kürzer, die Steigerung bewußter. Auf den ersten Seiten dieses Werks begegnet uns ganz selten ein Relativsatz, und wenn es etwa heißt: „Es steht nicht vorauszusagen und ist nicht zu verlangen, daß, wenn einer mit einer allein in der Sofaecke sitzt, einer mit einer das Vaterunser bete", so handelt es sich um bewußt barocke Übertragung eines barocken lateinischen Spruchs. Im Hungerpastor läßt Raabe sich wieder mehr

Spielraum, dann aber gelangt er auf den Wegen der Drei Federn in Abu Telfan und im Schüdderump zu scharf gespitzten, im echten Feuer der Leidenschaft geglühten, für immer haftenden Sätzen.

Im Gegensatz zum Gebrauch Kellers oder etwa aus der Gegenwart Thomas Manns spielt das adjektivische Beiwort bei Raabe eine geringe Rolle, es wird obenhin behandelt; dafür wird jedoch das Partizip der Vergangenheit und ganz besonders das der Gegenwart in unzähligen Abwandlungen immer wiederholt und sogar gesteigert, wo es sonst nicht üblich ist. Raabe charakterisiert mit vier Partizipien den prager Judenfriedhof, er sagt hochgewachsen statt groß, überwindend statt sieghaft, spricht gern von herzbrechenden Erinnerungen, sogar von herzabfressendem Kummer, oder nennt die Erde einen drehenden Ball oder die allnährende Mutter. Neben so vortrefflich zeichnenden Zusammenstellungen wie abgeholzte, glühende Berglehnen, behaglich gesättigte Grabesstimme oder abgehärtet verwogene Gelehrtenfaust steht der nächstumfriedete Wohnbezirk, das logikvergessenste Behagen oder ein beschornsteintes Haus. Gerade in den Beiwörtern und den Vergleichen greift Raabe nun häufig in den Fremdwörterschatz unserer Sprache, der ihm in ungewöhnlichem Ausmaß zu Gebote steht, wie er sich denn einmal ausdrücklich und nicht ohne Ungerechtigkeit gegen die Sprachreiniger verwahrt. Er besitzt die Fähigkeit, durch stete Fühlung mit dem Sprachvorrat des Volkes ganz unbekümmert äußerst eindeutige Hauptworte, wie Stinktopf, zu gewinnen und, in übertragenem Sinne, glücklich zu gebrauchen, aber er überlädt dann wieder durch latinisierende Wendungen und Anspielungen aus der Geschichte und den verschiedensten Literaturen manche Sätze, manches Bild. Auf diesem Wege gelangt er freilich dazu, den Rektor Eyring die Geschichte der Bützower

Gänse mit verblüffend gelahrter Echtheit vortragen zu lassen. Aber Kleophea Götz wirkt doch nicht recht glaubhaft, wenn sie im Gespräch am elterlichen Empfangstisch sagt: „Mit meinen Verwandten lebe ich in Harmonie am trübsten Regentage; vergangene Nacht ist eine ganze Schar von ihnen gekommen; die Venus von Melos, der Apoll vom Belvedere, die attischen Thauschwestern, der Dornzieher und der Antinous." Selbst die gewollte Angleichung an den Stil der ästhetischen Tees rechtfertigt kaum einen Satz wie diesen aus dem gleichen Mädchenmund: „Worüber mir meine Mama ein Autillo, ein Miniatur-Autodafé für mein Persönchen anzünden würde".

Die seit Generationen im Raabischen Hause erbliche geschichtliche, literarische, erdkundliche und überhaupt wissenschaftliche Bildung, die der Dichter auf selbständigem Wege erweiterte, suchte den Ausdruck, und Raabe hat wohl später gerade das Zuviel nach dieser Richtung hin gemeint, wenn er die Werke bis zum Hungerpastor mit einer gewissen Verachtung behandelte. In der Tat wird er auch hierin souveräner, engt sich ein, schneidet ab, aber er bleibt immer ein gelehrter Dichter, dessen ungewöhnliche Kultur und Belesenheit auch den Stil färben und dessen zähes Gedächtnis eine zufällige Gedankenassoziation ungern wegweist. So kann er sich nicht entbrechen, im Laren, gelegentlich des dem Affenmenschen aufgesetzten Damenhütchens, an ein tragikomisches Erlebnis seines Freundes Friedrich Notter mit der Dante-Büste und einem Herrenhut ausführlich zu erinnern. Und noch in den Akten des Vogelsangs kommt durch unabgeworfene Gedächtnisüberfracht ein gereckter Satz wie dieser zustande: „Hohe Bäume überschatteten ihn und die Vögel sangen da noch — auch die Nachtigall zu ihrer Zeit, und hier war's, wo wir, wenn uns der Weg zum Walde hinauf zu sonnig war, nicht Schiller und Goethe (die hingen uns von der Schule her aus dem Halse, wie Velten sich ausdrückte), sondern Alexander Dumas den Vater lasen, und mit seinen drei Musketieren, wie er, die Welt eroberten."

Seiner Vorliebe für gelehrtes Wesen gemäß legt Raabe seine Rahmenerzählungen gern über das Durchschnittsmaß gebildeten Leuten in den Mund. Wachholder ist ein grundgelehrter Schriftsteller, Rollenhagen der humanistische Rektor, Bösenberg Redakteur, Wolkenjäger Gymnasiallehrer, der Erzähler der Holunderblüte Arzt, von den Schreibern der Drei Federn einer Jurist, einer Philolog, der Verfasser der Alten Nester Privatdozent, der von Pfisters Mühle wieder Oberlehrer und der Erzähler vom Vogelsang ein höherer Verwaltungsbeamter. Gerade aber das Spätwerk vom Stopfkuchen ist auch hierin eine Meisterleistung, daß Raabe den ungelehrten, des Schulsacks längst ledigen Südafrikafarmer nun doch auch so völlig glaubhaft in seinem Stil sein Erlebnis nachschreiben läßt, wie den patrizischen, hochgebildeten Erzähler von Des Reiches Krone im echten Stil seiner Zeit und seiner Umwelt das seine. Raabe bedarf gewissermaßen nach solch ungewöhnlicher Anspannung einer erholsamen Lässigkeit, darum schrieb er unmittelbar nach Des Reiches Krone an dem Dräumling weiter, auf dessen Rektor Fischarth er nun alle gelehrten Andeutungen übertragen konnte, und darum kamen gleich hinter dem Stopfkuchen, auf den er immer besonders stolz blieb, Gutmanns Reisen, wo er im breiten Bilde die selbstgewählten Fesseln jenes Werkes abwerfen und doch wieder sein Ziel voll erreichen konnte. Uns allen geht es mit Raabe, wie Theodor-Storm mit Keller. Es kommen immer wieder Stellen, wo man die Hände in die Seite stemmen, ruhig zusehn und denken muß: „Ja so, der Dichter will erst seinen Spaß zu Ende machen." „Und er macht ihn dann auch jedesmal zu Ende."

Nun stehn aber überall bei Raabe zwischen locker kom-

Braunschweig, 22 Sept. 1905.

Theurer Herr und Freund!

Allerschönsten Dank für Ihren Gruß zu m. 76. Geburtstage! Aber müßten Sie, was ich den Herren von e. Blatte drauf geschrieben habe? Daß Sie einer, wenn ausgefüllte seien (habe ich gemeint) Ihre Glasscheibe statt damit zu füllen, ich aber mich gut halten, wenn auf die bestimmt, bestimmbarer Höhe und Ferne aller Herrn angeflogen kommen wer.- So, was grade nicht nur allzu großer Werthschätzung aufstehen werde.

Ich rechne das darauf! Ihr schönes Wort hat mir sehr wohl gethan, — nochmals herzlichen Dank!

Mit den freundlichsten Grüßen an die Frau Gemahlin

Ihr aufrichtiger
Wilh. Raabe

ponierten Perioden Sätze und Worte von unvergeßbarer Zusammenfassung. Dies stammt aus dem Geheimnis seiner bildhaften Phantasie, und nicht umsonst war das Zeichentalent früher erwacht als die Gabe der Dichtung; schon der von den Lehrern gelobte Schulaufsatz erwies diese Gabe, die Dinge alsbald in plastischer Stellung zueinander zu schauen und wiederzugeben. Der Zeichner Raabe geht niemals auf Durchbildung im einzelnen aus, sondern hält durch Verteilung von Weiß und Schwarz und durch geschickte Schraffierung Stimmung und Hintergrund fest und stellt dann mit wenigen knappen, äußerst beredten Strichen ein paar eindrucksvolle Gestalten hinein. So setzt er etwa einen Mann und eine Frau vor ein loderndes Kaminfeuer: von ihr sieht man nur den leicht vorgeneigten Umriß, das volle Licht der Flamme fällt darauf, sie ist in Weiß ausgespart; der Herr sitzt weiter zurück, so daß der Schein ihn nicht mehr trifft, aber er hebt sich im Drittelprofil, die Zigarre im Munde, schwarz von der Glut ab; die Gesichter sind nicht erkennbar, der Kaminaufsatz nur angedeutet, das Ganze doch restlos für den Eindruck nachdenklicher abendlicher Träumerei am Feuer bezeichnend. Man kann hier in vollem Sinne von Impressionismus sprechen und damit an Raabes literarische Stellung anknüpfen. So wenig einer der jungen Dichter seiner Renaissancezeit unmittelbar an ihn erinnert, er war doch — auch Karl Lamprecht hat das mit Recht betont — einer der großen Vorgänger des Impressionismus mit seiner Fähigkeit, innerhalb der angestrebten und erreichten Lebenstreue die schwebenden Eindrücke mit heraufzubringen, scheinbar nur Angerührtes zu dauerhafter Bedeutung zu erhöhen, den feinsten Nerv mitschwingen zu lassen.

So durfte Raabe die Zeichenkunst nur noch am Rande der Manuskripte verwenden, weil in diesen selbst jene eingeborene und bewußt gesteigerte Bildhaftigkeit durch das Mittel der Sprache allein zum Ausdruck kam. So gelingt es ihm, über die Vorgänge gelebten Lebens hinaus zu aus realer Anschauung ins Kosmische übertragenen Bildern zu gelangen.

„Die Menschen schleudern die Schuld an ihrem Geschick und dem Schicksal der andern von sich ab und einander entgegen wie einen Federball. Es ist ein altes Spiel; seit vielen tausend Jahren fliegen die Bälle zwischen den Individuen und zwischen den Völkern; es ist ein Spiel, welches wohl fürs erste nicht zu Ende kommen wird." Oder, ganz verwandt:

„Die Poeten haben das Recht, ein Glied aus der großen Kette des Daseins herauszuheben und abgeschlossen künstlerisch zu gestalten. Im Leben fliegen die Ringe dieser Kette ununterbrochen durch die Hand des Demiurgus, des Urkünstlers, der nichts vom Anfang, nichts vom Ende weiß, und welchem alles Harmonie und Blüte ist, was uns Mißklang und Verwesung scheint." Und man kann an einer Stelle wie dieser aus der Villa Schönow den Übergang vom Bild des täglichen Lebens zu dem der Idee genau verfolgen:

„Wie alle seine Vorfahren war er mit sechs Fingern in die Welt gekommen, und der sechste ist einem in der gewöhnlichen bürgerlichen Gesellschaft auf jedem Fleck und Bauplatz zuviel und zum Schaden. Und nur in seltenen Ausnahmefällen und gewöhnlich auch 'n bißchen nachher nennt man solch eine Abnormität ein großes Talent oder gar ein Genie und rechnet ihm wohl gar zum Verdienst an, wenn er kein Vermögen hinterlassen hat."

Gerade auf diesen bildenden Stil war Raabes außerordentliche Kenntnis der Heiligen Schrift von nachhaltigem Einfluß. Trat sie schon in seinen ersten Werken bedeutend hervor, so vertiefte sie sich seitdem, und bis in den

Satzbau hinein kam das Vorbild von Luthers Bibel-Deutsch zur Geltung. Der Welt Wehe, das große Licht, die biblischen Bilder vom Hirten, vom Eckstein, vom Weinberg, vom Kreuz, vom Menschenfischer, von der Sündflut, von der Bank der Spötter, von der Sonne zu Gibeon, vom Raum in der Herberge, von Bethlehem und Golgatha, von Nazareth und Galiläa, vom Kelch und seiner Bitterkeit, von Staub und Asche, von den Lilien auf dem Felde kehren immer wieder, bis ans Ende, bis zu Gottes Wunderwagen im letzten vollendeten Werk färbt das Leben mit der Bibel Raabes Stil.

Man sagt sehr wenig, wenn man Raabes Ausdrucksweise besonders deutsch nennt, denn Goethes ganz anders stilisierte Wahlverwandtschaften und Kellers unsterbliche Seldwyler sind sicherlich ebenso deutsch. Wird Raabe heute unter allen Dichtern seiner Zeit als im auszeichnenden Sinne deutsch empfunden, so liegt das, trotz Fremdwort und Verschachtelung, und trotz dem Fehlen mundartlicher Beimischung zum guten Teil an der eigenen niedersächsischen Schwere seines Stils; sie zeigt ihn jenem in Abu Telfan festgehaltenen Dampf aus dem frischgepflügten Acker so besonders nahe. Heinrich v. Treitschke hat öfters auf den Gegensatz zwischen dem leidenschaftlich zu Rede, Polemik, rascher Äußerung geneigten Obersachsen von Lessings und seiner eignen Art und dem schwereren, besinnlichen Niedersachsen hingewiesen. Sehr deutlich empfindet man diese spezifische Schwere bei dem größten niedersächsischen Dichter, eben bei Raabe, sie verbindet ihn, der gern gelegentlich das Sachsentum gegen das preußische Kolonialdeutschtum ausspielte, mit der Westfälin Annette von Droste; sie hat auch bewirkt, daß er, der sich immer wieder keinen Heimatdichter, sondern einen deutschen Dichter nannte, im Zeitalter der Heimatkunst von den besten unter ihren Trägern besonders verehrt ward, ohne freilich im einzelnen spürbaren Einfluß auf sie zu gewinnen. Aber auf Erzähler aller deutschen Stämme von ganz verschiedener Art, die, nicht Heimatkünstler im engeren Sinn, ihrer Landschaft und Mitbürgerschaft stark verbunden sind, hat er nachhaltig gewirkt; auf die Pommern Hans Hoffmann und Clara Quandt, den Schleswiger Hermann Heiberg, den Altmärker Wilhelm Arminius, den Lausitzer Heinrich Steinhausen, den Rheinländer Julius R. Haarhaus, die Westfälin Lulu von Strauß und Torney, den Thüringer Max Allihn, den Franken August Sperl, die Schwäbinnen Anna Schieber und Auguste Supper, die Österreicherin Enrica von Handel-Mazzetti, den Balten Hermann Anders Krüger, den Schweizer Jakob Schaffner. Die Vertrautheit mit des Volkes Gewerb und Sitten, das Zurechtfinden auf eigenem Boden, die Liebe zu ihm, die Bevorzugung der heimischen Geschichte, ihre Erfassung als mitatmende Zeit — all das hatte er vorgelebt; nur ward bei ihm, was bei den Heimaterzählern Mittelpunkt, Achse war, nur Ansatz, Zellenstand für weit ins gemeindeutsche Leben, in gemeindeutsche Geschichte und in letzte Probleme der menschlichen Seele hinein- und hinaufführende große Kunstwerke.

Wilhelm Raabe war mit dem deutschen Realismus groß geworden und hatte ihn selbst zur Höhe geführt. Von Anfang an hatte er nach Lebenstreue gestrebt, ein gut Stück davon schon in dem ersten Werk erreicht und war dann nach manchem Rückschlag zur vollen Beherrschung lebensnaher Menschen- und Weltdarstellung gelangt. Dieser realistische Stil mußte sich tendenziöser Verfärbung ebenso fern halten, wie rührseliger Verwischung von Gegensätzen oder feuilletonistischer Pointierung. So konnte Raabe das Leben in seinen einfachsten Elementen, seinen währenden Grundzügen erfassen. Mann und Weib, Eltern und Kinder, Bruder und Schwester, Erzieher und Erzogene,

Freund und Freund, Herr und Diener, Alte und Junge, immer wurden sie unter langsamer Entfaltung der kennzeichnenden Eigenschaften so gegeneinander gestellt, daß die Charaktere gemäß dem Gesetze des Lebens aufeinanderprallen. Keiner wurde zum Beweise vorgefaßter Lehren gereckt oder verkürzt, jeder lebte nach dem Gesetz, wonach er angetreten, weiter und lebt eben darum auch mit uns fort.

Diese wirklichkeitstreue Beobachtung erspäht nun auch den Menschen in seiner Zugehörigkeit zu Stand und Beruf. Der alte Wachholder mit seiner immer wachen Beobachtungsgabe ist ein Schriftsteller, wie Friedrich Feyerabend mit der seinen, ganz anders gerichteten ein Arzt und der Pate Schnarrwergk ein Tierarzt. Alle diese Lehrer, Pfarrer, Handwerker nehmen ein gut Teil ihres Wesens von Dienst, Gewerbe und Hantierung. Wie ist Fritz Fiebiger durch sein Amt als Polizeischreiber in seiner ganzen Wesensart anders geworden, als der alte Sixtus durch sein Försterleben im Walde! Wie färbt ein absonderlicher Beruf, der des Feuerwerkers, den Peter Uhusen! Wie ganz ist der Totschläger im Stopfkuchen zugleich der Landbriefträger, der auf dem Weg zwischen Stadt und Dorf im Hin und Her eine mehrmals um die Erde führende Meilenlänge durchmessen hat. Keine menschliche Tätigkeit, die nicht bei Raabe ihre Stätte fände! Der Fürst und der Feldherr, der Minister und der Bühnenintendant, der Bankherr und der Gutsbesitzer, der Offizier und der Künstler — sie alle sehen sich bei ihm gespiegelt; am liebsten freilich bewegt er sich, ein Kind des bürgerlichen Zeitalters, in der bürgerlichen Mittellage der Ärzte, Pastoren, Schulmeister, Beamten, Zeitungsschreiber, Leihbibliothekare, Kaufleute, Landwirte, Musiklehrer, Beamtenwitwen und zumal des Handwerks, für das er immer eine besondere Vorliebe hatte. Da zeigt er mit einläßlichem Verständnis jeden an der Arbeit, den Schuster, den Schmied, den Dachdeckermeister, den Uhrmacher, den Schneider, den Lohgerber, den Maurer, den Müller, den Tischler, den Buchbinder, die Putzmacherin und die Leute aus der freien Luft, den Jäger, den Fährmann, den Schäfer, den Forstarbeiter, die Botenfrau, den Totengräber, das Kräuterweib, aber auch den Fabrikarbeiter, die Heimarbeiterin, all das Volk, „das mit seinen Händen zum Fortbestand der Welt hilft" und dem Raabes soziales Gefühl sich besonders nahe wußte. Damit aber die Naturgeschichte des deutschen Volkes voll werde, finden wir daneben in der unendlichen Fülle der Gestalten manchen absonderlichen Gesellen: den Zungenprediger, den Goldmacher, den Leichenphotographen, die alte Fechtmeisterswitwe, die Marketenderin, den ewigen Privatdozenten, die Landsknechte, den Schmierenschauspieler, den Weltreisenden, den Rottmeister, den Scharfrichter, den Bettelmusikanten, den Altertumsnarren, den Karikaturenzeichner, den Nachtwächter, das Faktotum für alles.

Sie alle tragen typische Züge, aber sie alle sind nicht vom Typus her geschaffen, sondern individuell gestaltet. Wohl möchte man von dieser oder jener Gestalt sagen, so wünsche man sich einen Lehrer oder einen Arzt; dennoch dürfte kein Raabisches Werk schlechthin mit einem Standes- oder Berufstitel überschrieben werden, und keins ist so überschrieben worden, denn niemals war es so gemeint; und wie nun alles beieinander steht, ist es schließlich ein wirkliches Bild der Menschheit in deutscher Färbung geworden.

Denn dieser Realismus erwies seine Lebensnähe in Gruppierung, Gebärde und Akzent des einzelnen und der Vorgänge nicht nur bei dem großen Querschnitt durch das menschliche und das deutsche Leben, sondern auch bei dem Längsschnitt durch die Weltgeschichte, den Raabe vollbrachte und bei dem wir ihn frei von gesuchter Altertümelei immer sieghafter in Art und Lebensluft der Vergangenheit eintauchen sahen. Im dreizehnten Jahrhundert spielen die Hämelschen Kinder, im fünfzehnten Des Reiches Krone. Von der Reformation bis zum Siebenjährigen Kriege führt eine Kette von Geschichten, aus der der Junker von Denow, der Marsch nach Hause, das Odfeld und Hastenbeck hervorleuchten. Immer wieder erlebten wir Stimmung und Tat vor und nach den Befreiungskriegen, und in breitem Aufriß zeigt Raabe stets aufs neue das deutsche Leben vom Wiener Kongreß bis Sedan und führt schließlich darüber hinaus in die Jahre des ablaufenden neunzehnten Jahrhunderts. Oft ist diese geschichtliche Einstellung zugleich mit einer ebenso treuen landschaftlichen und örtlichen verknüpft. Wo er solche meidet, sollen wir sie nicht suchen; aber wir sahen das Weserland, seine engere Heimat, mit allen Säften emporwachsen, finden den Harz in den Unruhigen Gästen und in Frau Salome zum Greifen echt gespiegelt, den Solling im Horacker, in andern Werken Jth und Hils, Oker- und Selkeufer abgebildet. Aber wir treffen Raabe auch in Magdeburg und Fehrbellin, in Thüringen und Schwaben, in Nürnberg, Böhmen und Wien und immer wieder in Berlin auf sicherm Boden und fühlten die Gewißheit festen Schreitens auch in seinen Schilderungen aus Amerika und sonst aus der Ferne. Die weite Bildung, früh angebaut, lebenslänglich erweitert und befestigt, floß in das alles hinein, gab wohl hier und da einen zierlichen Schnörkel, erwies sich aber im ganzen als ein eigenster Besitz.

Ist dieser Realismus also durchaus erdenhaft und arbeitet er mit den Grundelementen menschlicher Natur, Tätigkeit, Umwelt, Bildung und Geschichte, so ist die Zielsetzung von Raabes Kunst doch nicht in jenem Begebenheitlichen umschlossen und eingeengt, das Raabe auf Otto Ludwigs Spur als des Romandichters eigentliches

Feld betrachtet. Aus solcher Beobachtung und treuer Darstellung erwuchs ein Weltbild, aber dieses Weltbild gewann in den Meisterschöpfungen symbolische Geltung. Dazu diente oft das Raabes Anlage gemäße und von ihm bewußt gesteigerte, besser gesagt errungene Kunstmittel des Humors, wie es von der Drastik und guten Laune der Chronik bis zu jenem Weltgefühl aufstieg, das in den Werken der Meisterjahre zu glücklichstem Ausdruck kam. Steckt schon in diesem Humor als Lebensmacht die ganze süße Herbheit überwundener, im Kern menschlichen Wesens erarbeiteter Tragik, so wird diese Symbolisierung der Lebensvorgänge auch auf dem reinen Wege tragischer Darstellung erreicht. Das ist der Fall des Schüdderumps, der uns tief in den geheimnisvollen Widerspruch zwischen Sinnenglück und Seelenfrieden hineinführt und diesen Widerspruch löst. Man erschöpft Raabes Kunst und Art nicht im mindesten mit der Bezeichnung Großer Humorist.

Solche Dichtung ist weder gemütlich noch bequem, immer wieder stehen wir am Abgrund, immer wieder heißt es der Kanaille in die Lichter, der Entsagung in das still gewordene Auge sehen. Die widerliche Mär von dem Dichter der barocken Winkel, der behaglichen Ecken hätte für den auf das Wesenhafte gerichteten Blick schon nach der Chronik keinen Raum mehr finden dürfen — vor dem ganzen Lebenswerk verweht sie, wie jedes oberflächliche Schlagwort. Hier ist ein Dichter bis zu den Müttern hinabgestiegen und hat von dort letzte Schauer der Erkenntnis gewonnen; hier ist ein Dichter, von dessen Arbeitstisch das Neue Testament niemals verschwand, noch einmal in der Stunde, da die Finsternis über das Land kam, zum Kreuze Christi geschritten und merkt nun, belehrt über Sünde und Gnade, Schuld und Erlösung, wohl auf, daß „niemand ihm den Reigen störe".

Aber er hat auf diesem Wege Mäntel nach Golgatha gebreitet. Auch im Schreiten durch die Schauer des Schüdderumps und des Tumurkielandes in unserer nächsten Nachbarschaft fühlen wir die pulsende Menschenhand, die uns geleitet, wie sie Phöbe, die Botin Pauli, in die fiebergeschwängerte Hütte führt. Der Einschlag mitatmender Menschenliebe ist das letzte einende Band dieses großen Kunstwerks von Wilhelm Raabes Erzählungen. Er hat die besondere Naturwärme, die so selten ist, und er verliert sie seit den Werken seiner Meisterschaft nie. Es ist ein unabläsiges Strömen aus Herzenstiefen, ein liebevolles Verständnis für menschliche Größe und menschliche Schwäche, und auf diesem Grunde hat er gerade alle besten Kräfte des deutschen Wesens gesammelt und gleichsam mit einer Wünschelrute gezeigt, nicht was gemütlich, aber was deutsches Gemüt ist.

Unter den Romandichtern des neunzehnten Jahrhunderts heben sich zwei Gruppen deutlich voneinander ab, die soziologische und die psychologische. Jene geht bewußt auf eine Gesamtdarstellung der menschlichen Gesellschaft in ihrer nationalen Färbung und Haltung aus und komponiert in oft auch rein äußerlich geschlossener Reihe breite Bilder des Volkstums mit politischem und geschichtlichem Einschlag. Hierher gehört Honoré de Balzac mit seiner Comédie humaine, hierher Jeremias Gotthelf mit seinen schweizer Romanen, Emile Zola mit der Geschichte der Rougon-Macquart, den Drei Städten und den Drei Evangelien, Charles Dickens, Willibald Alexis mit der Kette seiner acht, fünf Jahrhunderte umspannenden preußischen Romane, Wilhelm von Polenz mit seinen Agrarromanen. Auch in diesen Werken steckt überall psychologischer Reichtum, ohne den Dichtung nicht entsteht, aber ihre Haltung und Ausrichtung weist zu anderem hinüber. Goethe und Keller leiten zu der zweiten Gruppe, der vornehmlich psychologischen, ja Keller nimmt sehr deutlich eine Mittelstellung zwischen dem bewunderten Gotthelf und der rein psychologischen Novelle ein, der Grüne Heinrich mit seinen breiten schweizerischen Zustandsschilderungen und der den Kern bildenden Individualisierung des Helden steht genau im Achsenkreuz.

Bei der psychologischen Reihe der Romandichter kommen Volkstum und Geschichte nicht minder deutlich heraus wie bei jenen, aber nicht das Geschlecht, sondern der einzelne, nicht die Vererbungsreihe, sondern der mit sich und andern kämpfende Mensch, nicht die soziale Spannung, sondern der inwendige Ausgleich zwischen Leidenschaft und Enttäuschung, zwischen Begehren und Stillung, zwischen Sünde und Reinheit ist das Wesentliche. In diesem Sinne sind Gustave Flaubert, Wilhelm Raabe und Fedor Dostojewskij die unvergleichlichen psychologischen Meister innerhalb des Jahrhunderts der realistischen Kunst. Emma Bovary, Salambo, Frederic Moreau — Leonhard Hagebucher, Phöbe Hahnemeyer, Velten Anders — Rodion Raskolnikow, Leo Myschkin, die Brüder Karamasoff, sie geben einander an letzter seelischer Verfeinerung, am Hineindringen in die Geheimnisse der Menschenbrust nichts nach, und bei allen stehen wir erschüttert, mit dem Schaudern, das der Menschheit bester Teil ist, vor den letzten Fragen. In allen drei Dichtern ist die große Ehrfurcht vor der menschlichen Seele als der wahren Wirklichkeit, neben der das Kleid der Dinge seine Wichtigkeit verliert. So mächtig und so gegenständlich bei allen, und, wie wir lernten, gerade bei Raabe, die soziale Darstellung ist, so stark suchen sie im Begebenheitlichen des Romans die entscheidenden seelischen Tatsachen aus dem Weltbilde herauszuarbeiten. Und dabei trennen sich nun der Franzose, der Deutsche und der Russe wesenhaft nach ihrem Volkstum. Der Romane, der diesseitigste von den dreien, bosselt in nahezu asketischer Kunstarbeit seine Gestalten bis in die feinsten Verästelungen heraus und sucht den persönlichen Anteil nach aller Möglichkeit zu tilgen. Der Slawe geht den entgegengesetzten Weg: in einer echt russischen Dialektik ohnegleichen, in unbesorgtem weitem Aufriß, weit wie sein Land und sein Volkstum, läßt er die psychologischen Fragen und Voraussetzungen entrollen und wenden und tut sich nie genug; in ihm ist am meisten Chaos. Zwischen beiden steht der Germane, mitten zwischen dem Westen und dem Osten, langsam und schwer, aber ohne Flauberts bis zum Feinsten gesteigertes artistisches Bemühen, aus dem Ungestalten herauswachsend, von dem Meister von Rouen durch die niemals unterdrückte menschliche Wärme, von dem einstigen sibirischen Märtyrer durch seine Goethenähe und sein Verhältnis zur Antike und westeuropäischen Kultur getrennt. Freilich verbindet ihn mit Dostojewskij stärker als mit dem Franzosen ein Hauch jener apokalyptischen Stimmung, die den Russen ein Menschenalter nach seinem Tode wieder zum gelesensten großen Dichter der jüngsten Vergangenheit in aller Welt machte. Sie tritt bei Raabe nicht mit der dumpfen, slawischen Inbrunst Dostojewskijs hervor, aber wer wollte sie in der Prophezeiung des Frühlings, in dem Poltern des Schüdderumps, in der Versteigerung des Vogelsangs mit dem Affenmenschen als Zuschauer überhören! Über den Werken beider ragt das Kreuz.

Von dem Dichter, der uns so nach seinem eigenen Wort und Bewußtsein das innerste deutsche Wesen beschrieb, hat Konrad Koch gemeint, er sei in einen innerlichen Gegensatz zu Goethe geraten und stehe Schiller näher. Koch ist bei dieser Feststellung durch ein dreifaches Mißverständnis geleitet worden: er übersah das „erdigere" Deutschtum und die nationale Mittelstellung Goethes, er verkannte Schillers bei allem Sinn für volklichen Stolz festgehaltenes

Weltbürgertum, und er nahm nicht den genügenden Abstand von Raabe, um auch dessen weltbürgerliche Stellung zu erfassen. Um Raabe in diesem Betracht zu verstehen, müssen wir den Begriff des Weltbürgertums in seiner Reinheit herstellen, ihm das abstreifen, womit heute banale Mitläufer oder verständnislose Gegner ihn verdunkelt haben. Weltbürgertum ist, Goethisch gesprochen, die Fähigkeit, das, was der ganzen Menschheit zugeteilt ist, in sich selbst noch einmal zu empfinden, es ist, mit Schiller ausgedrückt, die Gabe, der Menschheit große Gegenstände als die eigenen zu betrachten, oder, wie es Mörike wiederum von Schiller aussagt, die Kraft, das eigne Weh in den ewigen Weltgeschicken zu vergessen. Solche Gesinnung hat nirgends vollere Frucht getragen als in Deutschland, ihr ist Kants geniale politische Konzeption Zum ewigen Frieden entsprossen, und diese adlige Gemütskraft entspricht genau einer höchsten Forderung des Christentums.

In dieser geistigen Luft lebt auch Wilhelm Raabe. Immanuel Kant empfand den Befreiungskampf Washingtons gegen die englische Krone als ein höchstes eigenes Erlebnis mit; Wilhelm Raabe nennt im Alten Eisen den nordamerikanischen Bürgerkrieg für die Befreiung der Negersklaven unter der Präsidentschaft des „klugen, tapfern, weisen Mr. Abraham Lincoln" einen der edelsten Kriege der Welt; man fühlt die innere Beteiligung. Gotthold Ephraim Lessing hatte für die Gleichstellung der Juden gekämpft, nicht um der Juden, sondern um der Freiheit und Menschlichkeit willen; Raabe nennt im Hungerpastor, dem Werk, in dem Moses Freudenstein seine verhängnisvolle Rolle spielt, den Judenleibzoll unter ausdrücklichem Hinweis auf Lessings Freund Moses Mendelssohn eine Niederträchtigkeit und einen Skandal. Goethe hatte seinen großartigen Ausblick auf eine Weltliteratur beschlossen:

> Laßt alle Völker unter gleichem Himmel
> Sich gleicher Gabe wohlgemut erfreun! —

Wilhelm Raabe schrieb in seinem Todesjahr an die Revue de Paris: „Die Lettern haben das Göttliche, daß sie uns erlauben, über die Grenzen hinweg in dem gleichen Glauben an die Menschheit zu verkehren."

Es gehört zur Sendung des deutschen Geistes, die uns nach so vielem tragischen Mißlingen die Götter endlich, endlich gesegnen mögen, diese Gesinnung trotz allem und allem durch die Zeiten zu tragen, und in ihr bindet sich der deutsche Geist aufs neue an das Evangelium. Dem Pseudoweltbürgertum „Ubi bene, ibi patria" sagt Raabe in Gutmanns Reisen seinen Abscheu ins Gesicht — das große humane Gefühl unserer klassischen Epoche von Kant bis zu Schiller war ganz das seine. Nur: er war nicht umsonst durch das neunzehnte Jahrhundert gegangen, und schärfer als jene hatte er deutsche Geschichte und deutsche Zwietracht, deutsche Not und deutsche Schmach, deutsche Ausländerei, die sich an das Fremde hing, weil es fremd war, und das Heimische verachtete, weil es nicht weit her war, empfunden. Auch seine Perspektive war, noch in den Akten des Vogelsangs, wie die Goethes, Amerika, aber er sah dort nicht nur, wie der Dichter von 1749, das Land einer großen Entwicklung, sondern auch die Gefahr für das alte Europa, die wir dann am eignen Leibe so furchtbar erlebt haben. Die Waffen, die er weitergibt, sollen nicht einem großkapitalistischen oder pseudosozialistischen Internationalismus zu Füßen gelegt werden; aber sie gehören auch nicht in die Hände eines schrankenlosen Nationalismus, der aus dem deutschen Menschen einen anders gefärbten Monsieur Chauvin machen will und so kostbare deutsche Seelenkräfte gefährdet. Die Waffen Raabes streiten vielmehr mit uns gegen die Ketten von Versailles, gegen die Beschmutzung des großen Erbes der Vergangenheit, gegen jeden deutschen Partikularismus, für die Einheit und die Freiheit Deutschlands in dem Sinne jenes freiheitlichen Geschlechts, mit dem er groß wurde und dem jeder heiße Kampf für deutsches Recht und deutsche Größe zugleich ein Kampf für die Menschheit im Sinne Schillers war. Sie alle, und Raabe mit ihnen, empfanden:

> Schmach dem deutschen Sohne
> Der die angeborne Krone
> Seines Menschenadels schmäht,
> Kniet vor einem fremden Götzen,
> Der des Briten toten Schätzen
> Huldigt und des Franken Glanz;

aber sie betonten als Söhne der Freiheit die deutsche Aufgabe, „während des Zeitkampfes an dem ewigen Bau der Menschenbildung zu arbeiten", sie glaubten, Deutsche und Weltbürger, daran, daß der Tag des Deutschen die Ernte der ganzen Zeit sein wird.

Ein solcher Erbe Goethes und Schillers ist der Sohn des realistischen Zeitalters gewesen und geblieben. Das politisch und geschichtlich entscheidende Jahr für Kleist und Arnim war das von Jena, für Immermann und Alexis blieb es 1813, für Wildenbruch und Liliencron 1870, für Hauptmann und Dehmel 1880, die Zeit von Bismarcks sozialer Botschaft und dem Beginn des Sozialistengesetzes — für Raabe war das Anbruchs- und Aufwachjahr 1848. In dessen Geist hat er Schiller gefeiert und im National-Verein gesessen, aus diesem noch ganz von den Idealen der Klassiker gespeisten Gefühl von Deutschlands Größe und Freiheit hat er die Reaktion vor 1866 und das nationale Wesen nach 1870 beurteilt. Wie seine Gesinnungsgenossen von Frankfurt, Gotha und Koburg, wie Bennigsen, Simson, Schulze-Delitzsch, wie sein Freund Schrader und der diesem befreundete, Raabe fast auf den Tag gleichaltrige, zu unserm Unheil so früh und so furchtbar abberufene Kaiser Friedrich, hat Raabe im Grunde immer das schwarz-rot-goldene Bändchen aus der Paulskirche auf dem Rock getragen. Er schalt so wenig wie seine Freunde aus der Erbkaiserpartei die Schöpfung Bismarcks, aber auch ihm fehlte, wie Freytag, die Ergänzungsfarbe; die Verfassung stammte, wie Bismarck immer wieder hervorhob, zum guten Teil aus dem frankfurter Parlament, aber der große und weite Geist dieser warmen deutschen Achtundvierziger verflüchtigte sich zu Raabes Kummer in dem neuen Reich, in dem selbst Bismarcks Biograph eine Dämpfung des Geistes feststellte und das Friedrich Lienhard seelenlos nannte. Aus dieser Stellung Raabes fließt heute die sich unablässig steigernde Wirkung seiner deutschen Menschlichkeit. Der Idealismus, den er aus politisch beengter, gedrückter, zersplissener Zeit mitgebracht, mitgebracht als ein Nachfahr des Geschlechts von Kant bis zu Stein, sollte nach seinem Sinne mit dem neuen Reiche in den größeren, reicheren Verhältnissen seines Alters weiter wachsen. Nun, da der Reichtum geschwunden, die Freiheit verloren, die Einheit, wie in den Zeiten des schlimmsten Fürsten- und Städtehaders, bedroht ist, tönt die warme, menschliche Stimme des weltweiten, erzdeutschen Meisters doppelt beweglich, tränenlockend, schicksalmahnend in unsere Welt. Nie seit hundert Jahren ward es uns Deutschen schwerer gemacht, frei durchzugehn. Bei ihm können wir es immer wieder lernen, bei ihm immer wieder auf dem Wege zu den letzten Tiefen menschlicher Erkenntnis die blitzende Rüstung gewinnen, in der uns niemand etwas anhaben kann. Unter dem düstern Himmel eines erst unsern Nachkommen deutbaren Geschicks holen wir aus seiner Dichtung jenen Mut, den „oft ein leiser Hauch von Menschenatem oder Westwind, ein Ton aus der Ferne oder ein Geräusch aus der Nähe, ein Lichtstrahl aus einem Kinderauge oder das trübe ziehende Regengewölk mitbringt", — und diese Gabe verbürgt noch dem Deutschen fernster Zeiten in Raabes Werk Freiheit, Kraft, Erhebung, "ein Rauschen jungen Frühlingsgrüns, ein blaugoldnes Leuchten und Funkeln auf allen Seiten und klare See und freie Fahrt bis in alle Ferne". Auch über der dritten Sündflut, in der wir nun kämpfen, ist der Geist Gottes; ihn zu finden müssen wir auf die Innenstimmen lauschen, müssen wir versuchen, mit den Augen Wilhelm Raabes immer wieder von den Gassen, auf deren Leben zu achten seine Menschenliebe uns lehrt, zu den Sternen emporzuschauen. Sie leuchten in seinem Werk, und dies Werk spannt sich, wie von der geheimnisvollen Hand des Demiurgos gewölbt, über Deutschland und der Welt.

Nachweise

(Mitteilungen = Mitteilungen für die Gesellschaft der Freunde Wilhelm Raabes, herausgegeben von der Mittelstelle Braunschweig 1911 ff.)

I.
Wilhelm Raabes Sämtliche Werke

sind bei der Verlagsanstalt Hermann Klemm Aktien-Gesellschaft in Berlin-Grunewald von 1913 bis 1916 in achtzehn Bänden erschienen und seither mehrfach wieder aufgelegt worden. Sie enthalten alle in Buchform erschienenen Schriften (den Frühling in der ersten Fassung), die wenigen in Zeitungen und Zeitschriften verstreut gewesenen Aufsätze und Skizzen, die Kleidersellerrede, den wichtigen, zuerst im Heidjerkalender 1907 veröffentlichten selbstbiographischen Brief an Hans Müller-Brauel und vierhundert durch Wilhelm Brandes aus Notizbüchern und von Einzelblättern gesammelte Aphorismen. Die Textrevision besorgten unter Brandes' Oberleitung Max Adler, Joseph Baß, Ernst Bergmann, Karl Dieterich, Karl Geiger, Franz Hahne, Hans Henning, Ludwig Löser, Margarethe Raabe, Hans Martin Schultz, Walter Schwering, Heinrich Spiero, Wilhelm Streitberg, Paul Wasserfall.

Die Einzelausgaben der Werke blieben daneben bestehen; die Chronik (bei G. Grote in Berlin) mit Illustrationen von E. Bosch und einem Bildnis von H. Fechner, Horacker (ebenda) mit Illustrationen von P. Grot Johann, Halb Mähr, halb mehr in Auswahl (ebenda) mit Illustrationen von E. Röhling, die Trilogie (bei Klemm) mit

Steinzeichnungen von H. Gradl. Raabes Gedichte gab Hanns Martin Elster (bei der Lehmannschen Verlagsbuchhandlung zu Dresden.) in der Sammlung Deutsche Dichter-Handschriften in Faksimiledruck heraus. Entwürfe und Vorstudien zu Hungerpastor, Abu Telfan, St. Thomas, Prinzessin Fisch veröffentlichte Brandes aus dem Nachlaß in den Mitteilungen. Über amerikanische Ausgaben Raabischer Novellen vgl. Emil Doernenburg, Mitteilungen 3, und Brandes, Mitteilungen 4.

Über Vertonungen Raabischer Gedichte berichten die Mitteilungen laufend.

II.

Über Ziel und Arbeiten der Gesellschaft der Freunde Wilhelm Raabes vgl. Brandes, Mitteilungen 1, Spiero, Mitteilungen 2 und Constantin Bauer im Raabe-Gedenkbuch (IV, 46). Die Mitteilungen liegen bis jetzt in 13 Jahrgängen vor; die Schriftleitung führt C. Bauer. Die Gesellschaft zählt über 2600 Mitglieder; sie besitzt neben der Mittelstelle Braunschweig-Wolfenbüttel Ortsgruppen in Berlin, Bielefeld, Calvörde, Chemnitz, Dessau, Düsseldorf, Erfurt, Escherhausen, Eutin, Frankfurt a. Main., Hamburg, Hannover, Hildesheim, Holzminden, Köln, Leipzig, Magdeburg, Nordbayern (Nürnberg), Recklinghausen, Schwaben (Stuttgart), Seesen, Stettin, Südbayern (München), Stollberg i. Erzg., Tübingen, Wien und Zittau.

III.
Raabes Tagebücher

führen vom 1. Oktober 1857 bis zum 2. November 1910; sie sind auf geknickte lose Oktavbogen geschrieben und werden in Raabes unverändertem Arbeitszimmer in seiner letzten Wohnung zu Braunschweig aufbewahrt. (Wie dies

Haus, schmücken auch die Raabe-Häuser in Berlin, Eschershausen, Stadtoldendorf und Wolfenbüttel Gedenktafeln.)

Von Raabes Briefen haben die Mitteilungen bisher 51, die Raabekalender 55, darunter die Briefe an Jensen im Auszug, das Raabegedenkbuch 21 veröffentlicht. Den Briefwechsel mit Gerber gab Lemcke in Westermanns Monatsheften 67. Jhg. heraus. Die besonders wichtigen Briefe an Otto Müller befinden sich leider unzugänglich in Amerika; über verstreut veröffentlichte Briefe berichten regelmäßig die Mitteilungen.

IV.
Einzelschriften über Raabe

1. Max Adler, Wilhelm Raabes Else von der Tanne (Jahresbericht der Latina). Halle 1904.
2. — Wilhelm Raabes „Trilogie" (Gymnasialprogramm). Salzwedel 1909.
3. — Wilhelm Raabes Stopfkuchen (Gymnasialprogramm). Salzwedel 1911.
4. — Der Tod in Wilhelm Raabes Dichtung. I. (Gymnasialprogramm.) Salzwedel 1913.
5. Ernst Alefeld, Das Düstere und Melancholische in Wilhelm Raabes Trilogie. An der Hand der Werke dargestellt. Greifswald 1912.
6. Adolf Bartels, Wilhelm Raabe. Ein Vortrag, gehalten im Berliner Verein zur Förderung der Kunst. Leipzig und Berlin 1901.
7. Margarete Bönneken, Wilhelm Raabes Roman „Die Akten des Vogelsangs". Marburg 1918.
8. Wilhelm Börker, Wilhelm Raabe zum Gedächtnis. (Programm des Lehrerseminars.) Braunschweig 1911.
9. Wilhelm Brandes, Wilhelm Raabe. Sieben Kapitel zum Verständnis und zur Würdigung des Dichters. Zweite, durchgesehene und erweiterte Auflage mit Bildern Raabes, seiner Heimstätten und zahlreichen Federzeichnungen von seiner Hand, Wolfenbüttel 1906. Berlin.

10. Emil Doernenburg, Wilhelm Raabe und die deutsche Romantik (Philadelphische Dissertation). Philadelphia 1919.
11. Emil Doernenburg und Wilhelm Fehse, Raabe und Dickens. Ein Beitrag zur Erkenntnis der geistigen Gestalt Wilhelm Raabes. Magdeburg 1921.
12. Erich Eberth, Wilhelm Raabe. Leipzig 1913.
13. Heinrich Falkenberg, Wilhelm Raabe, einer unserer ganz Großen. Köln 1909.
14. Wilhelm Fehse, Raabestudien. Unseres Herrgotts Kanzlei. Der Student von Wittenberg. Magdeburg 1912.
15. — Wilhelm Raabes Erwachen zum Dichter. (Die Jahre 1849—1853.) Magdeburg 1921.
16. Selma Fließ, Wilhelm Raabe. Etude en quatre parties. Vie, Oeuvres de Jeunesse, Influences littéraires, Philosophie. Grenoble 1912.
17. Paul Gerber, Wilhelm Raabe. Eine Würdigung seiner Dichtungen. Leipzig.
18. Hans Gloy, Wilhelm Raabe. Ein Vortragsentwurf. Als Handschrift gedruckt für die Gesellschaft der Freunde Wilhelm Raabes.
19. Fritz Hartmann, Wilhelm Raabe. Wie er war und wie er dachte. Gedanken und Erinnerungen. Hannover 1910.
20. Hans Hoffmann, Wilhelm Raabe. (Die Dichtung. Bd. 44.) Berlin und Leipzig.
21. Hans Jlgner, Die Frauengestalten Wilhelm Raabes in seinen späteren Werken (Greifswalder Dissertation). Berlin 1916.
22. Johannes Jlz, Über Wilhelm Raabes Weltanschauung (Gymnasialprogramm). Stettin 1908.
23. Werner Jansen, Absonderliche Charaktere bei Wilhelm Raabe (Dissertation). Greifswald 1914.
24. Wilhelm Jensen, Wilhelm Raabe. Berlin 1901.
25. Hermann Junge, Wilhelm Raabe. Studien über Form und Inhalt seiner Werke. Dortmund 1910.
26. Willibald Kammel, Wilhelm Raabe. Eine Würdigung des Dichters. (Programm der Staatsrealschule im 18. Bezirk.) Wien 1907.

27. Hermann Anders Krüger, Der junge Raabe. Jugendjahre und Erstlingswerke. Nebst einer Bibliographie der Werke Raabes und der Raabeliteratur. Leipzig 1911.
28. Robert Lange, Wilhelm Raabe, ein großer deutscher Dichter. Leipzig.
29. H. Lehmann, Wilhelm Raabe zum Gedächtnis. Predigt über Jes. 51, 6 in der Brüdernkirche zu Braunschweig am 8. Sept. 1912 gehalten. Braunschweig 1912.
30. Ludwig Löser, Wilhelm Raabe. Eine Sedanfestrede (Gymnasialprogramm). Wolfenbüttel 1902.
31. August Otto, Wilhelm Raabe. (Bilder aus der neueren Literatur. 3.) Minden.
32. Gustav Plaehn, Weltbejahung in Wilhelm Raabes hinterlassener Dichtung Altershausen. (Beilage der Einladung zur Schüßlerfeier.) Gera 1913.
33. Theodor Rehtwisch, Wilhelm Raabe wird fünfundsiebzig. Anspruchslose Blätter zum 8. Sept. 1906. Mit 4 Abbildungen. Leipzig.
34. Herbert Schiller, Die innere Form Wilhelm Raabes. Borna-Leipzig 1918.
35. Wilhelm Scholz, Fünfzehn Jahre mit Wilhelm Raabe. Ein Beitrag zur Charakteristik des Dichters. Braunschweig 1912.
36. Marie Speyer, Raabes „Hollunderblüte". Eine Studie. Regensburg 1908.
37. Heinrich Spiero, Wilhelm Raabe. Mit 18 Abbildungen. Bielefeld und Leipzig 1911.
38. — Das Werk Wilhelm Raabes. Leipzig 1913.
39. Ernst Stimmel, Einfluß der Schopenhauerschen Philosophie auf Wilhelm Raabe. (Münchener Dissertation.) Borna-Leipzig 1919.
40. Hans Westerburg, Wilhelm Raabe als Förderer persönlichen Lebens (Gymnasialprogramm). Eutin 1914.
41. — Was hat Wilhelm Raabe unserer Zeit zu sagen? Leipzig.
42. Eugen Wolff, Wilhelm Raabe und das Ringen nach einer Weltanschauung in der neueren deutschen Dichtung. Vortrag. Berlin 1902.

43. Karl Ziegner, Die psychologische Darstellung und Entwicklung der Hauptcharaktere in Raabes Hungerpastor. (Greifswalder Dissertation.) Greifswald 1913.
44. Hermann Zimmer, Wilhelm Raabes Verhältnis zu Goethe. Ein Beitrag zur Weltanschauung des Humoristen. Görlitz 1921.
45. E. V. Zornemann, Wilhelm Raabe. Einige Worte zur Einführung. Eschershausen.

46. Raabe-Gedenkbuch. Im Auftrage der Gesellschaft der Freunde Wilhelm Raabes zum 90. Geburtstage des Dichters herausgegeben von Constantin Bauer und Hans Martin Schultz. Berlin-Grunewald 1921.
47—49. Wilhelm-Raabe-Kalender. Herausgegeb. von Otto Elster und Hans Martin Elster auf die Jahre 1912, 1913, 1914. Berlin 1911, 1912, 1913.
50. Raabe-Gedächtnisschrift. Herausgegeben von Prof. Dr. Heinrich Goebel. Leipzig 1912.

51—62. Mitteilungen für die Gesellschaft der Freunde Wilhelm Raabes. Herausgegeben von der Mittelstelle Braunschweig. Bd. 1—12. 1911 ff.

63. Gesundbrunnen 1912. Herausgegeben v. Dürerbund bei Georg D. W. Callwey in München.

64. Otto Graumann, Bilder aus der deutschen Vergangenheit. Aus den Prosawerken Wilhelm Raabes gesammelt. (Programm des Lehrerseminars.) Braunschweig 1913.
65. Hans von Wolzogen, Raabenweisheit. Aus den Werken Wilhelm Raabes ausgewählt, zusammengestellt und herausgegeben. 2. Auflage. Berlin 1911.
66. Raabeheft der Lese. 10. Jhrg., Nr. 51. Stuttgart 1919.
67. — des Deutschen Volkstums. Mit 12 unveröffentl. Handzeichn. W. Raabes. Hamburg 1921.

V.
Arbeiten über Raabe in Sammelwerken

1. Leo Berg, Wilhelm Raabe. (Neue Essays. Oldenburg 1901.)
2. — Wilhelm Raabe. (Aus der Zeit — gegen die Zeit. Gesammelte Essays. Berlin 1905.)
3. Lorenzo Bianchi, Wilhelm Raabe. (Von der Droste bis Liliencron. Leipzig 1922.)
4. Alfred Biese, Lebensbejahung in neuerer deutscher Dichtung. (Pädagogik und Poesie, III. Berlin 1913.)
5. Wilhelm Börker, Was ist uns Wilhelm Raabe? (Der freimaurerische Gedanke. Jena 1912.)
6. Wilhelm Brandes, Vorwort zu den Gesammelten Gedichten. (Berlin 1912.)
7. Jakob Julius David, Wilhelm Raabe. (Essays. München 1909.)
8. Paul Gerber, Wilhelm Raabes Alte Nester. (Deutsche Dichter d. 19. Jahrh., Bd. 19. Leipzig 1905.)
9. Heinrich Goebel, Einleitung zu Lorenz Scheibenhart. (Neudeutsche Prosadichtung. Deutsche Schulausgaben Nr. 68. Dresden.)
10. Heinrich Hart, Der Dichter des Mitleids. (Ges. Werke III. Berlin 1907.)
11. Paul Heyse, Einleitung zum Letzten Recht. (Deutscher Novellenschatz von P. Heyse und H. Kurz. Band 21.)
12. Wilhelm Knögel, Der Humor Heinrich Seidels und Wilhelm Raabes. (Berufliche Streifzüge. Gotha 1910.)
13. Konrad Koch, Leben und Schriften Wilhelm Raabes. (Einleitung zu Eulenpfingsten in Hesses Volksbücherei. Leipzig.)
14. Wilhelm Kosch, Wilhelm Raabe und Österreich. (Menschen und Bücher. Leipzig 1912.)
15. Albert Köster, Einleitung zur Schwarzen Galeere. (Wiesbadener Volksbücher Nr. 18.)
16. Hermann Anders Krüger, Wilhelm Raabe. (Biographisches Jahrbuch und Deutscher Nekrolog. Berlin 1912.)
17. M. B. Lambert, Einleitung zu Eulenpfingsten. (New York.)

18. Friedrich Lienhard, Raabe. (Wege nach Weimar, II. Stuttgart 1907.)
19. Edouard de Morsier, Wilhelm Raabe. (Romanciers allemands contemporains. Paris 1890.)
20. K. Pagenstecher, Einleitung zum Letzten Recht. (Wiesbadener Volksbücher Nr. 135.)
21. Willy Pastor, Wilhelm Raabe. (Studienköpfe. Leipzig 1902.)
22. Samuel James Pease, Einleitung zu Else von der Tanne. (Oxford German Series. New York 1911.)
23. Karl Schultes, Über mein Zusammenleben mit Wilhelm Raabe. (Vorwort zu Frau Salome in Hesses Volksbücherei. Leipzig.)
24. Heinrich Spiero, Das Raabefest in Braunschweig 1901. (Hermen, Essays und Studien. Hamburg u. Leipzig 1906.)
25. — Wilhelm Raabe. (Ebenda.)
26. Bernhard Stein, Wilhelm Raabe. (Neuere Dichter im Lichte des Christentums. Ravensburg 1907.)
27. Adolf Stern, Wilhelm Raabe. (Studien zur Literatur der Gegenwart. 2. Auflage. Dresden 1898.)
28. Edmund Straeter, Die Dissertation einer alten Luisenschülerin (b. i. Margarete Bönneken, IV, 7.) (Festschrift der Magdeburger Luisenschule 1919.)
29. Ludwig Thoma, Oberlehrer (Ges. Werke I. München 1924.)
30. Paul Wasserfall, Vorwort zum Neudruck des Frühlings in der ursprünglichen Fassung. (Berlin 1913.)
31. Charles Allyn Williams, Einleitung zur Schwarzen Galeere. (Oxford German Series. New York 1913.)
32. Eugen Wolff, Drei Positive. (Zwölf Jahre im literarischen Kampf. Oldenburg 1901.)
33. Hans Freiherr von Wolzogen, Wilhelm Raabe. (Deutsche Charaktere. Berlin 1913.)

VI.

Die Anzahl der Aufsätze über Raabe in Zeitungen und Zeitschriften ist so groß, daß auch nur die Anführung der wichtigeren, von mir benutzten den Raum dieses Buches unnötig anschwellen lassen würde; sie finden sich in wünschenswerter Vollständigkeit bis zum Jahre 1911 in Krügers Buch über den jungen Raabe (IV 27), seither und zwar unter weitestem Rückgriff auf die Vergangenheit in den Mitteilungen, wo Hans Martin Schultz kritisch Spreu vom Weizen sondert. Ich verweise deshalb auf die allgemein zugänglichen Übersichten meiner beiden Freunde; sie enthalten auch meine eigenen Vorarbeiten für dies Buch (s. a. IV, 37, 38, 46, 50, 51; V, 24, 25,; VII).

VII.
Allgemeines

Adolf Bartels, Die deutsche Dichtung der Gegenwart. Die Alten und die Jungen. Leipzig 1897.
— Geschichte der deutschen Literatur. 5. und 6. Auflage. Leipzig 1909.
Ludwig Benninghoff, Geprägte Form. Hamburg 1923.
Alfred Biese, Literatur. Sonderdruck aus: Deutschland unter Kaiser Wilhelm II. Berlin 1914.
— Deutsche Literaturgeschichte. München 1907 f.
Jakob Burckhardt, Briefe an einen Architekten. München 1912.
Carl Busse, Geschichte der deutschen Dichtung im 19. Jahrhundert. Berlin 1901.
— Geschichte der Weltliteratur. 2. Bd. Bielefeld 1913.
Fürst Bismarcks Reden. Herausgegeben von Ph. Stein. Leipzig.
Johanna von Bismarck. Ein Lebensbild in Briefen. Herausgegeben von E. Heyck. 2. Auflage. Stuttgart 1915.
50 Jahre Deutsche Roman-Zeitung, Festschrift zum 50-jährigen Jubiläum 1863—1913.
Carl Enders, Gottfried Keller. Leipzig.
Ludwig Feuerbach, Das Wesen des Christentums. Herausgegeben von Karl Quenzel. Leipzig.
Johann Georg Fischer, Gedichte. Ausgewählt und eingeleitet von E. Lissauer. Stuttgart 1923.

Theodor Fontane, Von Zwanzig bis Dreißig. Ges. Werke II, 2, 3.
Constantin Frantz, Deutschland und der Föderalismus. Hellerau 1917.
Rudolf von Gottschall, Die deutsche Nationalliteratur des 19. Jahrhunderts. 6. Aufl. IV. Breslau 1892.
G. Ch. Hamberger und J. G. Meusel, Das gelehrte Teutschland oder Lexikon der jetzt lebenden teutschen Schriftsteller. 5. Ausgabe. Lemgo 1796 f.
Friedrich Hebbel, Sämtliche Werke. Besorgt von R. M. Werner. XII.
Karl Hillebrand, Wälsches und Deutsches. 2. Aufl. Straßburg 1892.
Harald Höffding, Humor als Lebensgefühl. Aus dem Dänischen von H. Goebel. Leipzig 1918.
Heinrich Hubert Houben, Gutzkow-Funde. Berlin 1901.
— Jungdeutscher Sturm und Drang. Leipzig 1911.
Jean Paul, Vorschule der Ästhetik. Herausgegeben von E. Berend. Berlin.
Immanuel Kant, Sein Leben in Darstellungen von Zeitgenossen. Berlin.
Gotthold Klee, Grundzüge der deutschen Literaturgeschichte. 16. Auflage. Berlin 1913.
Ferdinand Kürnberger, Gesammelte Werke. Hsg. von O. E. Deutsch. 1. Bd. München u. Leipzig 1910.
Heinrich Kurz, Geschichte der neuesten deutschen Literatur von 1830 bis auf die Gegenwart. Leipzig 1873.
Isolde Kurz, Aus meinem Jugendland. 14.—16. Tausend. Stuttgart 1919.
Paul de Lagarde, Deutsche Schriften. Gesamtausgabe letzter Hand. Göttingen 1892.
Karl Lamprecht, Deutsche Geschichte. 8. und 9. Bd. Berlin 1907.
Moritz Lazarus, Lebenserinnerungen. Bearbeitet von N. Lazarus und A. Leicht. Berlin 1906.
S. Lublinski, Literatur und Gesellschaft im 19. Jahrhundert. Berlin 1899—1900.
Erich Marcks, Otto v. Bismarck. Ein Lebensbild. 11.—15. Aufl. Stuttgart 1915.
Richard M. Meyer, Die deutsche Literatur des 19. Jahrhunderts. 4. Auflage. Berlin 1910.

Hellmuth Mielke, Der deutsche Roman. Dresden 1912.
Ernst Müller, Bildwerke. Mit einem Geleitwort hsg. von K. Storck. Stuttgart 1914.
Briefwechsel zwischen Hermann Oeser und Dora Schlatter. Hrsg. von E. Oeser und S. Schlatter mit Einleitung von P. Jaeger. Heilbronn 1920.
Hermann Oncken, Rudolf von Bennigsen. Ein deutscher liberaler Politiker. Stuttgart 1910.
— Lassalle. Eine politische Biographie. 3. Aufl. Stuttgart 1919.
Herman von Petersdorff, König Friedrich Wilhelm IV. Stuttgart 1900.
Karl Christian Planck, Deutsche Zukunft. Hsg. von M. Planck. München 1922.
Hans Röhl, Geschichte der deutschen Dichtung. Leipzig 1914.
Karl Rosenkranz, Göthe und seine Werke. Königsberg 1847.
Anton E. Schönbach, Über Lesen und Bildung. 7. Aufl. Graz 1905.
Erich Schulze, Die deutsche Literatur: Geschichte und Hauptwerke in den Grundzügen. 3. Aufl., bis z. Gegenw. fortgeführt von H. Henning. Darmstadt (Berlin) 1923.
Otto Sievers, Robert Griepenkerl. Wolfenbüttel 1897.
B. von Simson, Eduard von Simson. Erinnerungen aus seinem Leben. Leipzig 1900.
Friedrich Spielhagen, Am Wege. Vermischte Schriften. Leipzig 1903.
Heinrich Spiero, Das poetische Berlin. München 1911.
— Julius Rodenberg. Sein Leben und seine Werke. Berlin 1921.
Johann Georg Sprengel, Die neuere deutsche Dichtung in der Schule. Frankfurt a. M. 1911.
Adolf Stern, Geschichte der neuern Literatur. 7. Bd. Leipzig 1885.
— Die deutsche Nationalliteratur vom Tode Goethes bis zur Gegenwart. 5. Aufl. Marburg 1905.
— Zur Literatur der Gegenwart. Bilder und Studien. Leipzig 1880.
Karl Storck, Deutsche Literaturgeschichte. 6. und 7. Aufl. Stuttgart 1913.

20*

Der Briefwechsel zwischen Theodor Storm und Gottfried Keller. Hrsg. v. A. Köster. Berlin 1904.
Heinrich von Treitschke, Deutsche Geschichte im 19. Jahrhundert. 5. Bd. 3. Aufl. Leipzig 1895.
— Zehn Jahre deutscher Kämpfe. Schriften zur Tagespolitik. 1. Bd. 3. Aufl. Berlin 1897.
Friederich Theodor Vischer, Ästhetik oder Wissenschaft des Schönen. 3. Bd. Stuttgart 1857.
Friedrich Vogt und Max Koch, Geschichte der deutschen Literatur von den ältesten Zeiten bis zur Gegenwart. 2. Bd. Leipzig 1910.
Oskar Walzel, Die deutsche Dichtung seit Goethes Tod. 2. Aufl. Berlin 1920.
Carl Weitbrecht, Deutsche Literaturgeschichte des 19. Jahrhunderts. 2. Aufl. von R. Weitbrecht. Berlin 1912.
Georg Witkowski, Die Entwicklung der deutschen Literatur seit 1830. Leipzig 1912.

Register

1. Raabes Werke

Abu Telfan 106. 141—152. 158. 159. 188. 211—212. 227. 228. 229. 232. 243. 245. 248. 278. 289. 290.
Alte Nester 169. 204—207. 212. 215. 228. 243. 246. 271. 280.
Altershausen 270—273. 285.
Auerbachs Deutscher Volkskalender 109. 187.
Auf dem Altenteil 270.
Aus dem Lebensbuch des Schulmeisterleins Michel Haas 75.
Christoph Pechlin 166. 169. 194—196.
Das Horn von Wanza 207—208. 212—213. 243. 245. 258.
Das letzte Recht 112—113.
Das Odfeld 169. 215—216. 237. 287.
Der alte Musäus 109.
Der Altstadtmarkt in Braunschweig 161.
Der Dräumling 166. 187—190. 216. 235. 280.
Der gute Tag 270.
Der heilige Born 48. 54. 77—78. 85. 110. 238.
Der Hungerpastor 3. 106. 130—141. 158. 159. 170. 174. 204. 207. 225. 227. 229. 232. 246. 260. 277. 279. 292.
Der Junker von Denow 44. 75—76. 77. 246. 287.
Der Lar 222. 223. 279. 285.
Der Marsch nach Hause 200. 201. 287.
Der Regenbogen 115—121.

Der Schüdderump 106. 141. 145. 152—159. 165. 169. 183. 184. 204. 227. 245. 278. 288. 289. 291.
Der Student von Wittenberg 71—73. 76. 112. 280.
Der Weg zum Lachen 43. 68.
Des Reiches Krone 201—203. 225. 280. 287.
Deutscher Adel 187. 193—194. 228.
Deutscher Mondschein
  a) Sammlung 169. 196—203.
  b) Einzelne Erzählung 196.
Die Akten des Vogelsangs 243—249. 273. 279. 280. 290. 291. 293.
Die alte Universität 44. 70—71.
Die Chronik der Sperlingsgasse 24—39. 58. 59. 93. 170. 190. 204. 206. 207. 208—209. 216. 225. 227. 244. 248. 265. 269. 273. 277. 280. 285. 288.
Die Gänse von Bützow 118—119. 278.
Die Hämelschen Kinder 116. 287.
Die Innerste 200. 216. 237.
Die Kinder von Finkenrode 44. 64—67. 69. 221. 228. 280.
Die Leute aus dem Walde 56. 93—98. 121. 122—123. 125. 135. 152. 174. 191. 202. 204. 207. 209—211. 285.
Die schwarze Galeere 110—111. 113. 238.
Drei Federn 106. 125—130. 132. 159. 184. 202. 227. 245. 277. 280. 282.
Edmund Hoefer 99.
Eine Grabrede aus dem Jahre 1609 111—112.
Ein Frühling 43. 57—64. 97. 114. 126. 138. 274. 282. 291.
Ein Geheimnis 54. 74—75. 76. 231.
Einer aus der Menge 44. 68.
Else von der Tanne 116—117.
Eulenpfingsten 197—198. 204.
Fabian und Sebastian 213—214. 243.
Ferne Stimmen 110—115. 120.

Frau Salome 198—199. 204. 287.
Gedelöcke 119.
Gedichte 44. 50. 55. 56. 67. 68. 83. 86—92. 107—108. 112—113. 162. 181. 257. 258. 274.
Gutmanns Reisen 233—237. 242. 254. 280. 293.
Halb Mähr, halb mehr 44. 68—73.
Hastenbeck 237—239. 287.
Holunderblüte 113—115. 120. 275. 278. 280.
Horacker 170. 187. 192—193. 194.
Höxter und Corvey 199—200. 237.
Im alten Eisen 216—217. 223. 243. 285. 292.
Im Siegeskranze 120.
Keltische Knochen 117.
Kleist von Nollendorf 73.
Kloster Lugau 239—243.
Krähenfelder Geschichten 196—200. 224.
Lorenz Scheibenhart 44. 73.
Meister Autor 169. 187. 190—192. 204. 228.
Nach dem großen Kriege 54. 81—84. 85. 280.
Pfisters Mühle 169. 217. 220—222. 223. 243. 280.
Prinzessin Fisch 217—218. 223.
Sankt Thomas 117. 238.
Stopfkuchen 230—233. 280. 285.
Theklas Erbschaft 196.
Unruhige Gäste 223—226. 227. 228. 245. 287. 288. 289. 290.
Unseres Herrgotts Kanzlei 55. 78—81. 85. 110. 238.
Verworrenes Leben 68—76.
Villa Schönow 217. 218—220. 223. 228. 282.
Vom alten Proteus 196—197.
Weihnachtsgeister 69. 109.
Wer kann es wenden? 70. 73. 147.
Wunnigel 196.
Zum wilden Mann 224—225. 228.

2. Personen

A

Abeken, Bernhard 172. 177. 180.
Adler, Max 264.
Albrecht, Regent v. Braunschweig 258. 265.
Alexis, Willibald 17. 32. 33. 34. 35. 36. 37. 51. 74. 85. 164. 227. 251. 289. 294.
Allihn, Max (Fritz Anders) 284.
Allmers, Herrmann 46. 264.
Andersen, Hans Christian 17. 29 f. 69. 109.
Anzengruber, Ludwig 36.
Ariost 149.
Aristophanes 195. 211.
Aristoteles 212.
Arminius, Wilhelm 284.
Arndt, Ernst Moritz 28. 44. 51. 82.
Arnim, Achim von 74. 294.
Auerbach, Berthold 17. 35. 45. 102. 109. 187. 251.
Avenarius, Ferdinand 254.

B

Balzac, Honoré de 15. 289.
Bartels, Adolf 252 f.
Baumbach, Rudolf 251.
Bauer, Constantin 263.
Baur, Raymond de 44.
Beethoven 14.
Behrens, Klara geb. Raabe 161. 171. 261.
— Oberlehrer 261.
Bennigsen, Rudolf von 53 f. 234 f. 294.
Berg, Leo 253.
Bergmann, Ernst 179.
Billerbeck, Rektor 8. 192.
Binzer, August von 236.
Björnson, Björnstjerne 251.

Bismarck, Johanna, Fürstin 31.
— Otto, Fürst 1. 31. 34. 106. 140. 146. 159. 163. 168. 174. 189. 194. 197. 233. 235 f. 268. 273. 295.
Blumenthal, Oskar 183.
Boccaccio 110.
Bodenstedt, Friedrich 46. 251.
Böhme, Jacob 7. 134. 198.
Bönneken, Margarete 247.
Bohnsack, Gustav 256.
Brandes, Wilhelm 118. 139. 177 f. 179 f. 182. 201. 256 f. 257. 259. 267. 269. 274. 275. 276.
Brinckmann, John 35.
Bulwer, Edward Lytton 101.
Busch, Wilhelm 102 f.
Busse, Carl 254. 264.
Byron, Lord George 44. 149.

C

Campe, Joachim Heinrich 7. 28.
Cervantes 242.
Chamisso, Adalbert von 120.
Chodowiecki, Daniel 24.
Claudius, Matthias 24. 25. 28.
Cober, Gottfried 238 f.
Conrad, Michael Georg 256.
Corneille 149.

D

Dahn, Felix 164. 251.
Dante 28. 101. 149. 279.
David, Jakob Julius 31.
Dehmel, Richard 294.
Devrient, Emil 48.
Dickens, Charles 15. 28. 132. 194. 213. 289.
Dönniges, Helene von 139.
Dörnenburg, Emil 298.

Register

Dostojewskij, Fedor 251. 290 f.
Droste-Hülshoff, Annette v. 36. 115. 283.
Droysen, Johann Gustav 162.
Dühring, Eugen 167. 168. 169.
Düsel, Friedrich 260.
Dulk, Albert Friedrich 103 f.
Dumas, Alexander d. Alt. 15. 132. 150 f. 194. 261. 280.

E

Eberhard, Christian August 24.
Ebers, Georg 251.
Ebner-Eschenbach, Marie v. 36. 121.
Eckstein, Ernst 251.
Eichendorff, Joseph von 28. 33. 60. 88.
Elisabeth, Großherzogin von Oldenburg 255. 265.
Elischer, Verleger 169.
Engelbrecht, Louis 178. 180. 257 f. 275.
Ernst II., Herzog von Koburg 53.
— Otto 264.
Eschenburg, Joh. Joachim 5.

F

Falk, Johannes 28.
Falke, Gustav 264.
Fechner, Hanns 267.
Fehse, Wilhelm 72. 78. 201.
Feuerbach, Ludwig 17. 151 f. 158.
Fischer, Hermann 258.
— Johann Georg 100 f. 107. 236. 258.
Flaubert, Gustave 290 f.
Förster, Friedrich Wilhelm 169.
Fontane, Theodor 22. 45. 46. 51. 53. 74. 105. 172. 235 f. 251. 260.
François, Louise v. 35. 94.
Frantz, Constantin 167. 169.
Freiligrath, Ferdinand 12. 16. 51. 101. 102.
Frenssen, Gustav 264.
Freytag, Gustav 33. 35. 37. 45. 47. 64. 73. 74. 81. 86. 97. 123 f. 130. 133. 150. 164. 171. 227. 251. 295.
— Hans 266.
Friedrich der Große, König von Preußen 2. 5. 52. 54. 237.
— III., Deutscher Kaiser 178. 295.
—, Friedrich 183.
—, Wilhelm 256.
— Wilhelm IV., König v. Preußen 52. 54. 81. 234.

G

Galen, Philipp 36.
Geibel, Emanuel 45. 46. 51. 251.
Geiger, Karl 264. 276.
Gellert, Christian Fürchtegott 28.
Gerber, Paul 255 f. 260.
Gerstäcker, Friedrich 36. 47. 48. 96. 163.
Geßner, Salomon 239.
Gildemeister, Otto 51.
Giseke, Robert 48.
Glaser, Adolf 41. 65. 169. 260.
Gödsche, Hermann (Retcliffe) 234.
Görres, Joseph 163.
Goethe 1. 15. 26. 28. 29. 33. 43. 45. 49. 52. 90. 97. 121. 142. 149. 157. 182. 186. 196. 197 f. 228. 229. 239. 241. 245 f. 248 f.

250. 252. 265. 272. 279. 283. 289. 291 f.
Goldsmith, Oliver 16. 28. 30.
Goltz, Bogumil 36. 46.
Gotthelf, Jeremias 35. 124. 251. 289.
Gottschall, Rudolf 183. 250.
Gottsched, Johann Christoph 250.
Grabbe, Christian Dietrich 42. 221.
Griepenkerl, Robert 42. 66. 221.
Grillparzer, Franz 34. 115.
Grimm, Brüder 28.
Grote, Verleger 170.
Groth, Klaus 35. 45.
Grunow, Friedrich Wilhelm 169.
Günther, Christian 44.
— Ernst Julius 169.
Guhl, Ernst 21.
Gustav Adolf, König von Schweden 241.
Gutzkow, Karl 47. 48. 115. 233 f.

H

Haarhaus, Julius R. 284.
Hackländer, Friedrich Wilhelm 36. 44. 99. 189.
Hänselmann, Ludwig 162 f. 171. 172. 173. 178. 179. 260. 263. 264.
Hagen, August 74.
— Friedrich Heinrich von der 21.
Hahne, Franz 263.
Hallberger, Eduard 102. 103. 106. 169.
Hamerling, Robert 165. 186.
Handel-Mazzetti, Enrica v. 284.
Hart, Heinrich 253. 260.
— Julius 253.

Hartmann, Fritz 65. 263.
— Moritz 100. 101. 151. 201.
Hauff, Hermann 100.
— Wilhelm 100.
Hauptmann, Gerhart 251. 294.
Hebbel, Friedrich 1. 32. 33. 35. 38. 45. 46. 115. 164. 171. 182. 251. 252.
Hegel, Wilhelm Friedrich 22. 158.
Heiberg, Hermann 284.
Heine, Heinrich 16. 33. 42. 88. 95. 139. 148. 198. 268.
Helmholtz, Hermann 43.
Herbst, Weinhändler 263 f.
Herder, Johann Gottfried 45.
Hermes, Rudolf 135.
Hertz, Wilhelm 45.
Herwegh, Georg 148.
Herz, Henriette 199.
Hesekiel, Georg 36.
Heyse, Paul 13. 22. 33. 45. 46. 51. 103. 120. 121. 171. 172. 202. 248. 259.
Hillebrand, Joseph 183.
Höfer, Edmund 36. 44. 99.
Höffding, Harald 212.
Hoffmann, Ernst Theodor Amadeus 16. 69. 75.
— Hans 245 f. 255. 259. 260. 262. 284.
— Heinrich 197.
— von Fallersleben, Heinrich 236.
Holberg, Ludwig 119.
Holtei, Karl von 36.
Homer 28.
Hotho, Heinrich 21.
Huch, Rudolf 262.
Hugo, Victor 96.

J

Jacobsen, Jens Peter 251.
Jacoby, Joel 140.

Janke, Gustav 170.
— Otto 169. 170.
Ibsen, Henrik 162. 251.
Jean Paul 15. 25. 28. 29. 30. 32. 86. 149. 208. 236.
Jeep, Christian 11. 13. 161.
— Justus 6. 11. 14. 40.
— Minna geb. Leiste 6. 11. 55.
Jensen, Marie 104 f.
— Wilhelm 51. 104 f. 170. 171. 185. 259. 272.
Jerusalem, Friedrich Wilhelm 239.
— Karl Wilhelm 239.
Immenkamp, Wilhelm 267.
Immermann, Karl Leberecht 33. 36. 204 f. 271. 294.
Johann Albrecht, Regent v. Braunschweig 265 f.
Jordan, Wilhelm 36.
Irving, Washington 16.
Isendahl, Hauptmann 41.
Junge, Hermann 28.

K

Kant, Immanuel 292. 295.
Kapper, Siegfried 202.
Karl Wilhelm Ferdinand, Herzog v. Braunschweig 4. 239.
Karpeles, Gustav 65.
Keil, Ernst 47.
Keller, Gottfried 17. 22. 26. 31. 33. 37. 43. 45. 64. 110. 164. 171. 182. 202. 251. 278. 280. 283. 289 f.
— Paul 264.
Kerner, Theobald 103.
Kirchenpauer, Gustav Heinrich 178.
— Ulrich 178. 179. 180.
Klee, Gotthold 254.
Kleist, Heinrich von 21. 74. 294.

Klemm, Hermann 276.
Klie, Anna 276.
Kober, Verleger 48.
Koch, Konrad 179. 267. 276. 291.
— Max 183.
Köchy, Karl 42.
Köpp, Prokurator 53.
Körner, Theodor 82. 236.
Koken, Rektor 8.
Kompert, Leopold 36.
Kosegarten, Ludwig Theobul 24.
Kotzebue, August von 28.
Kretschmann, Karl Gottfr. 14. 18.
— Reinhold 18. 19. 22.
Kreyssig, Friedrich 183.
Krüger, Hermann Anders 29. 64. 252. 262. 264. 274. 284.
Kruse, Heinrich 251.
Kürnberger, Ferdinand 194.
Kurz, Heinrich 183.
— Hermann 35. 74. 103.
— Isolde 104.

L

Lagarde, Paul de 138. 167. 168. 169.
Lamprecht, Karl 281.
Lange, Robert 262. 276.
Lassalle, Ferdinand 139 f. 234.
Lasker, Eduard 194.
Lazarus, Moritz 232. 254.
Lederer, Hugo 268.
Leiste, Caroline geb. Heyden 55.
— Christian Ludwig 55.
Leitzen, Johannes 256.
Lenau, Nikolaus 60.
Lepsius, Karl Richard 22.
Lesage, Alain René 29 f. 236.
Lessing, Gotthold Ephraim 13. 21. 43. 45. 55. 83.

172. 182. 250. 261. 283. 292.
Leuthold, Heinrich 103.
Lewinsky, Joseph 49.
Liebig, Justus 43.
Lienhard, Friedrich 295.
Liliencron, Detlev von 251. 256. 264. 294.
Lincoln, Abraham 292.
Lindau, Paul 183. 251.
— Rudolf 36. 121. 236. 272 f.
Lingg, Hermann 49. 101.
Löser, Ludwig 263.
Löwe, Feodor 101.
Lohmeyer, Julius 259. 260.
Lorenz, Karl 262.
Lortzing, Albert 28.
Lubliner, Hugo 251.
Ludwig, Otto 33. 35. 37. 45. 46. 48. 115. 123. 124. 164. 182. 251. 252. 287.
Luther, Martin 80 f. 83. 149. 168. 283.

M

Mann, Thomas 217. 278.
Manteuffel, Otto von 54.
Marcks, Erich 295.
Marggraf, Hermann 47. 63.
Markgraf, Verleger 48.
Marwitz, Alexander v. der 82.
Mendelssohn, Moses 292.
Menzel, Adolf 34. 162. 174.
— Wolfgang 100.
Metternich, Clemens Fürst 83. 142.
Metz, August 234.
Meyer, Konrad Ferdinand 251.
— Richard Moritz 187.
Michelet, Karl Ludwig 22.
Milton 28. 149.
Miquel, Johannes 54. 234 f.

Mörike, Eduard 104. 251. 292.
Moliere 149.
Mollenhauer, Karl 179.
Moltke, Helmuth Graf 34. 194.
Mommsen, Theodor 73.
Mügge, Theodor 36.
Müller, Ernst 265. 266.
— Karl s. Mylius
— Otto 36. 100.
Münchhausen, Börries von 264.
Musäus, Karl August 109.
Mylius, Otfried 100.

N

Napoleon I., 1. 81. 261.
— III., 273.
Nietzsche, Friedrich 57. 168. 277.
Notter, Friedrich 101. 165. 279.

O

Oser, Hermann 254. 269.
Oncken, Hermann 139.
Ortlepp, Ernst 221.

P

Pape, Rektor 9.
Pfau, Ludwig 102.
Pfizer, Gustav 101.
Pichler, Adolf 35.
Pickford, Ernst 54.
Planck, Karl Christian 167. 168. 169.
Plato 28.
Polenz, Wilhelm von 289.
Polko, Elise 54.
Putlitz, Gustav zu 59.

Q

Quandt, Clara 284.

R

Raabe, August Heinrich 4. 6. 7. 44. 70.
— Auguste geb. Jeep 6 f. 18 f. 41 f. 99. 160 f. 205. 266.
— Bertha geb. Leiste 55 f. 99 f. 170 f. 184. 256. 259. 267. 276.
— Charlotte geb. Schottelius 5.
— Elisabeth s. Wasserfall.
— Emilie 7. 19. 267.
— Gertrud 170. 181. 184. 274.
— Gustav Karl Maximilian 5 f. 46. 61. 71.
— Heinrich 7. 19. 41. 99. 257.
— Karl 6.
— Klara s. Behrens
— Margarete 102. 107. 160. 161. 171. 267.
Rabelais, François 149.
Rathenau, Walther 169.
Redwitz, Oskar von 16. 59.
Reidemeister, Hans 179.
Reisenauer, Alfred 264.
Rellstab, Ludwig 32.
Reuter, Fritz 35. 45. 51. 227.
— Gabriele 264.
Riehl, Heinrich Wilhelm 35. 74.
Rietschel, Ernst 172.
Riffert, Julius 183.
Rincklake, Architekt 173. 179.
Ritter, Carl 22.
Rodenberg, Julius 13. 46. 53.
Römer, Kapitän 173. 263.
Roethe, Gustav 258.
Rollenhagen, Georg 7. 71 f. 112. 280.
Rosenkranz, Karl 97.

Rousseau, Jean Jaques 25. 28. 30.
Rückert, Friedrich 163. 236.
Rüdiger, Albert 18.
Ruppius, Otto 36.
Rustige, Heinrich 104.

S

Saar, Ferdinand von 36. 115. 121. 156.
Sachs, Hans 134.
St. Pierre, Bernardin de 28.
Samarow, Gregor (Meding) 234.
Sarnow, Emil 259. 274.
Schack, Adolf Friedrich von 45.
Schaffner, Jakob 284.
Scheffel, Joseph Viktor 35. 46. 74. 251.
Scherenberg, Christian Friedrich 22.
Scherer, Georg 104. 107.
Schieber, Anna 284.
Schill, Ferdinand von 120. 261.
Schiller, Friedrich 15. 28. 50. 55. 83. 101. 148. 149. 162. 187 f. 268. 279. 291 f.
— Karl 172.
Schlatter, Dora 254.
Schleiermacher, Friedrich Daniel 199.
Schmidt, Julian 183.
— Phiseldeck, Karl von 41.
Schönbach, Anton Emanuel 254.
Schönhardt, Karl 101. 185. 259.
Scholl, Lehrer 101.
Scholz, August 13.
Schopenhauer, Arthur 152. 157. 158. 183. 197.
Schotte, Ernst 44. 45.
Schrader, Heinrich 257.

Schrader, Karl 41. 294.
Schubert, Friedrich Karl 102.
Schücking, Levin 32. 36. 42. 44.
Schultes, Karl 173.
Schultz, Anna s. Klie
— Hans Martin 179. 275.
Schulze-Delitzsch, Hermann 54. 234. 294.
Scott, Sir Walter 15.
Sealsfield, Charles (Postl) 35.
Seeger, Ludwig 195.
Sehrwald, Friedrich 183.
Seidel, Heinrich 24.
Seneca, L. Annaeus 16.
Seume, Johann Gottfried 28.
Shakespeare 28. 149. 152. 211.
Siebentop, Heinrich 261.
Sierke, Eugen 65.
Simson, Eduard 194. 294.
Smidt, Heinrich 35.
Solitaire, M. (Nürnberger) 88. 97.
Sophokles 2. 130.
Speck, Wilhelm 262.
Spengler, Oswald 169.
Sperl, August 284.
Speyer, Marie 275.
Spielhagen, Friedrich 53. 164. 186. 233 f. 251.
Spieß, Gustav 41.
— Wilhelm 41.
Spindler, Karl 77.
Spinoza 16. 19.
Spitteler, Carl 264.
Stage, Franz 32. 42. 44.
Stapel, Wilhelm 91. 167.
Stegmann, Heinrich 173. 178.
Stein, Heinrich Friedrich Karl Reichsfreiherr vom 54. 239. 295.
Steinhausen, Heinrich 284.
Steinway (Steinweg), Theodor 161 f. 180. 263. 264.

Stern, Adolf 84. 252. 258. 260.
Sterne, Lorenz 252.
Stifter, Adalbert 35. 202.
Stock, August 263. 264. 266.
Stolle, Ferdinand 48.
Storm, Theodor 35. 73. 86. 164. 170. 226. 251. 280.
Straeter, Edmund 268.
Strauß und Torney, Lulu von 284.
Stülpnagel, Buchhändler 22. 31 f.
Sue, Eugen 15.
Supper, Auguste 284.

T

Tacitus, P. Cornelius 7. 11. 28. 61. 84.
Tappe, Pfarrer 237.
Tasso, Torquato 149.
Tellgmann, Otto 263.
Thackeray, William Makepeace 15. 29. 193.
Tieck, Ludwig 21.
Tielecke, Färbermeister 53.
Tolstoi, Leo Graf 251.
Träger, Albert 183.
Treitschke, Heinrich von 34. 51. 73. 138. 148. 283.
Trieps, Minister 183. 258.

U

Uhland, Ludwig 28. 83. 100. 107.

V

Varnhagen von Ense, Rahel 82. 199.
Viebig, Klara 264.
Vieweg, Friedrich 43.
Vischer, Friedrich Theodor 36. 104. 191 f. 195. 209 f.
Voltaire, François Arouet de 198.
Voß, Johann Heinrich 28.

W

Wach, Karl Wilhelm 20.
Wagner, Richard 183.
Warnecke, Albert 266.
Washington, George 292.
Wasserfall, Elisabeth geb.
 Raabe 107. 160. 161.
 184 f. 266. 269. 276.
— Paul 185. 266. 270. 274.
Wehl, Feodor 102.
Weißenfels, Richard 275.
Westermann, George 42. 47.
Wichert, Ernst 36.
Wilamowitz=Möllendorff,
 Ulrich von 259.
Wilbrandt, Adolf 51. 233 f.
 259.

Wildenbruch, Ernst von 294.
Wilhelm I., Deutscher Kaiser 34. 163. 235.
William, Nikolaus 264.
Wolff, Eugen 253.
— Julius 251.
Wolfram, Ludwig 221.
Wolzogen, Hans Paul von
 183.
Wuttke, Schneider 21. 143.

Z

Zahn, Ernst 264.
Ziegler, Leopold 169.
Zola, Emile 251. 289.

3. Zeitschriften

Bazar 43. 68.
Bayreuther Blätter 183.
Blätter für literarische Unterhaltung 47. 262.
Braunschweigisches Magazin 256.
Deutsche Reichszeitung 43.
Deutsche Romanzeitung 170.
Dorfbarbier 48.
Freya 161. 202.
Gartenlaube 47.
Gesellschaft 256.

Grenzboten 47.
Hausblätter 44. 99.
Illustrierte Zeitung 32.
Kritische Waffengänge 253.
Kunstwart 254.
Morgenblatt (Stuttgart) 100.
Revue de Paris 293.
Über Land und Meer 102. 106.
Westermanns Monatshefte 42. 44. 47. 169. 260.

Druck von Hallberg & Büchting (Inh.: L. A. Klepzig), Leipzig.

„Große Männer sind der Traum der Jugend und das würdigste Studium des gereiften Geistes."

Geisteshelden

Eine Sammlung von Biographien

Nr.
1. Arndt (P. Meinhold)
2. Böcklin (H. Mendelsohn)
3. Byron (E. Koeppel)
4. Carlyle (Schulze-Gaevernitz)
5. Cromwell. 2 Bde. (Michael)
6. Dante (J. A. Scartazzini)
7. Darwin (W. Preyer)
8. Dürer Illustr. (R. Bürkner)
9. Görres (J. N. Sepp)
10. Grillparzer (Sittenberger)
11. Hebbel (R. M. Werner)
12. Herder (R. Bürkner)
13. Hölderlin. — Fr. Reuter (Adolf Wilbrandt)
14. Humboldt, Alexander v. L. v. Buch (S. Günther)
15. Humboldt, W. v. (O. Harnack)
16. Jahn (F. G. Schultheiß)
17. Kepler. Galilei (Günther)
18. Leonardo da Vinci. Illustriert. (Solmi)
19. Lessing. 2 Bd. (K. Borinski)
20. List, Friedrich (K. Jentsch)

Nr.
21. Luther. 3 Bde. (A. E. Berger)
22. Molière (H. Schneegans)
23. Montesquieu (A. Sorel)
24. Peter d. Große. 2 Bände. (Waliszewski)
25. Raabe (H. Spiero)
26. Schopenhauer. 2 Bände. (E. Grisebach)
27. Shakespeare (A. Brandl)
28. Smith, Adam (K. Jentsch)
29. Spinoza (W. Bolin)
30. Stanley (P. Reichard)
31. Stein, Freiherr v. (Fr. Neubauer)
32. Tennyson (E. Koeppel)
33. Tizian (G. Gronau)
34. Turgenjew (E. Borkowsky)
35. Uhland (H. Schneider)
36. Wagner, Richard. 3 Bände. (Max Koch)
37. Walther v. d. Vogelweide. 4. Aufl. (A. E. Schönbach)

Jede Biographie ist selbständig und einzeln käuflich, broschiert und in geschmackvollem Leinenband.

Die Preise sind auf der Nebenseite verzeichnet.

Bezug durch die besseren Buchhandlungen oder unmittelbar vom

Verlag von Ernst Hofmann & Co., Darmstadt